朝阳教育名师成长系列

CHAOYANG JIAOYU MINGSHI CHENGZHANG XILIE

SHIJIAN WULI

CONG KEBEN ZOUXIANG SHENGHUO

实践物理

——从课本走向生活

金朝娣　宋金萍　吴爱兄◎著

中国文联出版社

图书在版编目（C I P）数据

实践物理 ：从课本走向生活 / 金朝娣, 宋金萍, 吴爱兄著. -- 北京 ：中国文联出版社, 2023.3

ISBN 978-7-5190-4971-3

Ⅰ. ①实… Ⅱ. ①金… ②宋… ③吴… Ⅲ. ①中学物理课—教学研究 Ⅳ. ①G633.72

中国版本图书馆 CIP 数据核字(2022)第 178027 号

著　　者　金朝娣 宋金萍 吴爱兄
责任编辑　于晓颖
责任校对　李 建
装帧设计　张 凯

出版发行　中国文联出版社有限公司
社　　址　北京市朝阳区农展馆南里 10 号　　邮编　100125
电　　话　010-85923025（发行部）　010-85923091（总编室）
经　　销　全国新华书店等
印　　刷　北京虎彩文化传播有限公司

开　　本　710 毫米 x 1000 毫米　1/16
印　　张　16.75
字　　数　213 千字
版　　次　2023 年 3 月第 1 版第 1 次印刷
定　　价　69.00 元

版权所有 · 侵权必究
如有印装质量问题，请与本社发行部联系调换

序

当今世界科学技术飞速发展，深刻地影响着社会的方方面面，也深刻地影响着人们的思想观念和思维方式，甚至改变人们的生活方式。物理学作为科学技术的重要基础，其中有一套最全面最有效的科学方法。现在物理学的概念、原理和方法已被运用到化学、生命科学、地学等所有自然科学中，甚至渗透到经济学、社会学等社会科学，产生了十分积极的效果(赵凯华，2020)。因此，物理教育的重要目标是要教会学生以物理学的观念观察、理解自然界，以物理学的思维方式认识自然界，并把握自然界的运行规律，而不是简单地把这些物理观念和思维方式作为知识传授给学生，让学生记住。特别是基础教育阶段的物理教学应该为学生的终身发展奠定基础，为学生面对未来工作和生活中的不确定性挑战做好准备。

如何实现物理教育的目标是每一个物理教育工作者努力的方向。为了实现这一目标，我们提出在高中物理教学中重点开发和实施概念物理、思维物理和实践物理三类课程。概念物理课程属于知识建构类课程，是对知识的纵向整合，通过在一段时间内对所学具体概念、规律、原理的持续深入学习理解，逐渐完成知识结构化，从而建构围绕大概念的概念体系。思维物理课程属于思想方法整合类课程，是对知识的横向整合，通过在不同知识主题中涉及的物理学研究方法、思维方法、思想方法等思维工具的关联整合，逐渐完成对使用思维工具过程中所获得经验的类化，形成解决问题的一般化思路。实践物理课程属于实践应用类课程，在问题解决或者完

成项目的过程中，通过迁移应用所学的大概念以及大概念中所蕴含的思维工具，活化所学知识和方法，提升学生物理学科核心素养。三类课程的建构理念与“从生活走向物理，从物理走进社会”的物理教育理念也是一致的：通过概念物理课程学习实现“从生活走向物理”，体会知识建构中蕴含的思维方式；通过实践物理课程学习实现“从物理走进社会”，活化已有的知识和思维方式。

陈经纶中学宋金萍老师带领的中学物理教研团队是一个执行力非常强的研究团队，该团队基于教学实践中的真问题开展了大量卓有成效的研究。大概在三年前，我跟宋老师谈到三类课程的设想，并且告诉她由北京市亦庄实验中学的王志芳老师带领团队已经开发了概念物理课程，希望宋老师能带领团队开发实践物理课程，以此来推动北京市物理教学改革。宋金萍老师也非常赞同三类课程的设想，并很快带领教研团队开发出了以冬奥会为主题的实践物理课程，在这个过程中我们深入交流研讨，取得大量实践物理课程开发共识。让我没有想到的是，宋金萍物理教研团队系统开发了各模块的实践物理课程样例，逐步凝练实践物理课程开发中的体会，进一步提升为实践物理课程开发的策略与思路，并且计划成书出版。这是一件令人兴奋的事情，在此我也由衷地祝贺宋金萍老师物理教研团队所取得的成绩。陈经纶中学的实践物理课程具有围绕大概念与大思路、情境化、任务驱动等鲜明特色。例如，实践物理课程以项目应用或者实际问题为驱动，通过学生迁移应用所学概念、规律、原理等知识和思维工具进行思维方法整合或者动手实践活动，发展学生解决真实情境问题的综合实践能力，让学生学会解决生活中的实际问题。实践物理课程不同于习题训练课程，是以更接近现实生活中实际的科学应用项目或者问题为驱动，调用所学知识和方法，通过完成科学应用项目或者解决实际问题，培养学生的物理学科核心素养。

为了进一步提高实践物理课程开发的质量，保证课程的顺利实施，我也借这个序言，对后续实践物理课程的设计和实施，提出以下几点建议。

第一，选择合适的应用项目或者设计合适的实际问题，激发实践动机。教育心理学研究表明：与学生的生活或者学习体验越紧密的学习内容，越容易激发学生学习兴趣，越容易促进学生深度学习。实践物理课程选择的项目或者实际问题应该满足以下条件：有利于促进大概念的理解和迁移应用，注意体现大概念统摄下大量具体概念、规律的综合应用，以及相关知识和方法在新情境下的迁移应用；有利于在综合应用中促进学生知识结构化，在迁移应用中促进知识和方法的“活化”；应该与学生的学习阶段相适应，体现适当的探究性和开放性。

对同一个项目或是实际问题，也可以根据学生学习实际，设计不同层次的目标和要求，例如，“设计节能屋”项目，可以根据初中、高中学段所掌握的力学、电磁学、光学等知识水平和工程设计能力，提出不同水平的设计方案。

第二，聚焦核心问题并将其分解为具体问题，引导实践活动有序展开。与概念物理课程相类似，实践物理课程也以应用项目或者实际问题为背景、以问题解决为线索展开。设计实践物理课程，首先需要聚焦具有统领功能的大问题。大问题与大概念对应，大问题解决的过程就是大概念逐渐建构与丰富的过程。正如大概念需要通过学习大量具体概念而逐渐形成、不能一蹴而就那样，大问题也无法直接解决，需要分解为若干具体问题，通过解决一个个具体问题的实践活动，使大问题逐步得到解决。因此，聚焦核心问题并分解之，不仅有利于大概念的学习，也有利于保证实践活动的有序展开。从课程开发的思路看，实践物理课程与概念物理课程是相似的；但两者的目标是不同的，实践物理课程目标主要指向学生获得学会做事的能力，而不是概念体系的建立。

第三，设置多类型实践活动，在活动中丰富体验。实践物理课程把对知识和方法的学习理解、迁移应用融入到问题解决或者项目完成的活动过程中，学生经历思维或者探究活动，主动提取并在迁移应用中活化知识和方法，进一步对大量活动经验进行类化，从而提升核心素养。为了帮助学生顺利提取知识和方法并保持思维张力，就需要合理搭建问题之间的台阶。在学生主动提取知识和方法存在困难之处，实践物理课程可以通过预备实验、阅读材料、合作交流等方面的内容或者方式，帮助学生进行关联、类比、迁移等思维活动，以便实现知识和方法在不同主题之间的迁移应用，进而使其得以充分活化。

第四，在学生经历丰富的实践活动基础上，设计合适的问题促进学生反思实践，获取反省认知策略性知识。在布鲁姆教育目标分类学中，反省认知策略性知识是复杂程度最高的知识，也是学生复杂认知的结果。“实践什么”和“如何实践”远不如“为什么这样实践”重要，正是因为通过后者得到的是反省认知策略性知识。实践物理课程不仅要引导学生如何解决问题或者完成项目，而且要在此基础上进一步引导学生对实践活动进行反思，从而获得反省认知策略性知识。实践物理课程可以通过设计有关“如何思考或者实践”或者“为什么这样思考或者实践”的问题，促进学生深入思考。

宋金萍物理教研团队在物理课程开发方面做出了从 0 到 1 的创新性探索，他们在做正确而困难的事情。衷心感谢团队“敢为人先”的勇气和担当，并期望广大物理教育工作者或者科技工作者参与其中，共同交流和探讨，一起为国家培养更多、更优秀的科技创新人才！一起为更优质的物理教育贡献自己的力量！

张玉峰

2022 年 2 月 26 日于北京教育科学研究院

目　录

第一章
实践是物理学科的本质要求

第一节　实践课程的概念界定与基本理念

一、概念界定

离开了实验，物理课堂就会成为“无源之水”“无本之木”。对于物理学习者来说，课堂上以视觉、听觉为主的课堂实验来强化学习效果明显是不足的，必须通过学习者的自主实践活动加以完善。

实践物理课程是以科学实践为理论基础，以真实的生活问题为载体，通过项目式驱动的方式，引导学生通过自我实践，在解决实际问题的过程中，形成策略性解决问题的方法，提升学生的探究能力、综合实践能力和解决问题的能力，最终提升学生的学科素养。实践物理是一种新的学习认知方式，能引导学生提出问题、设计思路等。在学习中学生是主体，实践是形式，物理知识是载体。实践物理强调到实际生活中去观察，通过各种感官获取关键信息，激发学习动力，从而获得生动、形象且丰富的知识的同时，在具体情境中感受问题解决过程的点滴，引导学生从课本走向生活，最终把物理教学与实际生活紧密联系起来。

实践物理下的课堂远高于科学探究，科学探究可以与知识相互独立，相关知识可以提前告知，而实践更关注学生知识获取的渠道，要求知识的

获取应是在实践中自发而生，而不是被“传递”和“习得”，所以“实践”比“科学探究”更多得凸显了沟通交流属性，突出提出问题、设计思路、收集和解释数据等关键能力的培养。同时，实践物理能引导学生在经历科学探究的过程中，提炼科学研究方法，增强沟通意识，通过讨论来达到教与学的目的。所以实践是物理教学的重要补充，也是完善学生认知的重要渠道。

二、基本理念

（一）关注学生需求，凸显物理学科本质

《普通高中物理课程标准（2017 年版 2020 年修订）》明确提出，为激发学生的学习热情，让学生在获取知识的同时享受成功的喜悦，从而保持旺盛的求知欲，一线教师应关注学生需求。通过增加联系生活或前沿科技的教学内容，创设有利于学生乐于探究、勤于思考、勇于质疑的物理课堂，尽可能为学生展现自我或交流创造机会，从而在过程中不断提高学生发现问题、制定计划、科学探究、分析论证等各项关键能力，培养学生严谨的科学态度，最终让学生体验和享受合作的喜悦。

通过创设实践主题项目，完成物理概念的建立和物理规律的探究，是促进学生物理观念形成的关键一步，同时从实际情境中建构模型，熟练地利用物理规律和科学方法解决具体的物理问题，是发展科学思维的重要途径。实践物理课程旨在改善以传统的从教材获取知识为唯一标准的教学模式，通过创设生活化的情境，营造出能够激发学生的问题意识及探究欲望的教学环境，构建以获取相关知识、发展物理思维、提升学生各项关键能力为目标的物理课堂。

（二）引导学生自主学习，激活学习的内在动机

实践物理通过创设一个合适的生活化情境，引领学生从课本走向生

活。在这个情境下，教师根据调查和经验，预设学生在解决问题过程中的思维特征和障碍点，对学生的认知基础和接受能力做出全面的预判。在问题设置时应根据学生的学习心理和已有的知识结构，将要解决的问题设计成一系列渐进的问题系列，为学生提供必要的解决问题的框架和思路，从而激活求知动力。这样可以使学生在解决问题中对于核心概念和规律认识不断地深入理解，最终各项能力得到提升。

（三）注重过程性和表现性评价，促进学生关键能力培养

引导学生经历科学探究过程，学会并提炼出科学研究方法，养成科学思维习惯，增强创新意识和实践能力，力求将物理学科核心素养的培养贯穿于物理教学活动的全过程，注重过程性评价。实践物理借助项目式学习，在具体目标的驱动下，教师在每个环节及时获取学生的表现，关注各个层级学生的参与度和目标完成情况，及时对实践案例进行解释、梳理和效果评价。在问题解决过程中，促进提出问题、设计方案、敢于表达、质疑创新等各项关键能力的提升。

第二节 实践课程的目标和核心要素

一、实践课程的目标

（一）根据生活中某一确定的实际情境，通过项目式探究学习，让学生经历物理概念的科学建构和规律的科学探究过程，促进概念和规律的逐步学习、系统反思和迁移应用，通过不同视角，循序渐进地在脑海里形成概念体系。

（二）在项目式学习中，重点落实学生发现问题、制定计划、科学探究、解决问题、提炼科学方法和养成科学态度等各项关键能力的培养，最

终使学生的物理学科核心素养得到提升。

二、实践课程核心要素

我们选择的实际情境要具有实践意义，有让学生深入探索的可能。同时选取的情境能从多个角度对实际材料进行思维加工，能逐步提高学生对基本概念和规律的理解，还能引导学生从不同视角分析问题，抽象概括出事物的本质。总之，要以一个生活化模型为载体，将需要学生落实的碎片知识通过不同视角以设置问题串的形式，从而使零散的知识点在学生脑海里形成概念体系。实践课程核心要素体现在以下几个方面：

（一）情境性——从具体的研究任务中获取抽象的物理知识

项目式学习的情境性主要体现在以下两个方面：

1. 情境源于生活，教师设计具体的实践任务，生成有价值的科学探究问题，引导学生借助思考路线，逐步获取较抽象的物理知识，在此过程中引导学生学会把探究课题分解成几个相对独立的小问题。思考解决每个问题的方法，分析主要因素和次要因素，根据现实条件选择适当的探究方案并有效地实施推进。

2. 将生活中的实际情境转化成解决问题的物理情境，并抽象出物理模型，应用物理知识分析、解释并学会应用。

从学生发展角度看，实践任务的情境性体现了学生心理动机、情绪等因素的外显，即学生能否根据需要灵活地处理问题，具体包括情境的转化、知识的迁移、问题解决的科学方法等。

（二）体验性——学生亲自参与问题探究和解决的过程

学生兴趣盎然地参与到学习活动中，经历选择、决策的过程，最直接的收获是体验了解决问题过程中的乐趣，体验了探究过程中的艰辛与喜悦，更深层次的是体验了物理概念或规律的形成及解决问题的能力。

（三）协作性——感悟学科间的联系、加强团队意识

在任务解决过程中，让学生意识到科学的本质，领悟科学、技术、社会之间的联系，让学生意识到任何问题的解决都不是一个学科就能完成的。同时，在讨论过程中逐步建立学生自己的沟通机制，让学生知道为什么要沟通，怎么样才能有效地沟通。学生在沟通过程中不仅能开阔思路和见识，而且能促进学生的团队合作意识，让学生体验和享受合作带来的成功。

学会沟通是学科核心素养的基础，教学中应尽可能为学生的交流创造机会，提高学生的交流能力、表达能力。

（四）责任性——培养学生的学科价值观，树立责任感

通过设置适当的难度让参与的学生获得成功的喜悦，从而保持旺盛的求知欲。经历小组探究过程，让学生明确自己是小组中不可或缺的一员，这样既能激发后进生的个性潜能，又能让优生的学习热情持续。

引导学生了解物理学对人类社会进步的影响力和创造力，让学生意识到物理学科和其他学科的紧密联系，把责任升华到学科价值导向上来。

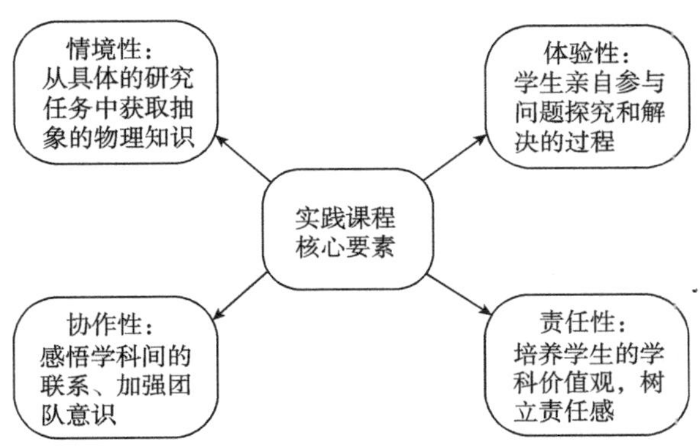

图1－1　实践课程核心要素

第三节　实践物理课程实施原则

实践物理强调学生到实际生活中去观察，到具体情境中去体验，把物理知识与实际生活紧密联系起来。为了提高学习效率，实践物理课程秉承以下几点原则：

一、注重主题项目的科学性

项目式学习内容和呈现方式都遵循科学性原则，设计问题科学合理，不能含有迷信色彩或者违背国家教育教学方针的因素。主题项目应以准确并深入理解新课程标准要求下的物理概念和规律为最终目的，与此同时，还应融入科学研究方法、科学态度，引导学生思考学习物理概念和规律所带来的社会影响和价值。

二、注重主题项目的基础性

主题项目的选择源于生活，能引起不同学情学生的共鸣。设问要遵循学生的认知基础，更要关注不同学情学生的学习需求。充分挖掘主题项目中蕴含的基础性物理知识，设计利于学生参与和思考的研究任务，以激发学生的学习热情，利于各层次的学生获取感性认识。

三、注重科学思维的发展性

研究活动取材于生活，与核心知识紧密联系。活动的设定应以提高学生学习的兴趣、满足探究的欲望为目的，注重落实“知识”和“素养”双重目标。以探究任务为载体，设置有利于学生在不同阶段的科学思维活动，让学生学会在问题解决中应用科学方法感知和掌握物理规律的真谛。注重得出结论的思维过程和方法，而不再是单一追求物理知识的结论，真正使学生的物理思维水平得到提高。

第二章
高中物理教学现状分析

第一节　教与学问题分析

新课程改革和新课程标准要求物理实验教学要关注学生的主体性，凸显学生的自主、合作和探究意识。通过问卷调查和座谈发现，以往高中物理教学在培养学生核心素养方面存在不足，具体见表 2－1 所示。

表 2－1　以往物理教学在培养学生核心素养方面的主要问题

主要原因	教师在教学中存在的一些问题	学生在学习中存在的问题
新课程标准理念领悟不足	虽采用合作学习式的教学途径，但多数停留在形式上，没有根据学情预设探究过程，缺乏过程性指导	学生只在课堂时间内参与，缺乏主动性、持续性
课时有限	概念、规律学习以主动讲授为主，留给学生“动脑、动手、动眼”的空间少	被动地接受结论，甚至死记硬背，缺乏主动思考问题的意识
升学成绩压力	留大量练习题来反馈教学效果	盲目刷题，缺乏实践过程中的研究方法和思想的提炼，思维固化
教学流程较为笼统	合作学习途径没有依据课的类型不同而加以区别，同时缺乏具体的阶段性操作	学生展现个性化的机会较少
实验器材和设施不完备，开放性学习氛围不足	改进实验或优化实验的意识淡薄	学生创新或探究的意识缺乏

综上所述，以往物理教学忽视了学生的主体性，以“自主、合作、探究”为特征的学习方式没有强化。学生的主动性、积极性、创造性的发展受到制约，即物理学科核心素养的培养目标与现有物理教学模式的对接存在困难。

第二节　现有课程缺乏开放性和实践性

调查研究发现，很多高中的物理教学主要采用以国家课程为主、校本课程为辅的教学环境，采用了书面评语、自我评价和阶段性测试这些常规的评价方式，在一定程度上忽视了学生的心理需求，所以从激发学生的兴趣出发，以调动学生学习的主观能动性为目的的针对性不强。新高考背景下，随着物理学科分值的下降，物理学科的课时或多或少地受到影响，学生探究学习的机会和时间也因此受到制约。在这种情况下，以学生兴趣为切入点，充分尊重学生的个性发展，充分发挥学生的非智力因素的实践类课程实施的机会不多。

学生兴趣的培养很大程度上依赖于启发式、开放式和多样化的教学方式，获取知识的途径单一，感觉和知觉之间渠道不畅，学生只是被动的接受一些知识。如果缺乏个性化、多元化、科学高效的教学环境的干预，会导致极大部分学生在物理学习中产生被动、枯燥、疲惫或焦虑的情绪。

普通高中课程标准在设定高中阶段学业质量评价体系时，设置了逐渐递进的五个层级水平，其中从低到高均强调了“与人合作、交流解释”的必要性，凸显了学生“表现”的因素。有效的物理学习要将真实情境与任务背后的真实世界直接联系起来，让学生在真实的实践中提升能力，拓展

思维。目前的高中物理教学环境要达到这样的标准还需要时间。

因此，如何营造一种新型的物理教学环境，达到课程标准基本理念和核心素养对于物理教学的要求，构建学生自主学习的氛围，在实践解决问题的过程中激发学习的需求，关注学生思考问题的方式，以学情为主线，是推进物理教学高效且有实际价值的迫切要求。

第三章
从物理实验到实践物理

第一节　实践物理课程的开发背景

建立物理概念、探寻物理规律等均需要以实验为基础。而物理实验不仅是一种教学方法，也是完善学生认知的重要载体。伴随着课程改革的逐步推进和对学科素养的不断深入了解，以实验课题为依托的实验课程创新设计与实施在朝阳区特级教师工作室的引领下不断推进。课程创新中力求更贴近学科本质，更有利于学生发展。十年的课程创新探索大致经历了以下三个阶段。

第一个阶段是从 2012 年到 2014 年，开展了“中学物理实验教学资源的整合与开发”的课题研究。主要的思考点是如何提高教师教的效率。关注点从知识、教材、考试三个层面加强对物理学科知识本身的深入理解。主要工作是研究教材、研究考题、整合资源，全面地梳理教材实验，准确地把握核心知识，系统深入地研究考题。在此基础上，从高考的评价标准出发，将高中物理 18 个必考的学生实验从实验原理、实验操作、实验设计、误差分析、拓展应用等维度做了系统地梳理，整合开发了符合学生特点的实验教学手册，并完善了课本中的 200 多个演示实验。

第二个阶段是从 2014 年到 2017 年，物理组开展了“基于全纳教育理念

的高中物理教学实践研究”。主要的思考点是如何提高学生学的乐趣，关注点是从改变课堂教学模式出发激发学生学习的动力。主要工作是从教学手段、学习方式、教学方式三个维度对高中物理实验教学展开深入研究，从创新角度探究课堂教学的最佳切入点，创设使每一名学生都能自主发展的全纳课堂。编写了《高中物理全纳学习手册》，还开发了一系列低成本的实验器材、教具及创新实验，开展了全区范围内的高中物理实验微课比赛。

第三个阶段是从 2017 年到 2020 年，随着对学科核心素养的不断深入理解，教师对物理实验课程的理解也越来越全面，大家开始尝试从核心素养的角度去理解、把握实验课堂。主要的思考点是如何在实验课程中提升学生的核心素养，从关注知识逐渐转向关注学生科学思维。主要工作是开展了初高中实验课程一体化设计与实施的研究。在这个过程中工作室设计并实施了许多有特色的实验校本课程，如“物理实验与思维拓展”课程、“物理探究实验的深入研究”课程、“综合创新实践”课程、“物理建模与思维创新”课程，开展了“指向学科核心素养培养的高中物理实验教学创新实践研究”课题研究，并总结梳理了两种物理实验教学模式。

2020 年开展了“表现性评价在高中物理实验教学中的实践研究”。随着核心素养的提出和课程改革的推进，评价体系的变革也迫在眉睫。基于核心素养的评价体系需要促进学生高阶思维的拓展、各项关键能力的提升。我们将思考点聚焦于评价，就是为了进一步促进学生核心素养的提升、关键能力的落实。

纵观近十年的物理实验课程改革，从关注知识与方法到关注学科的思维发展；从关注教师的教到关注学生的学，再到关注教学评价的多元化；从课内到课外，从课到课程。教师对实验研究的不断深入过程就是学生学习方式的变革过程。

既然是学生学习方式的变革，那么实验课程的最终落脚点在哪里，将走向哪里？所有课程的落脚点都是为了提升学生的学科素养，培养学生的关键能力、必备品格、核心素养。物理源于实践，应用于实践，因此工作室开始了开发“实践物理”课程的探索。

第二节　实践物理课程的实际意义

一、开发实践物理课程是课程改革的需要

新课程改革的重点目标是增加课程的开放性、探究性、实践性、综合性，注重物理学习过程中学生的实践意识与能力的培养。从大的角度看，全部社会生活的本质是实践，不把课程与真实世界的做人做事建立联系，学习知识就不能成为提升学生能力的渠道。从小的方面看，任何一个物理概念或规律的学习都要从实际问题开始，即知识必须来自于实践。任何一个概念与规律都要让学生主动地应用于实际问题，即让知识回到实践。

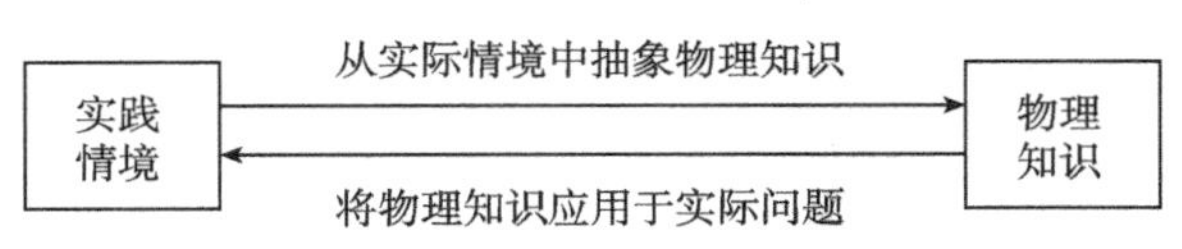

图 3－1　实践与物理联系简图

二、实践物理课程能够激发学生的学习兴趣

通过物理情境，把错综复杂的现象进行模型化处理，能加强学生对物理知识的迁移应用。建立物理情境的过程就是认知结构化的过程，通过情境教学并结合项目式探究学习，学生获取对概念和规律理解的渠道不再局限于课本，还来源于生活，这个过程已经伴随了知识的迁移与深入理解，

一定程度上能吸引学生的注意力，能提高学生学习物理的兴趣，激活学生学习物理的内在动机，从而提高其学习的信心。

三、实践物理课程是校本课程、学科研学的素材

实践物理课程带领学生从课本走向生活，引导学生关注生活中的物理，通过具体的项目式合作探究学习，让知识在合作研究中自然生成，而不是学生被动接受。课程具有很强的体验性，可以做为同类校本课程、社团课程或者物理学科研学的素材。

四、实践物理课程是促进学生综合能力发展的重要渠道

由实际问题建构起来的知识对于学习者来说，是真正有价值的知识。学生的学科素养的提升要在解决实际问题的过程中得以实现。

通过与科技前沿知识联系，完成物理概念的建立和物理规律的探究，是促进学生物理观念形成的关键，同时从实际情境中建构模型，熟练地利用物理规律和科学方法解决具体的物理问题，是发展科学思维的重要途径。实践物理课程旨在改善以传统的从教材获取知识为唯一标准的教学模式，拓展到课堂外的研学，营造出能够激发学生的问题意识以及探究欲望的教学环境；便于学生从低学段到高学段有效衔接，构建以获取相关知识、发展物理思维、提升学生各项关键能力为目标的物理课程。

五、开发实践物理课程是教师发展的有效途径

物理教学重在培养学生的物理学科核心素养，最终提升关键能力，因此，物理教师应具备培养学生物理学科核心素养的课程建设、实施与评价的能力。课程建设能力是教师适应新的课程体系、专业水平不断发展的关键所在。

六、科技前沿知识导航——学科价值观的导向

项目式探究、充分的实物资源能给予学生科学性、知识性、趣味性的体验渠道，不仅能普及学生的科学知识，还能开拓学生视野，让学生体验科学魅力，激发学生探究欲望。通过提问并解决问题，能实现知识的稳步提升，最终让学生感悟科技发展，唤起爱国热情，实现物理学科的价值导向。

第三节　实践物理课程的研究主题与内容

实践物理课程是将生活中某一确定的实际情境，通过项目式探究学习，让学生经历物理概念的科学建构和规律的科学探究过程，促进概念和规律的逐步学习、系统反思和迁移应用；通过不同视角，循序渐进地在脑海里形成概念体系。实践物理课程尝试从最近发展区激发学生潜能，围绕正在进行的物理内容建构、挖掘生活情境，开发设计与学生学习进程相匹配的实践生活载体（项目）。配合国家课程进度开设实践物理的校本课程，其主要课程建构如图 3 –2 所示。

高一第一学期学生主要学习的是必修一的内容，知识的重点是力和运动，我们主要配套开发了“探秘冬奥会”与“交通中的运动秘密”项目。高一第二学期学生主要学习的是必修二的内容，知识的重点是曲线运动、功和能，我们重点开发了“探秘游乐场”项目。高二第一学期学生主要学习的是必修三的内容，知识的重点是电场、磁场、恒定电路，我们为这一学段的学生配套开发了“探秘家用电器的场和路”的项目。高二第二学期学生主要学习电磁感应知识，我们开发了“电的产生和传输”和“神奇的

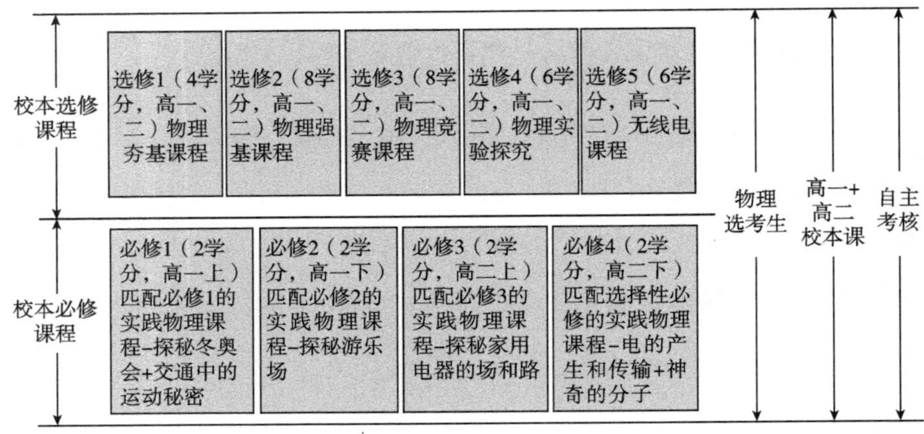

图 3－2　基于实践物理的课程建构图

分子”项目，光学部分还在完善中。这样的课程设置考虑到实践物理课程一方面要关注生活实际，一方面也要引导学生学会在解决实际问题的过程中进一步深化对物理概念规律的认识，促进物理观念的形成，促进学科思维的发展，所以实践物理课程采用了与国家课程同步推进的形式。

实践物理课程主要是引导学生在实践中学会解决实际问题的策略方法，提升自己的综合实践能力、科学探究能力。由于实践物理课程在之前没有成型的课例，所以课题组老师们结合教学内容与生活实际编写、开发了课程教材。教材的编写目标如下：有利于教师指导，有利于学生自主学习，有利于学生的思维发展。教材编写原则如下：创设真实的问题情境，引发学生的真正思考，落实有效的动手实践，形成解决问题的策略，关注学生真实的感受。为了引发学生的真正思考，教材的编写体例如下：每一个任务的设计符合学生的认知规律，具有清晰的解决问题的路径，各任务之间形成思维的有效进阶。将生活中的实际问题以教材的形式展现出来，学生通过阅读教材可以自主找到解决问题的途径，形成解决问题的方法。在本阶段教师的主要工作是从生活走向教材。

第四章
从课本走向生活—在实践中学习物理

第一节　初高中衔接专题研究：生活用电中的物理秘密

家庭电路是最常见、最基本的实用电路，你知道我们住宅内的配电系统电路是如何设计的吗？在家庭电路布线时应该注意哪些问题？家庭电路出现故障应该怎样排查？通过家庭电路的深入实践，你会轻松处理这些曾经令你头疼的家庭用电问题。

【探秘家庭电路的线路连接特点】

项目背景：

通过初中家庭电路的学习，我们掌握了家庭电路的一些基本知识，知道家庭电路由供电线路、电能表、总开关、保护装置、用电器、导线等组成（如图 4－1）。你知道它们是怎样连接的吗？为什么这样连接呢？家庭用电器使用时都需要插在插座上，通过观察我们发现家庭插座面板有很多种，它们在实际使用时有差别吗？

应用物理知识解决实际生活中的问题，通常要从实际问题和物理原理两个方面分析。在处理实际问题时，我们要根据具体的情况进行系统思

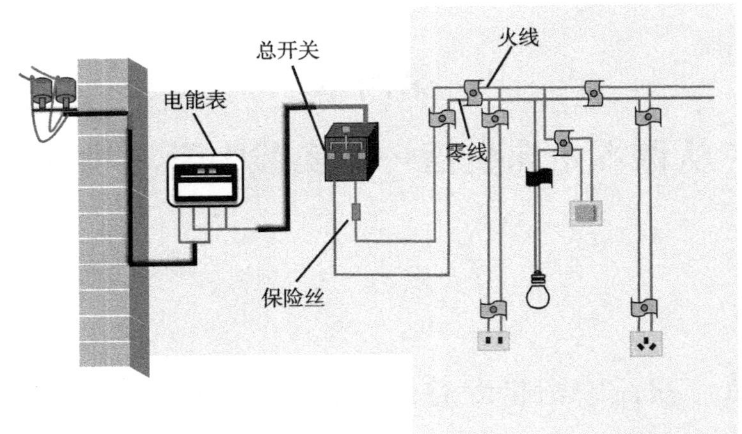

图 4－1　家庭电路简图

考，比如，安全问题、生活便利、节能问题、经济问题等。物理原理指实际问题所包含的物理知识，这里不但要思考应用哪些知识，也要思考为什么要用这些知识，应用这些知识时我们需要重点关注解决哪些问题。我们思考问题的逻辑框架如图 4－2 所示：

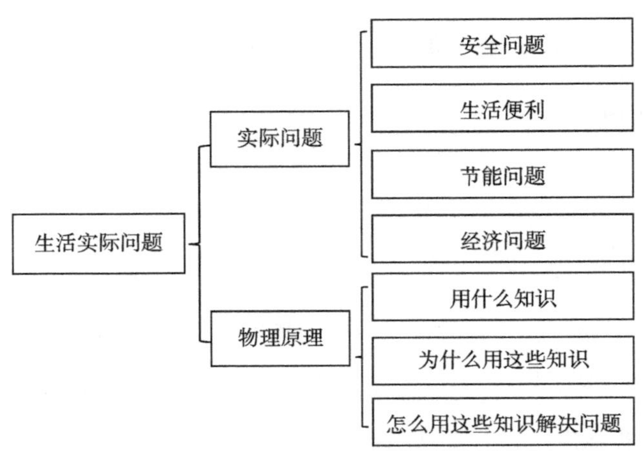

图 4－2　思考问题的逻辑框架图

任务一：从生活实际出发思考家庭电路的基本连接顺序

家庭电路由电能表、总开关、保险装置、家庭用电器四个部分组成，在实际生活中它们的连接顺序是怎样的？为什么要这样连接呢？阐述你的分析过程。

分析阐述这个问题，我们首先要清楚家庭电路中每一个电器的作用，结合它在电路中的作用分析它的位置。家庭电路由测量电器、控制电器、保护电器、家庭用电器四部分组成。其中，测量电器指电能表，它的作用是测量用户在一定时间内消耗的电能。控制电器指开关，它控制电路中的火线与零线。保护电器指空气开关和漏电保护器，空气开关也叫断路器，在电路中的作用是接通、分断和承载额定工作电流，并能在线路和电动机发生过载、短路、欠压时进行可靠的保护；漏电保护器则是在设备发生漏电故障时及时断电，具有过载和短路的保护功能。家庭用电器包含了空调、电视、洗衣机、电饭锅等，在家庭电路中主要是用插座控制。

不同电器的作用不同，在电路中的位置也不同。

供电局规定电能表必须安装在总开关之前，这样的要求一方面是为了防止偷电，另一方面是为了保护电能表。电能表是测量家庭电路中所有用电器消耗的总电能，如果在总开关之后安装电能表，当总开关和电能表之间接入其他用电器时电能表就不能计入这个用电器消耗的电能，因此会出现偷电现象。如果总开关在电能表的前面，当线路短路时，电表就会因遇到高压电流而损坏。

保护电器放在总开关后边，当用电电路任何一个支路发生故障时，保护这一支路的保护装置就会自动切断电路，而其他支路仍然可以正常工作。

家庭用电器放在保护电器之后。

任务二：认识配电箱，了解电路电器作用

打开家里的供电箱，你会发现里面有多个空气开关和漏电保护器（如

图 4 -3)，为什么会有多个空气开关和漏电保护器呢？它们之间是如何连接的，在实际生活应用中它们的作用分别是什么？

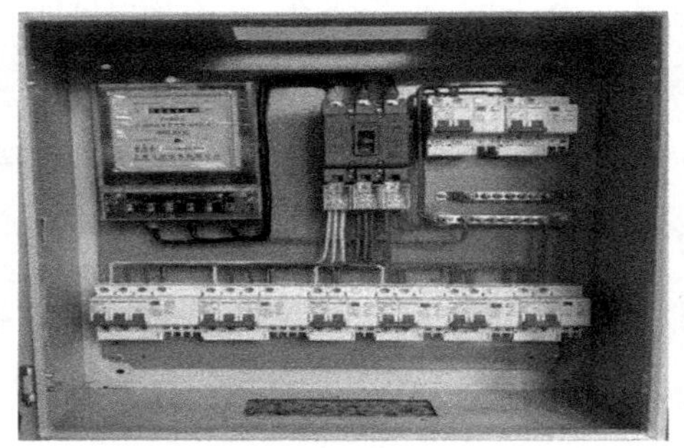

图 4 -3　北京某小区家庭配电箱

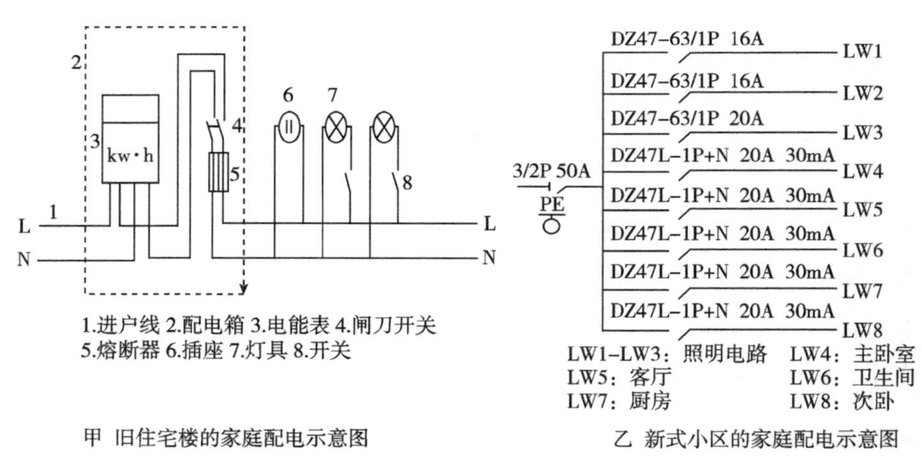

图 4 -4　家庭配电示意图

研究电学元器件时，我们通常从结构、功能两个方面入手进行深入分析。结构决定功能，再依功能确定电路的连接方式与结构原理。所以，我们可以从电路的连接方式来判断其功能，也可以依据电路的实际功能来推测电路的连接方式。打开家庭电路的配电箱，我们会发现配电箱内不但有电能表、总开关、保护电器，还配有家庭配电的示意图。例如，图 4 -4 甲图是旧住宅楼的家庭配电示意图，乙图是新式小区的家庭配电示意图。

从家庭电路配电图来分析，乙图中 LW1 - LW3，对应的是照明电路，LW4 - LW8 依次标有主卧室、客厅、卫生间、厨房、次卧。通过这样的标注我们知道配电箱中的每一个支路对应的功能是不同的。LW1 - LW3 主要是灯线，LW4 - LW8 是不同房间的插座线。在实际生活中不同房间的电路多数是独立的，当一个支路发生电路故障，为了保证其他支路可以正常工作，不同的支路是并联的。不同的保护装置保护不同的支路，这样一旦发生跳闸现象，我们就可以通过断开的保护电器位置迅速判断故障的位置，还不影响其他支路工作。所以我们在设计电路时，保护装置与被保护电路是串联的，各保护装置之间是并联的。根据功能的不同，不同的支路选择不同型号的空气开关、漏电保护器。

随着家庭生活条件的提高，厨房的用电器越来越多，且厨房电器的功率通常比较大，电流也大，因而我们要选择额定电流大的空气开关。此外，厨房的插座多为三线插座，因此在这条支路上必须安装漏电保护器。卧室的用电器会少一些，功率通常也比较少，可以选择额定电流小的空气开关。在装修房子时有的家庭还会选择将空调线单独设计在一个支路上，这样便于控制电路。有的照明电路是两线插座，也可以不安装漏电保护器。

任务三： 结合自己家的实际情况设计电路布线图

装修房子时家庭电路的施工安装走线是非常重要的环节，它既关系到我们的生命财产安全，也关系到我们的生活质量和生活便利。需要考虑的实际问题又多又繁杂。在装修布线时我们需要考虑哪些问题呢？

思考解决这些问题，首先要清楚安全布线的一些必备原则，在必备原则下结合自家的房屋和居住的实际情况进行综合考虑。同学们可以先通过网络自主学习家庭电路的布线原则，在布线安全的原则下结合自己家庭的

实际用电情况和居住情况做进一步细化处理。

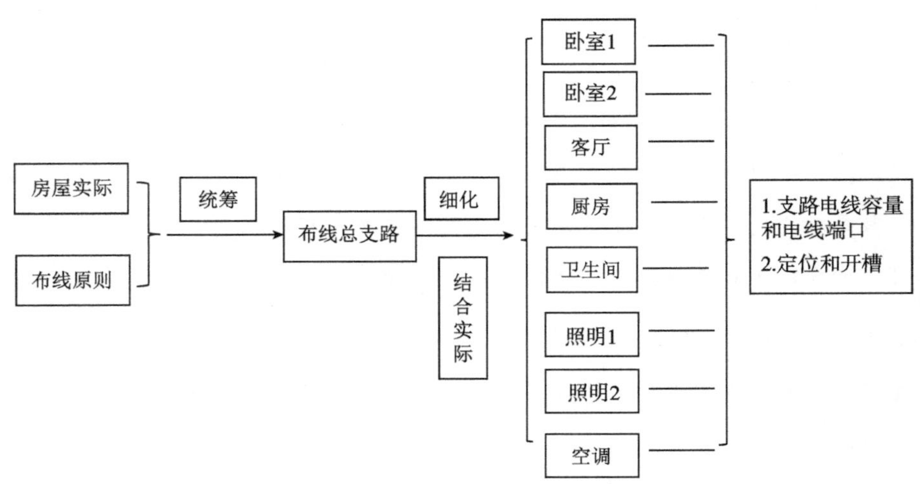

图 4－5　家庭布线参考思路

可以按照图 4－5 的逻辑进行思考。先根据房屋的实际情况确定总的布线支路数，比如有的家庭会选择将冰箱、烤箱单独布线。然后再根据每一个支路的实际用电量考虑电线容量和电线端口规格。随着家电的不断增加，功率也会增大，在布线的时候还应考虑到将来的用电，在保证安全的前提下做到经济实惠。最后是结合自己的居住习惯考虑定位和开槽。定位指要根据电路的实际用途确定在哪里安装开关、哪里安装插座。开槽则指完成定位后，电工根据定位和电路走向，开布线槽。在实际生活中我们经常用到这种先统筹再细化的处理问题思路。

任务四：调查研究插座的种类和用途

随着家庭用电质量和用电数量的不断提高，家庭用电的插座也有了很大变化，请走访一下你家附近的五金店，看看现在市场上有多少种插座面板，各插座面板有什么特点；看看你家有几种插座面板，思考在安装插座时是如何连线的。

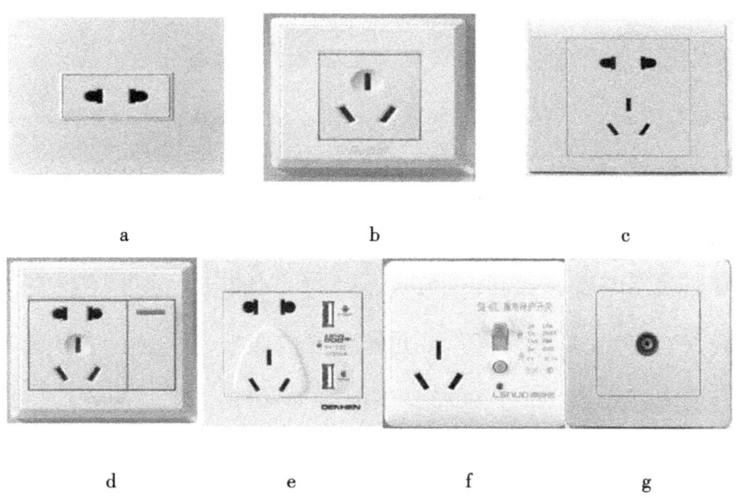

图 4 -6　常见的插座面板

图 4 -6 列举了几种市面上常见的插座面板，你知道它们各自的功能和安装位置吗？图 d 插座在家庭电路中是如何连接的呢？

思考开关的电路连接问题首先要关注电路的逻辑关系，其次要考虑开关的作用，在家庭电路中还要关注电路安全即零线与火线的位置，如图 4 -7。

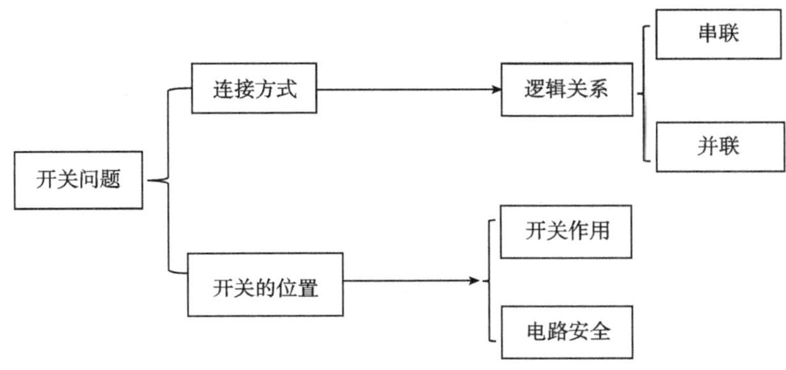

图 4 -7　开关问题思考思路

在图 4 -6d 中两孔插座和三孔插座接的是不同用电器，不同用电器在工作时互不干扰，所以两个插座并联。又因为开关要同时控制两条支路，所以开关连接在干路上。考虑到电路安全，开关应该与火线直接相连，两孔插座左端接零线，右端接火线；三孔插座左端接零线，右端接火线，中间接地线。

任务五： 应用所学知识解决生活中的实际电路问题

某家庭装修时墙壁上有一个“一开两孔”的电工元件（开关和一个两孔插座装在一起），如图 4 -8，a 是该元件的面板，b 是元件壳体内部的原接线图。因为开关损坏，所以需要更换整个元件。电工断开家中进户线的总开关，想拆旧换新，但由于马虎在拆旧时没有留意元件中的 *A*、*B*、*D* 三根导线（*B*、*C* 间已有一短导线在内部相连）与外面的三根导线①②③的连接关系（如图丙所示）。又因室内导线都在水泥墙内，无法观察外面各导线与墙内导线的连接情况。他闭合家中进户线的总开关，并用试电笔检测各导线，发现：用试电笔试①导线时氖管发光；试②③导线氖管均不发光。根据他的检测，能不能判断各根导线的连接情况？你能不能利用常用的家用电器，如台灯等（均带有插头），鉴别出各导线与 *A*、*B*、*D* 是怎样连接的？根据你的判断，将 c 中①②③导线与下面的 *A*、*B*、*D* 接线柱和上面的火线、零线及灯泡连接起来。

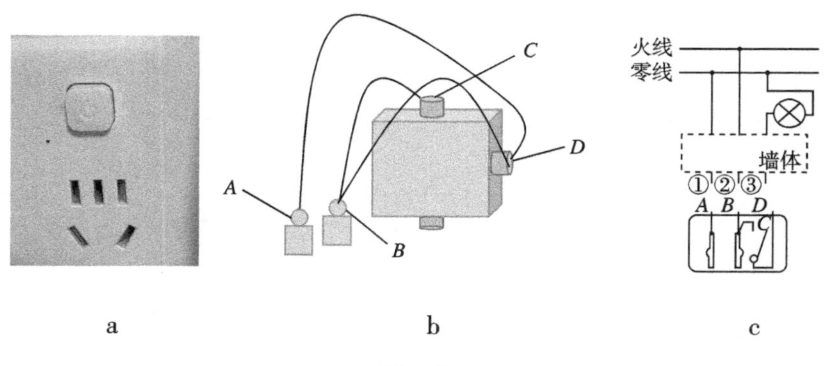

图 4 -8

关于电路问题，我们可以依据逻辑关系判断电路连接方式，依据电路的安全原则确定用电器的连接顺序。明晰了电路的连接方式和连接顺序，就可以确定准确的电路。其思考逻辑如图 4-9。

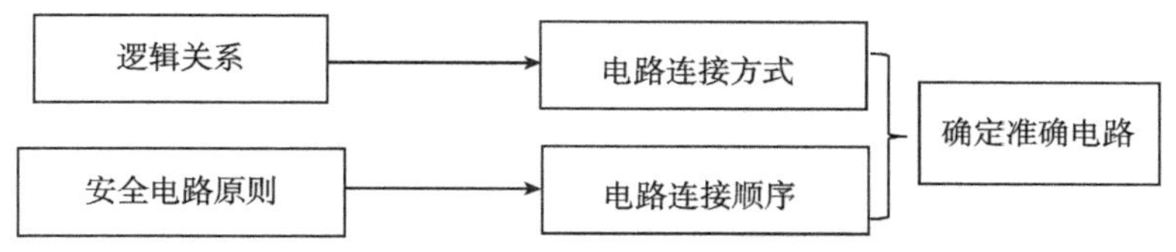

图 4-9　电路连接方式参考思路

在此电路中，插座与电灯在家庭电路中是并联的，而开关控制电灯，所以与电灯串联。在实际的电路中右插孔连接火线，左插孔连接零线，开关与火线直接相连。这样就可以推断电路的正确连接方式。火线接 B，零线接 A，D 与电灯相连。用试电笔试①导线时氖管发光说明它与 B 相连；②③导线不能使试电笔氖管发光，说明它们一定不是火线，但不能判断出哪根接在灯泡上，哪根直接接在零线上。我们结合试电笔检测进一步判断，在此电路中有两条支路：一条支路上有电灯，若它接入台灯则是两者串联后接入火线和零线之间；另一条支路上只有插座，若它接入台灯则是直接接在火线与零线之间。利用带有插头的台灯，将①导线和②③导线分别与台灯连接，当台灯正常发光时，说明②或③是零线，当发光较暗时，说明连接的是灯泡。根据此思路你是否清楚如何连接了？图 4-10 是两种正确的连接方式，看看和你的想法一样吗？你还有其他判断方法吗？

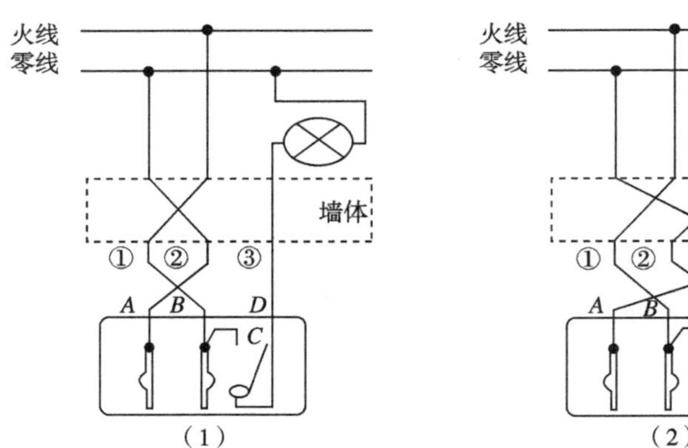

图 4 - 10　实际连接方式图

【寻找偷电贼】

项目背景：

近几年，各地陆陆续续地开展了电网改造和电表更换工作，很多用户反映更换了智能电表后，用电时间没有变化，用电器没有变化，但是电费成倍增长，这是什么原因呢？是电表不准吗？是谁把电偷走了呢？

a 机械电表

b 智能电表

图 4 - 11　家庭电表

分析这一问题的思路与我们分析实验数据问题是相同的，当我们的实验数据出现很大偏差时，我们首先考虑的是外部原因，即：实验操作是否准确，在确保实验操作准确的前提下，我们再考虑是否存在实验误差，然后再调整实验方案、仪器精度，尽可能减少实验误差。如果这时实验数据还存在问题，我们就要考虑是不是实验原理本身不科学。家庭用电量突然增加，也可以按照先外因再内因的顺序逐步分析。首先考虑是不是外部条件的变化，即用电时间、用电器的数量、天气的变化等。如果外部条件没有变化，我们再考虑是不是电表自身的原因。其分析思路如图 4 – 12。

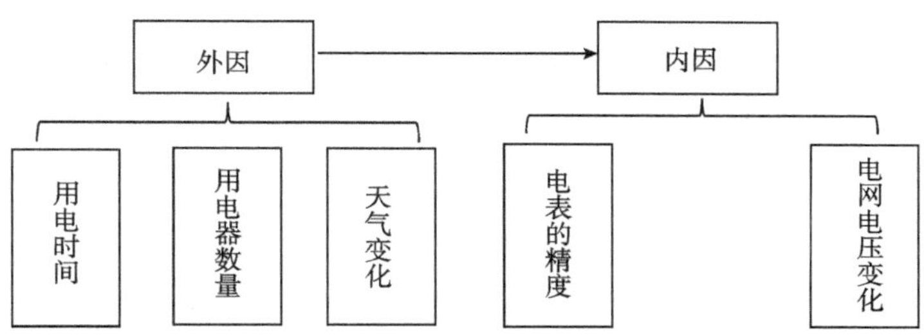

图 4 – 12　影响电表示数变化的主要因素

任务一：了解机械电表与智能电表的区别

老式的机械电表和现在的智能电表在结构、原理、功能等方面都存在差别，这些差别中哪些是影响电费增多的主要原因呢？你可以通过网络学习，也可以通过实践研究来探究两者的区别，并和同学分享你的研究结果。

我们认识元件的思路是结构决定原理，通过其实际结构深入分析元件的功能原理，而在设计元件时我们则是通过实际应用确定电路的原理功能，依据所需功能来设计元件的结构，并结合实际的应用情况进行深入的设计调整。对于智能电表与机械电表的深入认识，我们不能仅停留在对理论的学习

上，建议同学们可以通过对实物的观察、拆卸来深入理解各自功能。

任务二：用家用电器“检验”电能表

电能表的表盘上都标有一个常数，不同电表上标的常数不同，意义也不同。电子式电能表标的是每千瓦时的脉冲数，传统的电能表标的是每千瓦时电表的转盘转数，如 3000r/kW · h。根据电能表常数，你能利用已知功率的家用电器设计一个实验来测量电能表是否准确吗？

实验设计时，我们通常从实验目的出发，思考为了完成实验我们需要测量哪些量、用什么测、怎么测，在此基础上来选择仪器，设计方案，规划过程。实验设计主要思路如图 4－13。

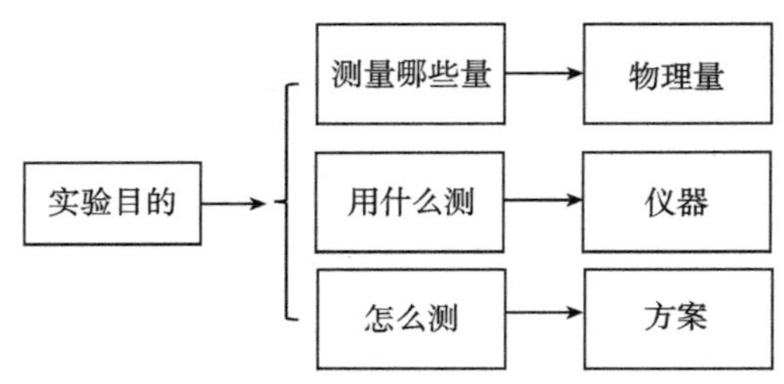

图 4－13　实验设计主要思路

本实验的实验目的是检验电能表是否准确，需要用电能表测量已知用电器消耗的电能，用测量值与实际值进行比较。在实验时需要关掉家中其他用电器，仅让已知功率的用电器单独工作一定时间（时间长一些误差会小）。结合用电器的实际功率，利用公式 $W = Pt$ 计算其消耗的电能，与电能表测量的数值进行比较。电能表的测量值我们可以通过电能表显示的数值来计算。为了测量准确，对于机械电表，我们可以记录这段时间内转盘转的圈数；对于电子电表，我们可以计算这段时间内电表的脉冲数，再应用相应的公式计算出电能表测量的电能值。

任务三：应用电能表设计实验方案，测量家用电器待机耗能

现在社会一直倡导节能省电，但是在家庭电路中却存在着很多耗电现象，其中待机耗电就是一个很大的问题。如果想研究家用电器待机功耗，你会有哪些办法？这些办法都可行吗？

解决生活中的测量问题，我们的思路如图 4－14 所示。

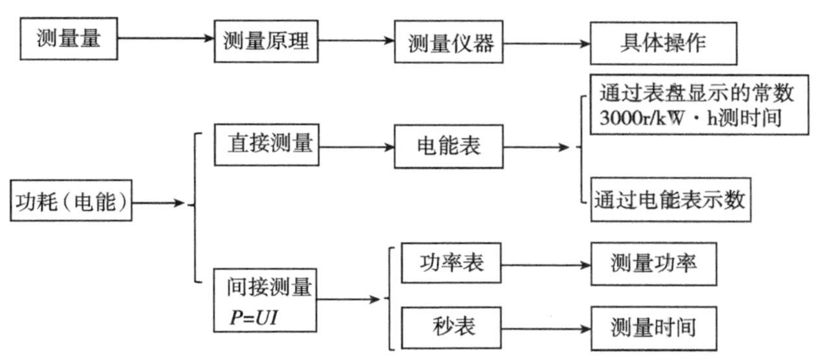

图 4－14 测量功耗设计思路图

本实验如果用电能表，难点是时间短消耗电能少，不易于测量出，所以解决问题的关键是提高测量的精度，只要满足这一条件的方案均可实施。待机状态下电视机的功率很小。下面给大家提供两种可行方案，图 4－15 为设计方案的电路图，大家也可以根据自己的理解设计更好的方案。

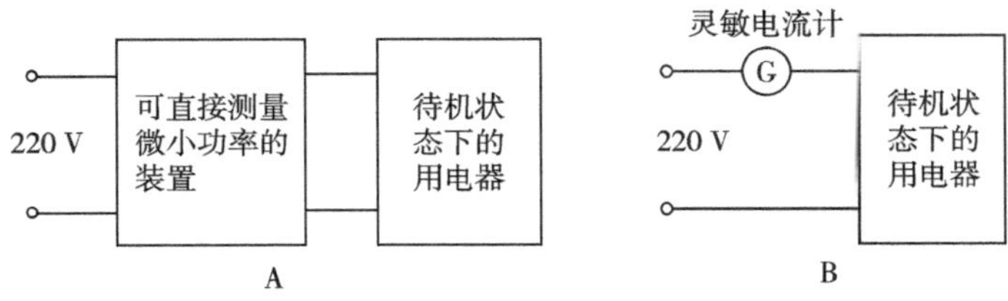

图 4－15

任务四：用功率测试仪测量家用电器的待机功率

家用电器的待机耗电惊人。你知道你们家的用电器在待机时的电流有多大吗？哪个家用电器待机消耗的电能最大呢？请用多功能电参数测量仪，测量一下你家所有用电器的待机功耗，并结合实验数据提出自己的节能建议。

表4－1　家用电器功耗统计

家用电器	待机功耗/瓦	关机功耗/瓦	一年电量/瓦	年耗电费/元
电视机				
机顶盒				
电脑				
手机				
热水器				
空调				
饮水机				

任务五：设计一个待机控制电路

通过上面的研究发现家用电器待机耗电现象确实特别多。为避免不必要的待机耗电，请你利用废旧器材设计一个控制电路，当用电器处于待机状态时该电路可以自动与电源切断。

本题要求设计一款自动化的控制装置，电学中我们常用的自动控制装置是电磁铁与敏感电阻，电磁铁是通过电流来控制磁性的强弱，而敏感电阻则是通过改变光照、压力、温度等外部条件来改变电阻的大小，从而改变电路中的电流大小，再通过电流大小变化实现自动控制。设计自动控制装置的关键是寻找控制条件，结合控制条件来寻找满足需求的元件，从而设计相关电路。可以按照设计元件的思路来分析，即图 4－16。

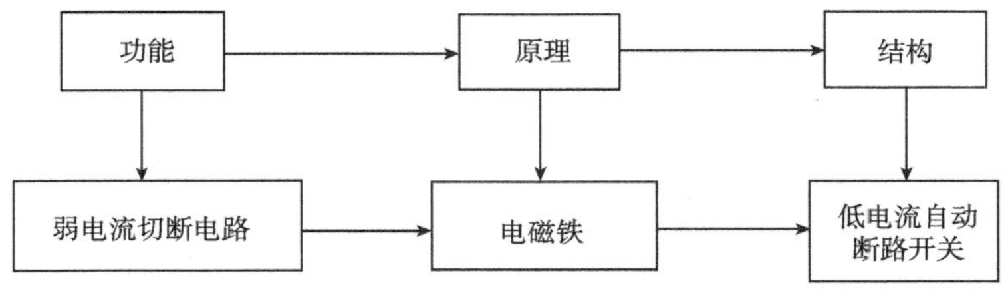

图 4－16　设计元件思路图

下面是采用电磁铁的一种设计思路（简图如图 4－17）。当家用电器处于待机状态时，电路中的电流很小，导致电磁铁的磁性减弱，对衔铁的吸引力小于衔铁的重力和弹簧对衔铁的拉力之和，衔铁掉下，电路断开，用电器不工作也不待机。你还有其他方法吗？和大家分享一下。

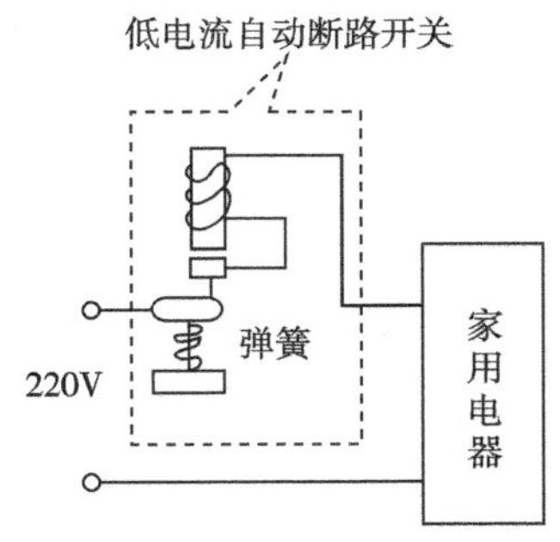

图 4－17　电磁铁简图

【家庭电路中的故障分析】

项目背景：

家庭电路经常会发生故障，这给我们的生活带来许多的不便。所以，我们需要了解一些常见的电路故障知识，学会一些必要的电路故障判断方

法、电路检修方法。这不但可以保障我们能够安全用电，也可以培养我们运用所学知识解决实际问题的能力。

要想轻松处理家庭电路的故障，需要了解电路中常见的故障。常见的家庭电路故障有开路、短路、过载、电路接触不良、电路本身连接错误、线路漏电等。我们可以按照图 4－18 的逻辑逐一进行电路检测判断。

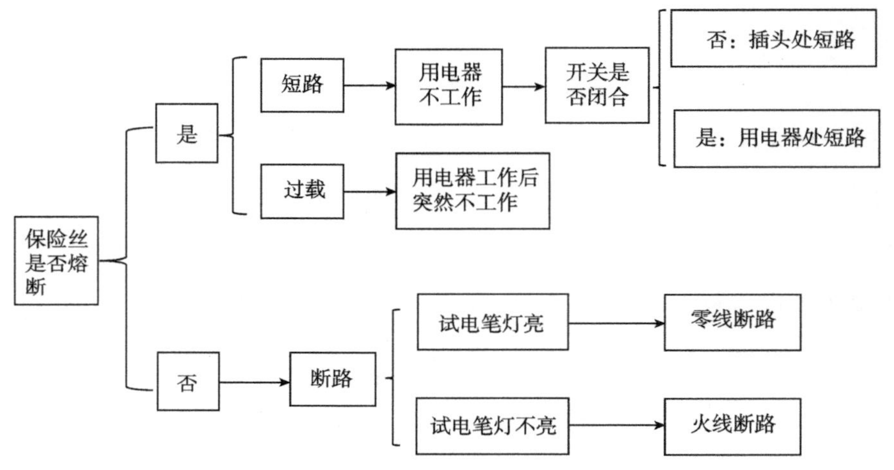

图 4－18　电路检测判断图

不同的电路故障，检测方法也是不同的，其中开路检测法与我们在课堂上学习的断路检测法相同，可以采用电压表检测法，也可以采用电灯检测法。短路检测法与我们课堂上学习的短路检测法有很大差别，需要专业电工师傅用到专业工具。

短路检测法常用到的专业工具有万用表、钳型电流表、摇表。

下面介绍一种检测方法：首先拆卸下配电箱中的负载端，用万用表中的电阻档分别测量零线对地阻值和火线对地阻值。如果测量的阻值无穷大，说明线路完好；如果测量的有电阻，说明线路绝缘有损坏。

任务一：了解漏电保护器和空气开关的区别

现在家庭电路中断开电路的装置有很多种，其中用的比较多的是空气开关和漏电保护器（如图 4－19）。它们在电路中的保护作用不同，其内部结构也不相同。拆开一个空气开关和漏电保护器，看看它们的结构有什么区别？通过自主学习看看两个装置的工作原理有何区别？

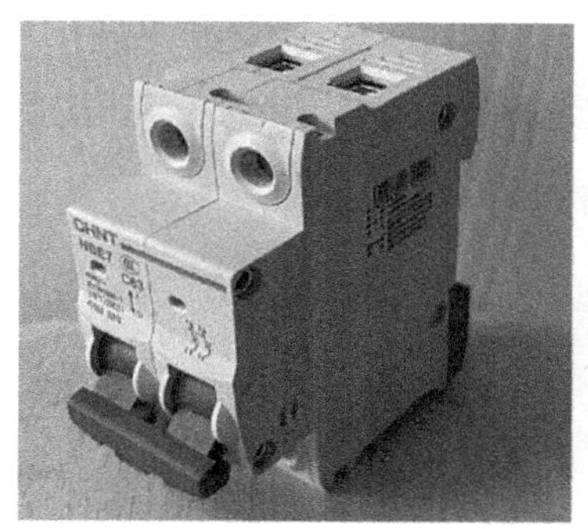

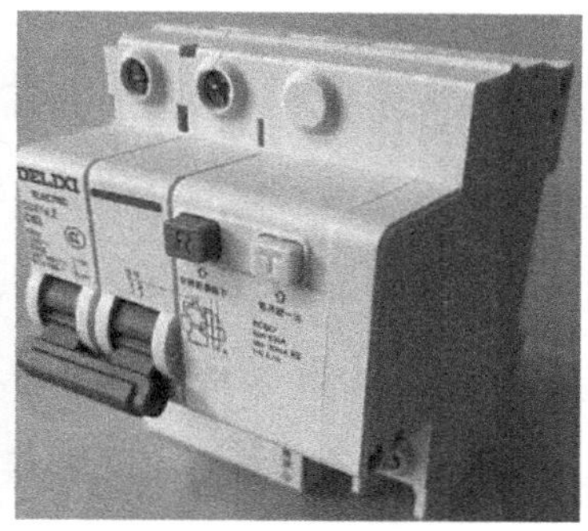

图 4－19　空气开关（左）和漏电保护器（右）实物图

对于任何电学元件的设计，我们始终遵循一个逻辑，即根据功能设计结构，应用理论知识支持功能的实现。所以要区分这两个元件，首先要清楚它们在电路中的功能差别，在此基础上再深入了解其结构差异。因此，大家需要先自主学习漏电保护器和空气开关的保护原理差别，在此基础上思考其结构差异。自主学习后完成表 4－2 的内容。

表 4－2　空气开关和漏电保护器的区别

	功能	原理	结构
空气开关			
漏电保护器			

清楚了两者的功能差别、结构差别后，你能说出漏电保护器是怎样实现漏电断电的吗？空气开关内部又有哪些元件结构实现过载断路？你可以应用自己学过的知识进行简单的元件设计吗？拆开一个空气开关和漏电保护器，看看它们有什么不同，看看两个元件的说明书，看看是否可以明白其工作原理。

任务二：对漏电保护器进行例行试验

现在城市大多数家庭电路中都有空气开关和漏电保护器，按要求每月应对漏电保护器进行一次例行试验，请你打开配电箱，尝试分辨出哪个是空气开关、哪个是漏电保护器，并对漏电保护器进行例行试验。

如图 4－20，打开配电箱，你会看到空气开关和漏电保护器外观太像了，但是认真观察你还是会发现它们是有差别的。漏电保护器比空气开关多了一个测试按钮和复位按钮。如图 4－21 所示，标有“合闸前按一下”的是复位按钮，标有每月按一次的是测试按钮。

图 4－20　家庭配电箱实物图

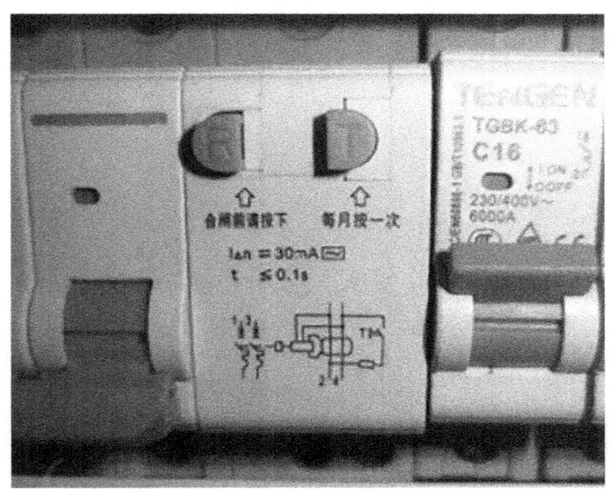

图 4－21　漏电保护器实物图

利用网络查一查复位按钮和测试按钮如何使用，并对自家的漏电保护器进行例行试验。

任务三：结合实际情况对家庭电路进行故障分析

在日常生活中经常会遇到一些跳闸、触电、用电器不工作，甚至烧焦电线等电路故障。这时如果我们能准确判断电路故障，及时采取正确的处理方法，就不会影响我们的工作和学习，也不会造成大的安全事故。

故障 1：小强某次学习时遇到这样的情况。刚把台灯的插头插入插座中，就听到“啪”的一声，家里的所有用电器都停止了工作。经检查保险丝熔断了。你能判断保险丝熔断的原因吗？

故障 2：小明搬家后为了安装电视机，买了一个移动插排，插在墙上的一个三线插孔中，然后把电视机的插头插在插排上的插孔内。刚接通电视机的电源，室内所有插座全都断电，他马上打开配电箱发现跳闸了。为什么会跳闸？是电视机出了故障吗？他该怎样进行电路检修？

故障 3：晚上某同学家中的几盏灯突然全部熄灭了，她以为停电了，但发现邻居家灯仍亮着，自己家中的保险丝未熔断，用测电笔测家中各处

电路发现测电笔氖管都发光，这是为什么呢？

处理家庭电路故障问题，首先要清楚家庭电路常见故障分类与基本现象，如图 4－22 所示。

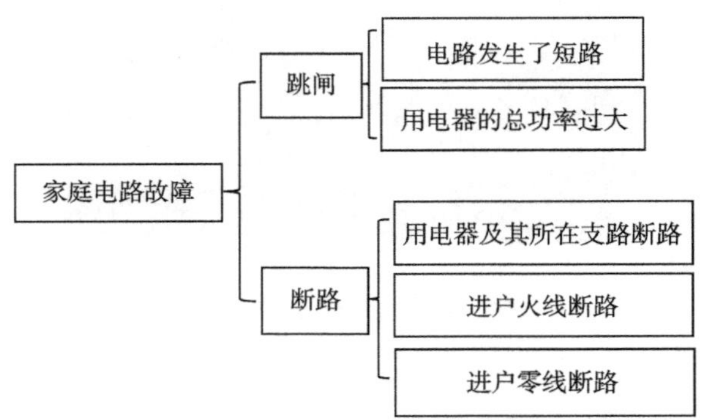

图 4－22　家庭电路主要故障

依据这一思路可知，我们需要先检查配电箱是不是跳闸（或保险丝熔断），如果没有跳闸那可能是电路断路。如果家庭电路中使用保险丝，它熔断有两个原因，电路短路或用电器总功率过大；如果使用空气开关和漏电保护器跳闸原因有三个，发生短路、功率过大或发生漏电，具体是哪一个需要结合实际判断。

故障 1 台灯的功率不大，但保险丝断了，说明电路发生了短路，这时由于电路中的电流很大．保险丝产生的热量大，温度升高，使保险丝达到熔点而烧断。

故障 2 可以先把总开关闭合，换一个 15W 电灯插在这个插排上，如果还跳闸，说明不是功率过大。我们还可以将电视插在其他插座上看是否可以用，如果可以用，说明不是短路只能是发生了漏电，其原因可能是施工时墙上插座内的零线和地线相互接错了位置，使用用电器时火线和地线连通了。检修方法：把这个插座从墙上拆下，把零线和地线的位置对调后再装回去。

故障3中保险丝没有熔断，邻居家灯仍亮着，说明电路是有电的，若室内线路某处短路则保险丝会熔断，所以不是室内线路问题。用测电笔测试家中各处的电路，发现测电笔的氖管都发光，说明是进户的零线发生了断路。你的分析是这样的吗？和同学们交流分析一下你的想法。

第二节 必修一专题研究：力的“加减法”

主题项目—— 神奇的力学等效

等效法是应用较为广泛的一种物理研究方法。其本质是在保证效果不变的条件下，将复杂问题转变为简单问题，从而使问题由难到易，由繁到简，由表象到本质。而力学中的等效则体现在在力的作用效果相同的条件下，我们用多个力代替一个力，用小力实现大力的效果。如果我们掌握了力的等效，我们就可以利用等效实现控制力，利用力的等效特点构建模型解决生活中的力学问题。

【探秘力的加减法】

项目背景：

通过生活经验我们知道，力的加减法不同于代数的加减法，不能直接相加减，其根本原因是什么呢？今天我们就来寻找一个新的方法，解决像力这样有大小、有方向的物理量的“和”与“差”的问题，这个方法有着划时代的意义。

任务一：利用下列实验器材设计一个"2N +2N =2N"的实验情境

实验器材：重200g的砝码，两个弹簧秤，两根细线。

物理实验设计逻辑思路如图4－23所示：围绕实验目的思考实验原理，基于实验原理设计实验方案。

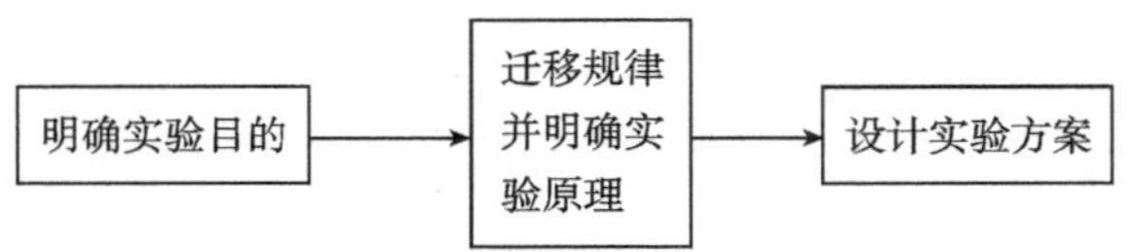

图4－23　物理实验设计逻辑思路图

本实验的目的是设计一个"2N + 2N = 2N"的实验情境，首先要清楚何为"2N + 2N = 2N"，这里的等于是指两个2N的力作用在物体上与一个2N的力作用在同一物体上的作用效果相同，即两种情况使得同一物体的运动状态相同。这就要求我们先确定研究对象，明确研究状态，再思考设计方案。如图4－24，根据实验器材，我们可以选200g的砝码为研究对象，先用一个弹簧测力计拉着它使其处于静止状态，此时的拉力为2N，再用两个弹簧测力计拉着它使其还处于静止状态，且两个弹簧测力计的示数均为2N，这时的情境即为"2N + 2N = 2N"的情境。在具体操作时你还发现了哪些问题？这些问题带给你怎样的思考，和同伴分享一下。

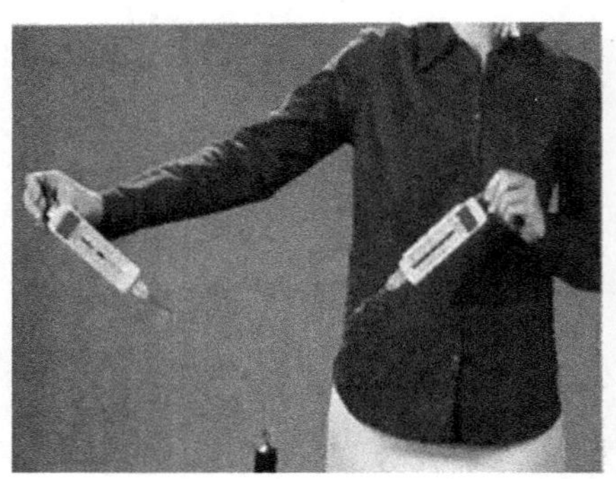

图4－24　"2N +2N =2N"的演示实验

任务二：探究力的合成法则

力的合成不能简单的相加减。那力不能直接相加减的原因是什么？力的合成会遵从什么规律呢？你猜想的依据是什么？可不可以设计实验证明你的猜想？

实验猜想的依据一定基于原有经验和事物的本质特点，力之所以不可以直接相加减，主要是因为力是矢量，它除了有大小还有方向，我们前面学习过的矢量还有位移、速度、加速度，其中位移的求和，我们用到了矢量三角形。我们可以由此猜想力的合成法则可能也遵守这一规律。

我们可以按照图 4－25 所示的思路进行实验探究。

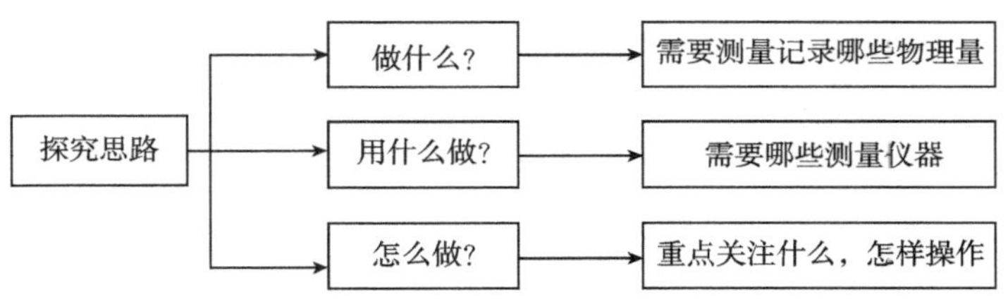

图 4－25　力的合成法则探究思路图

在探究过程中大家要重点关注提出问题、收集证据、科学解释、交流与合作的有效落实。

任务三：利用木板或塑料板制作一个平行四边形模板

发展空间

实验室

用木片（或塑料片）制作一个平行四边形模型（图 4－26），两条邻边表示两个共点力，夹角可以随意改变，对角线表示合力。模型做好后，观察当两分力间夹角从 0°到 180°的变化过程中，合力的大小和方向如何变化。

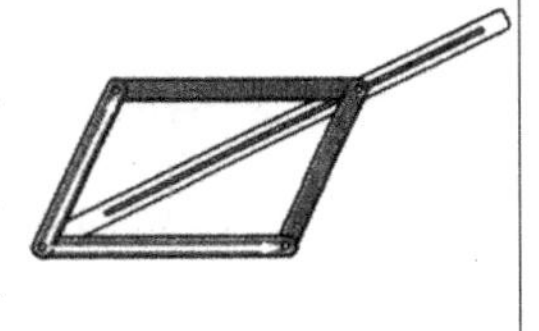

图 4－26

你能以此为启发，制作一个合力确定分力大小、方向变化的平行四边形模型吗?

在此任务中我们要完成两个模型尺的设计制作，同学们可以小组交流说一说这两个模型尺有哪些区别与联系，分享一下你的设计思路再动手实践，在实践的过程中说一说通过动手操作你对合力和分力又有哪些新的认识?发现了哪些规律?

任务四：迁移力学等效解决运动学问题

力的分解为我们提供了一个处理问题的方法，就是在处理复杂问题时，我们可以把它分解成几个简单问题去考虑。分解的意义和魅力在于化繁为简。这个方法不但适用于力，而且适用于其他矢量。在下面情境中你能用你所学的方法来分析吗?

小思考

在一次中学生物理竞赛中，赛题是从桌角 A 处向 B 发射一个乒乓球，让竞赛者在桌边 B 处用一只吹管将球吹进球门 C（见图 4－27），看谁射门成功率高。某生将吹管对准 C 拼命吹，但球总是吹不进球门。请替他分析一下失败的原因。

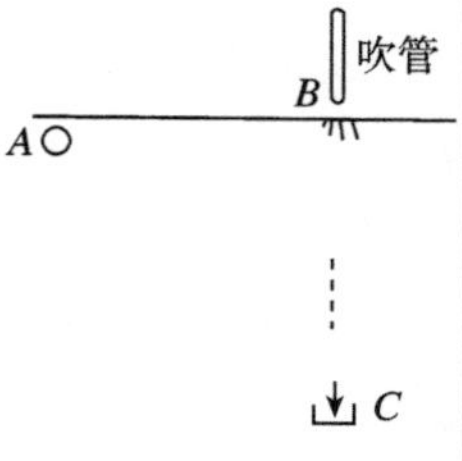

图 4－27

力是可以分解的，位移也是可以分解的，所有矢量都是可以分解的。在处理复杂问题时我们可以把它分解成几个简单问题去考虑。其核心是作用效果相同，我们在处理实际问题时就要关注作用效果，确定好合与分的关系。在此情境中，乒乓球实际的轨迹为合运动，方向沿着 AC 方向（在平行四边形中用对角线表示），它参与两个分运动，一个是乒乓球原来的运动，其方向是沿桌面从 A 向右，另一个分运动则是选手吹气的方向（这两个分运动在平行四边形中用邻边表示)。确定了这些便可以解决问题了。

【力学中的“四两拨千斤”】

项目背景:

“四两拨千斤”有以小力胜大力之意。而力学中的“四两拨千斤”就是要用很小的力来实现很大力的作用效果。这里存在着怎样的等效秘密?在生活中有着怎样的应用?你能利用这一思路来创造出一些新的力学模型来解决生活中的力学难题吗?

任务一: 设计实验完成徒手拉动汽车

有经验的司机用一根结实的粗绳子就可以将陷入泥坑中的汽车拉出,你知道他是怎么做到的吗?尝试用一根粗绳子设计一个实验单手拉动汽车。

拉动汽车需要很大的力,而人能提供的拉力是有限的,这里需要用很小的力产生很大的作用效果,就要借用力的合成与分解的特点。通过力的合成与分解的学习我们知道,合力可以比分力大,也可以比分力小。合力的大小不但与分力的大小有关,还与两个分力的夹角有关,两个分力的夹角越大其合力越小。依据这一特点,我们可以借助绳子创造一个合力远远小于分力的情景。下面我们提供一种解决问题的方法,如图 4 – 28 所示,我们可以将绳子一端拴在树上,一端拴在车上。在绳子的中点 O 处施加外力 F,使 $\angle AOB$ 接近于 180°,这时绳子被拉紧,这样绳子在 B 端对汽车有一个拉力 F_{OB} 沿 BO 方向,绳子在 A 端有一个拉力 F_{OA} 沿 AO 方向,由于 AOB 是同一根绳子,故绳子 OF 的拉力与 F_{OA}、F_{OB} 两个拉力的合力大小相等、方向相反,且 $F_{OA}=F_{OB}$,F_{OA}、F_{OB} 的合力等于 F,因为 $\angle AOB$ 接近于 180°,即使 F 较小,F_{OB} 也可以非常大,故能将汽车拉出泥坑。你还可以尝

试利用平行四边形定则推导一下它们之间的关系。

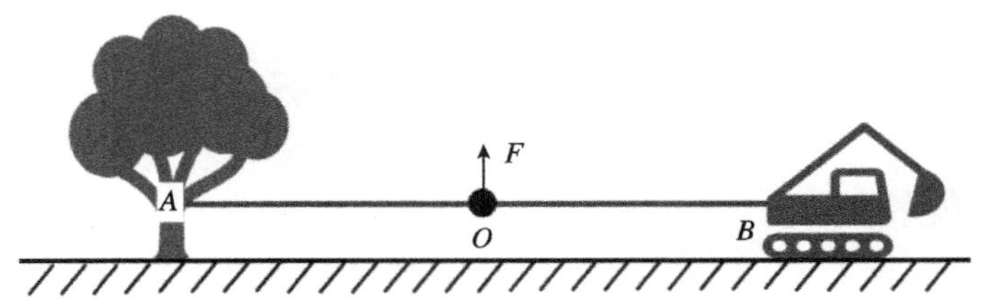

图 4－28　绳子拉车示意图

任务二：设计实验用一个弹簧测力计测量同学的体重

一个高中生的体重一般在 45kg 到 60kg，通常我们测量人体的体重要用体重秤，而一个普通弹簧测力计的最大量程是 10N，怎样用它来测量同学的体重呢？你可以设计实验来完成这个任务吗？

应用物理知识解决实际问题的逻辑思路如图 4－29 所示：

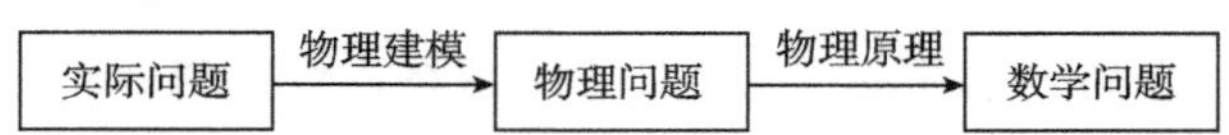

图 4－29　转化实际情境思考逻辑图

通过适当的物理建模将一个实际问题转变成物理问题，再通过必要的物理分析，应用物理原理将这个物理问题变成一个数学问题求解。

解决问题的关键是建立合适的物理模型，准确应用物理原理。本任务是要用弹簧测力计来测量人体的体重，由于人的重力远大于弹簧测力计的最大量程，所以我们不能采取直接测量的方法，而需要利用合力和分力等效的特点，借助等效思想设计一个力的平衡模型，使被测量体重的同学在重力、弹簧拉力和另一个外力作用下处于静止状态，再通过受力分析，正交分解求解。

任务三：解释“楔和劈”中的力学原理

人们把一头厚一头薄的斜面木料叫做楔（如图4-31），把刀、斧等切割工具的刃部叫做劈（如图4-30），楔可使物体间接触的更紧密，劈能轻而易举地劈开坚硬的物体。你能应用力学原理解释下面几个生活中的常见现象吗？

图4-30 斧头劈柴示意图

图4-31 木楔在生活中的应用

情景1：明朝谢肇制的《五杂组》中记载：“明姑苏虎丘寺庙倾侧，议欲正之，非万缗不可。一游僧见之，曰：无烦也，我能正之。”游僧每天将木楔从塔身倾斜一侧的砖缝间敲进去，经月余扶正了塔身。你知道他是怎么做到的吗？从物理角度怎样解释其中的原理？

情景2：日常生活中，我们在门下缝隙处塞一个木楔（侧面如图4-31所示），往往就可以把门卡住。这是为什么呢？

本任务是一个力学问题，解决力学问题的策略如图4-32所示：

图4-32 力学问题解决策略

情景1：假设所用轻木楔的横截面为等腰三角形，木楔的顶角为 θ。θ 很小，忽略摩擦力的影响。现在木楔背上加一力 F，我们可以求解木楔两

侧产生的推力大小与其关系，结合图 4－33 可知：

$$F_1 = \frac{F}{2\sin\frac{\theta}{2}}$$

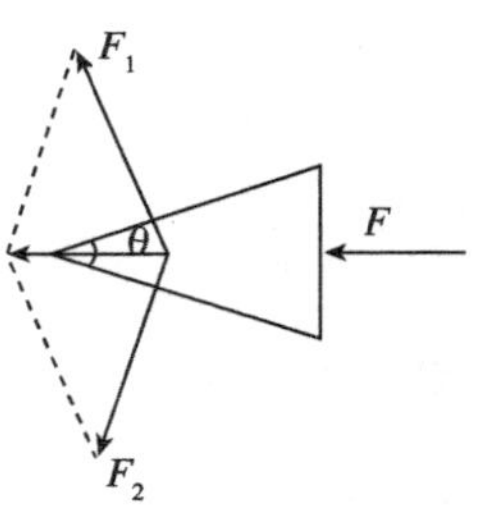

图 4－33

情景 2：选木楔为研究对象，设木楔与地面间的动摩擦因数为 μ。最大静摩擦力等于滑动摩擦力。要想把门卡住（即无论门对木楔上表面的压力有多大，木楔都不会动），需要一个小角度的木楔。求解的关键是画出木楔正确的受力分析图，应用正交分解求解。你可以自己尝试一下。

任务四：解释藏在千斤顶中的力学等效

千斤顶是一种常见的刚性顶举工作装置，主要用于厂矿、交通运输等部门作为车辆修理及其他起重、支撑等工作需要。它具有结构轻巧、灵活、坚固、可靠的特点，一人即可携带、操作。

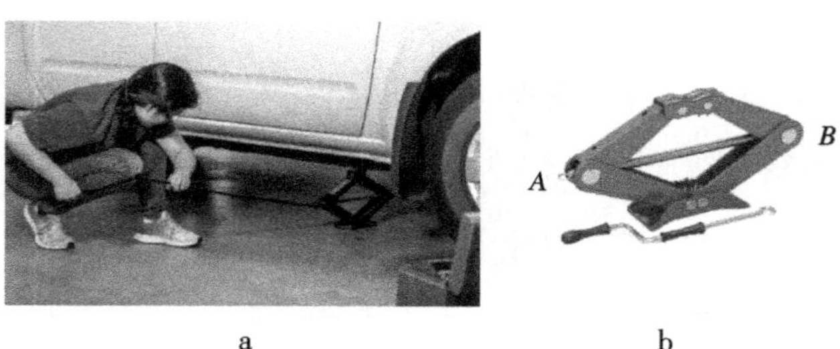

图 4－34　千斤顶在生活中的应用

汽车内常备的千斤顶如图 4－34 所示，顺时针摇动手柄，使 A、B 间距离变大，可使重物下降，反之重物就被缓慢顶起来，你能用力学知识解释藏在千斤顶中的力学等效吗？

解决这一问题的思路和上个任务相同，需要确定受力点，正确进行受力分析，用平行四边形定则找到力的关系即可，你可以自己尝试一下。

任务五：测量绳子的张力

牵引专家、电梯修理员和赛艇运动员等常需要知道金属线或绳子的张力，可又不能到绳、线的自由端测量，某公司制造出一种夹在绳上的仪表，它可以测量垂直于绳的回复力，进而推导出绳子的张力。具体用法如下：用一个杠杆使绳子的某点有一个微小偏移量，如图 4－35 所示，用仪表测量回复力，进而推导出绳子的张力。结合上面的描述，你能给出一个计算绳子张力的方法吗？如果偏移量 δ 为 12mm，$2a$ 为 250mm，回复力为 300N，计算绳中的张力。

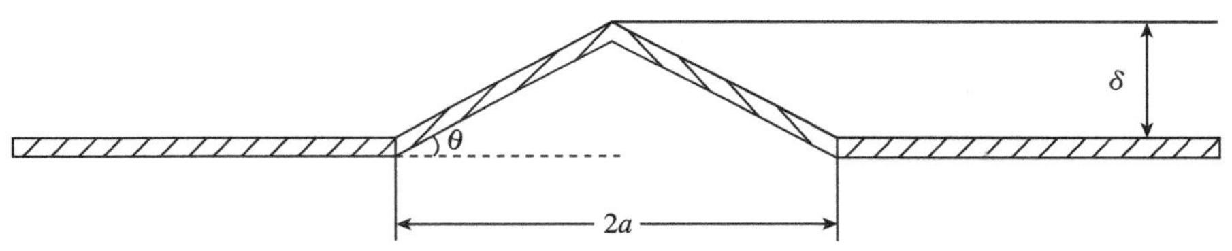

图 4－35　绳子中张力测量示意图

本仪表是通过测量绳子结点的偏移量与垂直于绳子的回复力来测量绳子的张力，解决问题的关键点是找到回复力与张力的大小、与偏移量的关系。通过前面任务的分析，你是否掌握了处理力学问题的策略呢？解决力学问题的关键是选对研究对象，进行正确的受力分析，选择合适的力学方法，最后经过数学计算求解。你可以尝试一下，并与同伴分享。

任务六：利用身体来体验三角结构，分享你观察到的三角模拟

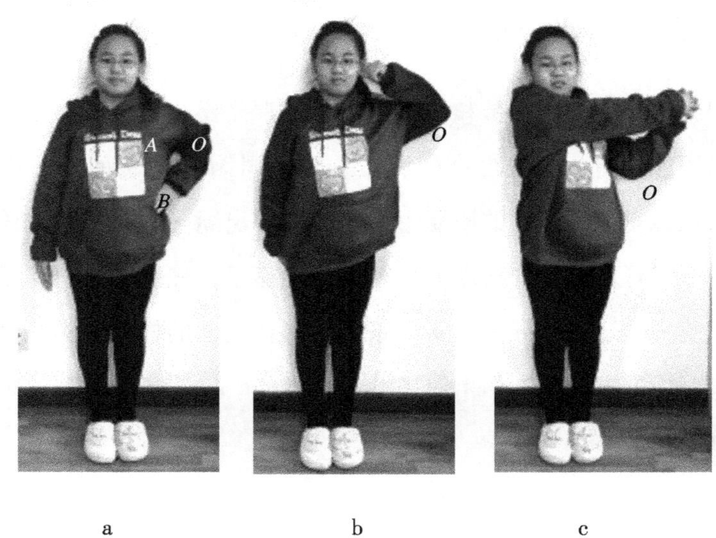

图 4－36　人体中的三角模拟

方法 1：一名同学做如图 4－36a 所示动作，另外一名同学第一次竖直向上或斜向下压 O 处时，分享感受，体会其受力特点；第二次竖直向上或斜向上推 O 处，分享感受，体会其受力特点。

方法 2：一名同学做如图 4－36b 所示动作，另外一名同学第一次竖直向下压 O 处，分享感受，体会其受力特点；第二次在 O 处向上推，分享感受，体会其受力特点。

方法 3：一名同学做如图 4－36c 所示动作，另外一名同学第一次在 O 处竖直向下压，分享感受，体会其受力特点；第二次在 O 处向上推，分享感受，体会其受力特点。

按照上述方法分小组进行实验体验，说说你自己的感受。通过体验，选择正确的研究对象，通过受力分析，想想这里的受力情景与生活中的哪些情景是相同的。在此基础上进行有效的迁移应用。

任务七：许多工程都凝结着物理的智慧，选择一个介绍给大家

如图 4－37 所示，许多跨海大桥都采用了双塔双索面迭合梁斜拉结构，许多高大的桥要修很长的引桥，这是为什么呢？许多工程都凝结着物理的智慧，选择一个介绍给大家。

图 4－37 美丽的跨海大桥

第三节 必修一专题研究：探秘“冬奥会”

2022 年冬奥会在北京、张家口召开，来自世界各地的运动员在这里进行了 7 个大项，15 个分项，109 个小项的比赛。许多项目都是速度和技巧的角逐。你知道这些运动项目中，运动员的运动速度、加速度是怎样测量的吗？为了达到运动的最佳效果，对场地设计有哪些要求？作为观众观看不同比赛时位置的选择也是有技巧的，你都知道吗？

【探秘冬奥会短道速滑中的物理秘密】

项目背景：

短道速滑作为非常有影响力的冬季运动项目，越来越受到人们的重视。中国队在短道速滑比赛中更是成绩优异，名将辈出。短道速滑项目的特点是弯道多、速度快和技术性强，其中自然少不了物理知识的应用。如果让你从力与运动的视角来深入分析短道速滑运动，你会围绕着哪些物理问题展开呢？

图 4－38　短道速滑比赛情景图

对任何物理问题的分析都是围绕着是什么、为什么、还有什么展开的。而对于运动学问题，我们要对所研究的运动进行运动性质分析，测量相关物理量，了解其特点。在此基础上从动力学的角度解释其运动特点，从而解决实际问题。短道速滑中动力学知识分析的逻辑框架如图 4－39 所示：

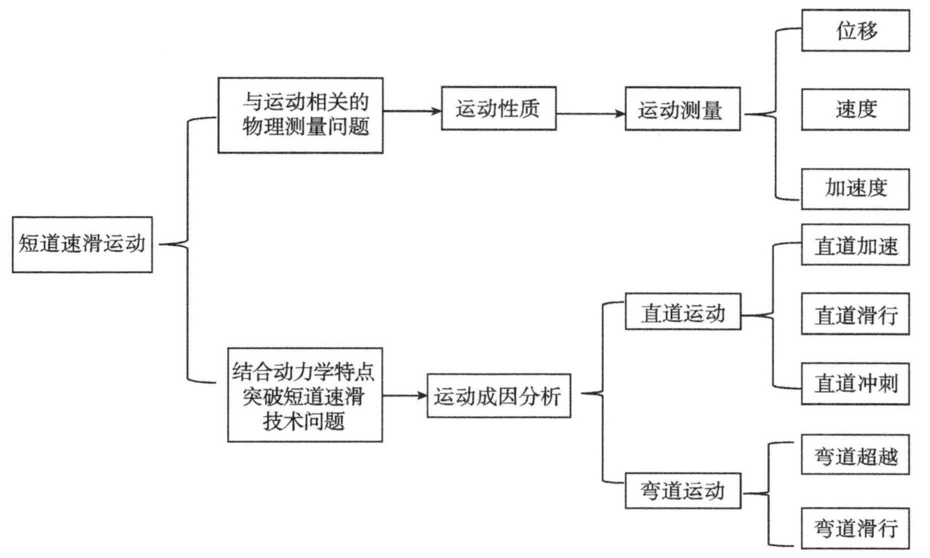

图 4－39　短道速滑中动力学知识分析

任务一：从物理学的视角分析运动员在比赛中的运动性质

思考运动员在比赛中做什么运动，在研究哪些问题时可以将运动员看成质点？在研究哪些问题时不可以将运动员看成质点？阐述你的理由。

研究任何运动问题，我们首先要思考的是研究对象做什么运动。而要将研究对象的运动阐述清楚，通常要将研究对象简化处理，必要时要建立质点模型。但是，不是所有研究对象都可以看成质点，什么样的问题可以把运动员看成质点？什么样的问题不可以把运动员看成质点呢？这就需要清楚质点的定义：当研究对象的大小和形状较之研究过程可忽略，或研究对象上各点的运动情况完全相同时，从描述运动的角度看，物体上任意一点的运动完全能反映整个物体的运动，于是整个物体的运动可以简化为一个点的运动，把物体的质量赋予这个点上，它就可以看成质点了。其次，我们要思考在短道速滑这个运动中研究哪些问题，比如，要研究运动员在

比赛中的平均速率问题，那么在这个问题中我们主要关注运动员的运动路程与运动时间，这时运动员的形状、大小可以忽略不计，就可以将其看成质点。比如，研究运动员在弯道转弯时的速度，这考虑的是他的整体速度，而不仅仅是一只脚或一只臂的速度，因而运动员的运动可以简化为一个点的运动，就可以将其看成质点。再比如，研究短道速滑运动的训练动作对提高成绩的影响，这时运动员的形状、大小显然不可以忽略，自然也不能看成质点。

通过这样的举例分析，你是否找到了判断运动物体是否看成质点的方法了呢？想一想在短道速滑中你还关心哪些运动问题？在这些问题中可以把运动员看成质点吗？

在确定研究对象以后，如何判断一个运动的运动性质呢？分析一个运动我们通常可以从以下思路展开分析，如图 4－40 所示。

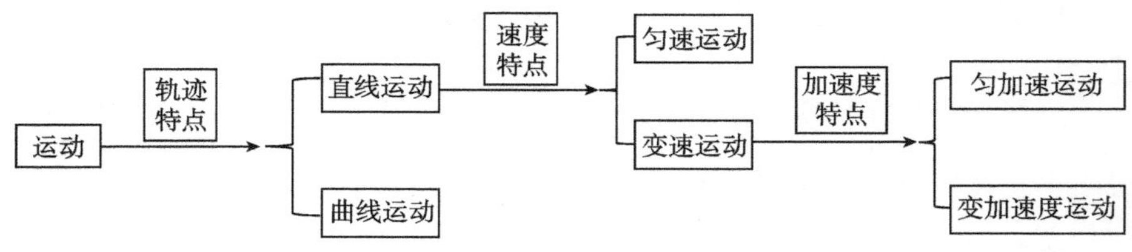

图 4－40　运动性质分析常规思路

对于短道速滑运动，我们知道其比赛场地是一个 111.12m 的椭圆形，从运动员滑行一圈的角度看，运动员做的一定是曲线运动。如果将这一圈的运动再细分的话，运动员在直道滑行中做的是直线运动，在弯道做的是曲线运动，那么在直道中运动员做怎样的直线运动呢？这就需要我们通过测量其速度与加速度的变化来做进一步的分析。

任务二：测量短道速滑运动员的运动速度

一般而言，一名优秀的短道速滑运动员的滑行速度能达到50公里/小时。你知道这个速度是如何测出来的吗？如果你作为观众亲临现场观看比赛，你能用自己的办法测量你喜欢的运动员的速度吗？比较不同方法测量的速度相同吗？说说这是为什么？

关于速度的测量，我们在课堂教学中已经学过了许多方法，比如，打点计时器法、频闪照相法、光电门法等。那么，我们是如何想到这些方法的？这些方法的原理又是什么呢？我们还能想到哪些方法呢？

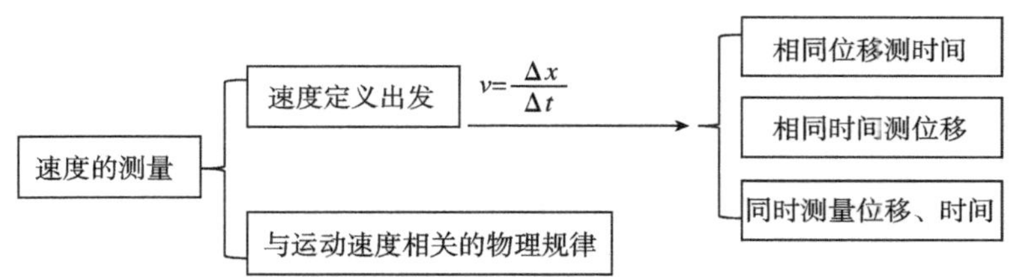

图4－41　速度测量的常规思路

这些方法的主要原理都是从速度的定义出发，速度测量的常规思路如图4－41。我们知道速度$v=\frac{\Delta x}{\Delta t}$，在测量速度时，只需要测量物体的运动位移与运动时间即可，这样测量的是运动物体的平均速度，当时间取得很小时，我们就可近似获得运动的瞬时速度。那么，在一个运动项目中我们如何测量速度呢？

如果要测量全程的平均速度，我们知道运动员的运动位移是定值，只要测量其运动时间就可以了。所以在比赛中我们可以采用分段计时法测速。即对运动物体通过某一确定距离所用的时间进行测量，然后根据速度、时间和距离之间的关系计算出速度（确切地说是平均速率）。

1. 作为观众如何估测运动员的速度

作为一名观众你如何估测运动员的速度，你能想到哪些方法?

我们可以关注比赛的计时器，通过计算，估算自己喜欢的运动员的速度。也可以利用自己的手机来计时，估测运动员的速度。有的同学是不是还想到了我们的手机有频闪功能，我们可以给运动员频闪摄像，利用在课堂学到的处理频闪照片的方法，通过对照片分析处理来计算运动员的速度，这种方法较之上面的方法更精确些。但是，要进一步分析其不同阶段的速度变化，还要更改其测量方法。

2. 赛场上实际测速的方法

你知道在比赛中我们是怎样专业测速的吗? 这里仅介绍两种方法，同学们还可以通过网络学习，看看还有哪些方法?

摄影摄像测量方法：它是对运动物体的三维运动速度进行测量，这种方法通常用到短道速滑这样的曲线运动项目中。

激光测量方法：它记录的是运动物体的位移，通过数据处理计算出运动物体的速度。这种方法应用于直线运动物体的速度测量。

以上这些测速的方法都是从速度的基本定义出发，设计实验仪器达到测速度目的，但是这并不是测量速度的唯一方法。多普勒测速与卫星定位测速也是现代测速的常用方法，其测量原理、测量方法是什么呢? 感兴趣的同学可以通过网络学习，自主学习这两种测速的方法与原理。

任务三：深入分析运动员在不同阶段的运动特征

短道速滑比赛场地的大小为 30 米 ×60 米，跑道每圈的长度为 111.12 米，在比赛中一般要经历直道起跑、弯道滑行、直道冲刺，必要时还要进行追击超越。因此，运动员在不同阶段的技术要求也是不同的。深入了解不同阶段的运动特点，分析不同阶段的动力特征，对运动员的技术诊断和练习指导有着重要意义。

1. 起跑技术

在短道速滑等短距离项目中，起跑技术非常重要。起跑就是运动员在最短时间内，完成从静止到移动并获得较高速度的过程。结合运动员的运动特点，你能从运动学的角度提出你的建议吗？

解决这种实际的运动问题，我们通常沿着怎样的思考路径展开呢？

我们可以沿着图 4－42 的思考路径展开分析。

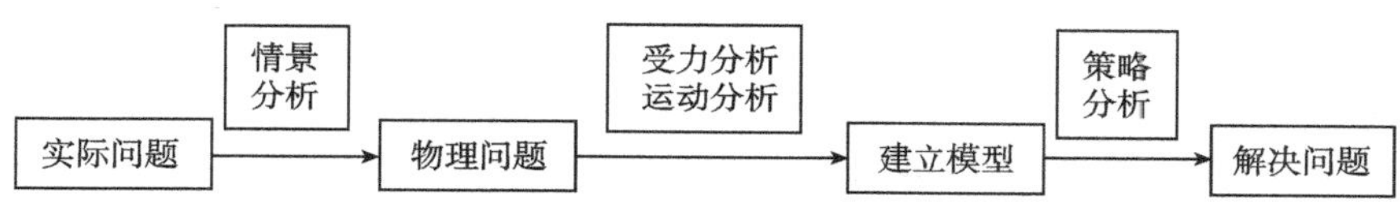

图 4－42　实际问题到物理问题转化思路

在具体分析中我们如何做呢？

起跑研究的是运动员从静止到移动并获得较高速度的过程，将运动员运动简化为一个简单的加速运动，然后对运动员的起跑情境进行受力分析。运动员起跑示意图如图 4－43 所示。

图 4－43　运动员起跑示意图

要想让运动员在短时间内获得较高的速度，需要提高运动员的起跑加速度即增大其起跑时的动力，减少其运动的阻力。那么在实际的起跑中运动员的起跑动力和阻力来源是什么呢？结合实际运动情境可知，运动员的动力主要来自其蹬冰的反作用力和静摩擦力，阻力来源于运动时的阻力。结合这些分析，你认为运动员要提高起跑成绩应该加强哪些方面的练习呢？

2. 直道滑行

在短道速滑中直道滑行速度很大程度上决定了比赛的胜负，运动员如何才能缩短直道滑行的时间呢？

解决这一问题，我们也要确定运动性质，建立运动模型，再运用运动规律和物理方法进行有效分析解答。通过观察运动员的滑行动作，我们发现运动员在直道滑行时的主要动力来源于双脚蹬冰的反作用力，通过对某次运动员比赛的技术分析发现，某运动员双脚交替蹬冰滑行，双脚交替时中间有一段时间不蹬冰。那么在这段时间内运动员做什么运动呢？

运动员此时的受力情境很复杂，遇到复杂问题我们将如何处理呢？我们可以简化问题情境，将运动员直线滑行简化为两个过程：蹬冰过程与不蹬冰过程。如果先不考虑运动员滑行时的阻力，在这两个过程中运动员做什么运动？怎样才能提高运动成绩呢？

通过分析，可以把运动员的蹬冰过程简化为一个加速过程，不蹬冰时由于不计其滑行的阻力，这时可以认为运动员做的是匀速直线运动。为了解决问题的简便化，可将加速过程看成一个简单的匀加速运动。那么这时要想提高运动成绩就是减小直线滑行的时间，如何处理这样的问题呢？

处理复杂运动问题我们可以借助运动图象，你能画出此时运动员运动的 $v-t$ 图像吗？

结合图像，你认为要想缩短直道滑行时间，运动员应该怎样做？你能提出哪些训练建议呢？

上面我们讨论的是不计滑行阻力的情境，若考虑滑行阻力，我们还需要做哪些技术调整呢？

3. 直道冲刺

如图4－44所示，短道速滑运动员通常冲到终点时并不能马上停下来，你知道这是为什么吗？你有什么方法可以测量运动员的冲刺速度？

图4－44 运动员直道冲刺示意图

通过解决前面的任务，同学们是否已经掌握了处理实际问题的基本思维方法了呢？你准备如何设计测量运动员冲刺速度的方案呢？

运动员高速冲到终点，由于惯性，速度不会立刻减小为零，运动员受到阻力作用，将做减速运动。

为了便于研究，我们将减速运动简化为匀减速模型。要想知道减速运动的初速度，结合运动学规律思考需要测量哪些物理量呢？

匀减速运动的末速度为零，而要想测量运动的初速度，结合匀变速运动的基本规律，我们可以至少采用以下两种方法。

1. 依据 $v_t = v_0 + at$，可以通过测量加速度与运动时间来求得运动的初速度。

2. 依据 $v_t^2 - v_0^2 = 2ax$，可以通过测量加速度与滑行距离来求得运动的初速度。

如何测量运动员的加速度呢？解决这个问题需要如何做简化处理呢？

测量加速度我们通常可以从运动学与动力学两个角度出发思考问题，如图 4－45。

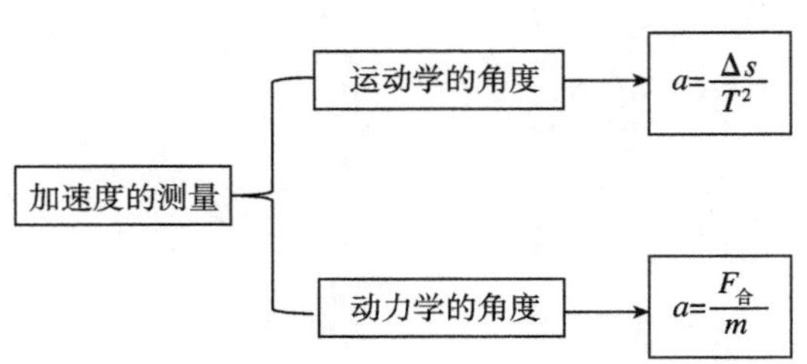

图 4－45　加速度测量常规思路

如果采用频闪摄像的方法，我们需要假设运动员在这段时间内做的是匀减速运动，拍摄运动员的频闪照片，运用运动学规律求解。

如果采取动力学的方法，则需要假设运动员在冲过终点后将不再蹬冰，在摩擦力的作用下做匀减速运动，此时运动员的摩擦力是它的合外力。依据 $f = mg\mu = ma$ 可知，仅需要测量此时冰面的动摩擦因数即可。

关于测量冰面的动摩擦因数，你还能想到哪些办法呢？我们在课堂教学中学到的方法在这里可以迁移应用吗？你还有新的方法吗？

4. 弯道滑行

在短道速滑中，运动员滑行过弯时摔倒的几率要大于直道滑行，这是因为高速过弯对运动员的滑行技术、身体素质和冰刀都有很高的要求。仅从物理的角度，我们认为速度和转弯半径是影响弯道滑行的关键因素。同学们能根据文中的提示建立模型分析过弯时的速度吗？在比赛中我们经常会看到运动员在弯道时会左手摸冰，这是为什么呢？

弯道滑行与直道滑行的受力情况不同，这种不同决定了其运动性质与处理问题方法的不同。但不管做什么运动，我们都要从力的角度来分析问题。在弯道滑行时运动员的受力有什么特点呢?

图 4 -46 是弯道滑行的受力分析图，结合运动特点尝试用牛顿运动定律解决这一问题。

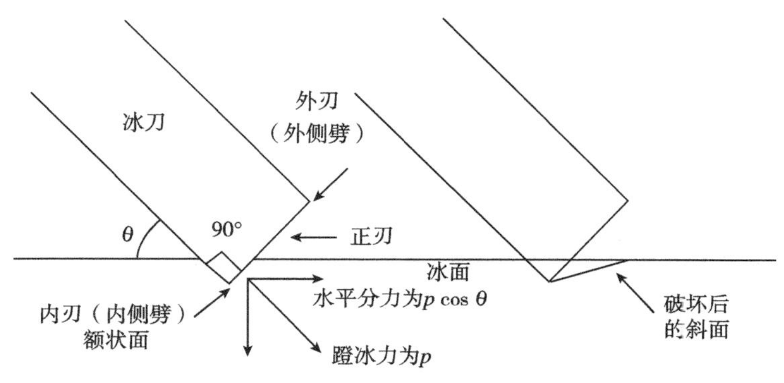

图 4 -46　冰刀受力分析图

5. 弯道超越

在短道速滑中我们发现许多运动员都会选择在弯道进行超越，这是为什么？在弯道中我们是在内道超越好，还是外道好呢？

我们可以结合一个实际情境来分析这一问题。

温哥华冬奥会 500 m 短道速滑女子决赛中，王濛以 43 秒 048 的成绩获得金牌。假设她在赛道上做 90 度转弯（如图 4 -47 所示），其内、外赛道转弯处的半径分别为 r_1、r_2。她与冰面的静摩擦因数和动摩擦因数都为 μ，若比赛中她在直道上具有相同速度 v_m，她在内道和外道哪一道转弯时间少？（包括进入弯道的减速过程和离开弯道的加速过程）

在分析这个问题时，我们首先也要清楚运动员的运动性质，运动员要想顺利通过弯道，就要在进入弯道之前的直道先减速，然后以适当的速度进入弯道做匀速圆周运动，过弯后再加速达到减速前的速度。所以运动员在整个过程所用时间是这三部分运动时间之和。

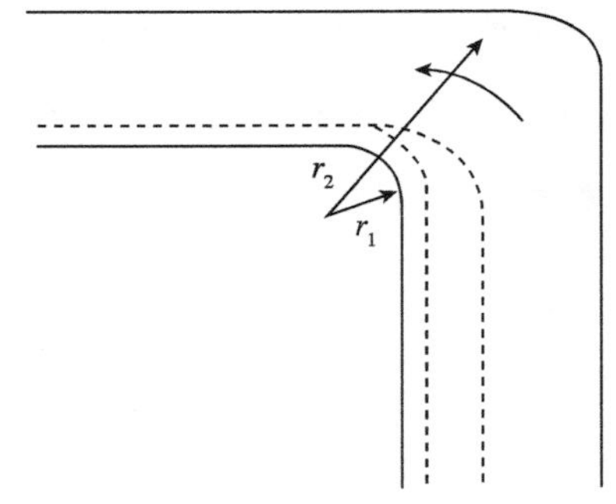

图 4-47　弯道中的运动员及弯道简化示意图

结合弯道滑行的特点我们知道，弯道的半径不同滑行的速度要求不同，在弯道滑行时其所需要的向心力也不同。若以上面的模型情景为例来研究的话，摩擦力提供其转弯的向心力。减速时 $a = g\mu$，弯道滑行时 $m\frac{v^2}{r} = \mu mg$，所用时间 $t = t_{减} + t_{弯} + t_{加}$。结合上面模型所提供的数据，同学们计算一下哪种情况时所用时间最少。思考在实际比赛中运动员是采取这种方式实现超越吗？通过自主学习看看实际比赛中是如何超越的。

【从物理的视角分析雪车运动】

项目背景：

有舵雪橇也叫雪车，是一项集体运动项目。运动员可以控制雪车方向，在雪道上滑行。雪车起源于19世纪后期的瑞士，在1924年法国第一届冬季奥运会上，男子四座雪橇被采用为官方运动项目。雪车因其在冬季奥运会许多赛事中具有最快的速度而备受关注。

总项目任务：什么是雪车运动？雪车真的那么快吗？为什么那么快？

听到雪车是冬奥会最快的比赛项目，你一定很好奇：什么是雪车运动？雪车真的这么快吗？到底有多快？哪些因素使雪车的速度这么快？

对于雪车项目的研究，我们可以沿着图 4－48 这样的路径展开，即：

图 4－48　雪车项目问题研究思路

人们认识自然的过程往往先从观察自然现象入手，描述现象并努力找到现象背后的规律。人类总是在不断地追问为什么会出现这样的现象？是什么机制促成了这样的现象？这一切都源自于人们对自然有天然的好奇心。在好奇心的驱使下，人们发现的规律会引领科学和科技的进步，造福人类社会。

任务一：了解雪车项目

如图 4－49 所示，研究雪车运动，首先要知道雪车的结构、赛道特点等。在了解清楚这些信息后，才能建立合理的物理模型，深入分析其规律。

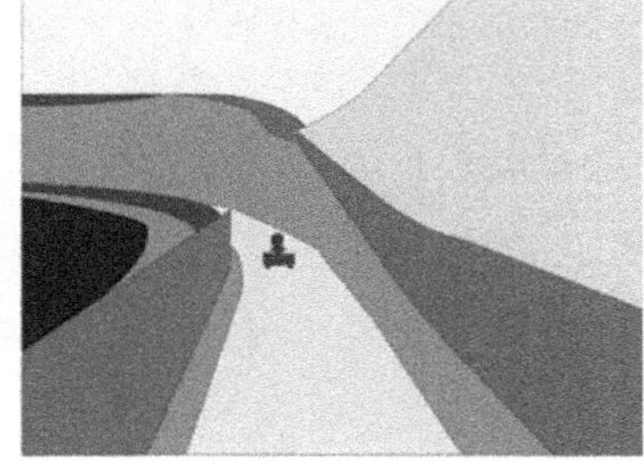

图 4－49　雪车结构与赛道模拟图

雪车是由金属制成的，形状像一艘小船，车头上有一个流线型的盖子。车底部的前面是一对舵板；上部与方向盘相连，车底后部为一对固定平行滑轨，车后部装有制动器。

雪车项目滑道全长1500米，平均坡度约为4°左右，最大坡度是8°30′。弯道部分的转弯半径要在20米以上，滑道侧面的护墙不能低于50厘米。雪车比赛分双人座和四人座两项。出发前，雪车距离起点线15米。出发信号发出后，运动员在起点处，用手推雪橇开始奔跑，然后跳入各自座位，前面的人控制方向，在最后座的人负责制动。到达终点时所有运动员均须在座位上，否则成绩会被判为无效。

我国已经建设完成的奥运雪车雪橇赛道全长1.9公里，落差高达120米，由16个倾斜度各异、角度不同的弯道连接成型。其中还包括一个在世界上都非常罕见的360度回旋弯道。

任务二：观测雪车的运动，总结雪车运动的规律

观测雪车运动，要从哪些方面观测？如何从观测的结果总结出运动规律呢？

在观测雪车运动的过程中，我们可以参考图4－50这个路径。

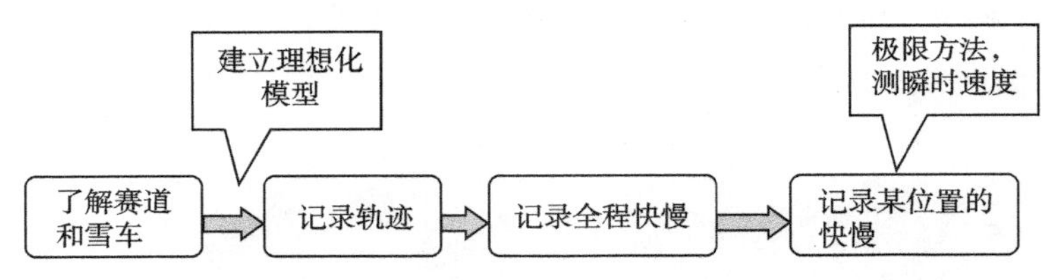

图4－50　研究雪车项目思路

在观测一个物体的运动时，一般要从轨迹、运动的快慢、运动快慢的变化等角度逐层展开。也就是要清楚运动的轨迹、速度、加速度等。

雪车赛道是预先做好的全封闭赛道。如果把赛道当作雪车运动的轨迹，这么做合理吗？雪车赛道长度远大于雪车本身的长度，且赛道宽度有限，雪车本身的长度可以不计，雪车在前进的过程中，虽然左右摆动，不

过从全程比赛来看，这种摆动也可以忽略。我们可以把雪车看作质点，把由赛道抽象出的平滑曲线看作雪车运动的轨迹。这个过程也体现了突出主要因素、忽略次要因素的思想。我们的质点模型就是这样建立的。

而要研究雪车运动的快慢，我们要清楚：我们要研究的是全程的快慢程度？还是通过某一位置的快慢程度？这就是我们说的平均速率和瞬时速度。在雪车比赛中，用时最短者是冠军，冠军的平均速率最大。如果要知道冠军在比赛的不同位置速度各是多大，那就要测一测雪车在相应位置的瞬时速度了。知道了不同位置的瞬时速度，就能进一步分析速度的变化情况。这有助于比赛选手总结比赛的规律，提升比赛成绩。

雪车比赛的起点、终点都有红外线感应装置，用来记录选手的总运动时间。途中也有其他的测速装置测量途经某一位置的瞬时速度，进而记录雪车运动的细节。

任务三：雪车为什么会这么快?

通过计时测速装置，我们可以测得雪车的平均速度和瞬时速度。雪车比赛的平均时速可达 130km/h，据报道，雪车最高速度可达 150km/h，世界纪录已达到 200km/h。雪车是如何达到这么大的速度呢？背后的运动规律是什么呢？

在研究雪车运动时，要考虑如何处理雪车大小，这需要看我们要研究雪车运动的哪些方面，考虑主要因素，建立运动模型，再运用规律进行分析计算。

雪车赛道由冰面制成，赛道有水平的部分也有倾斜的部分，有直线的部分也有曲线的部分。雪车的冰刀与冰面接触，其本身也做成了流线型，这种设计是为了减小阻力。如果暂且不计雪车运动的阻力，能否由赛道特点估算出雪车的最大速度呢？这是可以的。如果不计阻力，雪车在水平轨道做匀速运动，在倾斜轨道做加速运动，获得的速度与轨道是否弯曲无关。因此，我们完全可以利用课堂上的斜面模型估算雪车的最大速度。即把

赛道转化为一个长的斜面，设斜面高是 h，斜面长度为 s，斜面的倾角为 θ。可得雪车滑到底端的最大速度，据此可以算出滑到底端的最大速度为 $v=\sqrt{2gh}$。我国雪车赛道的落差可达 120 米，代入数据可知雪车的最大速度为 49m/s，即 176km/h。看来我国赛道还不是世界上落差最大的赛道。

任务四：哪些因素会影响雪车运动的快慢?

在任务三中，我们忽略了阻力，计算出雪车在我国的赛道上理论上的最大速度是 176km/h，实际上，雪车一定会受到阻力的作用，它的真实速度一定小于最大速度。那么这些阻力来源于哪里？我们经常忽略空气阻力，但是在雪车比赛时，还能否不计空气阻力的影响呢？

在雪车比赛中，整队的总质量是有限制的，比如在男子 2 人座有舵雪车比赛中，全队总质量不得超过 390 千克，男子 4 人座有舵雪车总质量不得超过 630 千克，不足的质量可携带其他重物补充。这说明质量越大比赛越有优势。

如果我们认为雪车下滑时只受重力和滑动摩擦力，则有 $a=g\sin\theta-\mu g\cos\theta$，下滑加速度与质量无关。从这个视角来看，雪车重量不影响比赛成绩。看来这个模型与实际情况不符：比如，认为所有雪车与冰面动摩擦因数相同，这合理吗？在压力增大时，冰与雪车的动摩擦因数会不会变小呢？这有待我们学习理论和实验验证。另外，雪车高速下滑时，风阻和摩擦阻力哪个影响更大呢？这也需要我们学习相关的理论并调查实际的数据。

我们可以尝试用网上检索到的数据进行分析。网上检索到的冰刀与冰的动摩擦因数是 0.05。如果雪车在水平面上滑行，则由于滑动摩擦力而产生的加速是 $a=-\mu g=-0.5\text{m/s}^2$；如果考虑赛道的平均倾斜度为 8% ~ 15%，则 $a=-\mu g\cos\theta\approx-0.48\text{m/s}^2$

雪车前进时受到的阻力可用 $F_{阻}=\frac{1}{2}C\rho Sv^2$ 估算。其中 C 是空气阻力系数，ρ 是空气密度，S 是雪车迎风面积，v 是雪车的速度。现在家用轿车运行时，空气的阻力系数一般在0.28～0.4之间。而赛车的外形进行了特殊设计，赛车的空气阻力系数大约是0.15，我们粗略认为雪车空气阻力系数与赛车相似为0.15。空气密度为1.29kg/m^3。迎风面积约为0.5m^2，取雪车的速度为36m/s。代入数值得空气阻力为63N。若雪车比赛总质量为630kg，则由风阻产生的加速度 $a=-0.1\text{m/s}^2$。与滑动摩擦力产生的加速度对比，风阻产生的加速度的数值可观，不可忽视。

任务五：如何提高雪车比赛成绩？

雪车比赛是速度与技能的较量，在比赛中，除了尽量减小动摩擦因数和增大参赛质量外，运动员还有什么办法提高比赛成绩呢？

结合 $s=v_0t_1+\frac{1}{2}at_1^2$ 和 $a=g\sin\theta-\mu g\cos\theta-\frac{F_{阻}}{m}$

赛道总长一定，起始阶段运动员全力推雪车，获得尽量大的初速度。比赛过程中，尽量减少与赛道侧面的冲撞，把控好方向，减少刹车的频次。改进车型、减小风阻等方式都可提高比赛成绩。

拓展思考：弯道的规格对比赛有哪些影响？

雪车赛道有很多惊险刺激的弯道，我国新修建的赛道还增加了360度弯道。雪车在过弯道时，对比赛成绩有哪些影响？对运动员又有什么要求呢？同学们进一步学习圆周运动后，可以继续分析这方面的内容。

供稿人：张成

【探寻滑雪中的力和运动】

项目背景：

热爱滑雪的人们最早热衷于越野滑雪，在这项运动的发展过程中逐步出

现了高山滑雪。由于气候条件等诸多因素的影响，高山滑雪最早发源于欧洲的阿尔卑斯山脉，所以又称为阿尔卑斯滑雪。运动员在参加比赛时要求双手手持雪杖，脚下踩着滑雪板，从覆盖着厚厚白雪的高山上自上而下滑行，在这个过程中还需要绕过障碍物。在阳光下，银白色的雪道上，运动员快速地运动，时而做出各种体育动作，挑战人类极限，引人入胜。如果你从来都没有接触过滑雪项目，你会如何开启对滑雪项目的认识过程呢？如果从运动和力的角度来深入分析滑雪运动，你又会围绕哪些物理问题展开呢？

对于一种我们并不熟悉的复杂运动情景，我们应该先查阅资料，从大体上明确这种运动可以分为哪几类。冬奥会的滑雪项目可以细分成很多种，是冬奥会极具观赏性的大项目之一，这也说明滑雪运动是相对比较复杂的。通过查阅资料，我们可以进一步了解每一种滑雪项目的特点，然后根据我们目前掌握的知识锁定一种滑雪项目，再进一步进行细致地分析，从而深入了解这个子项目并能够解决实际问题。对一个未知的复杂的运动大类的梳理过程逻辑图如图 4－51。

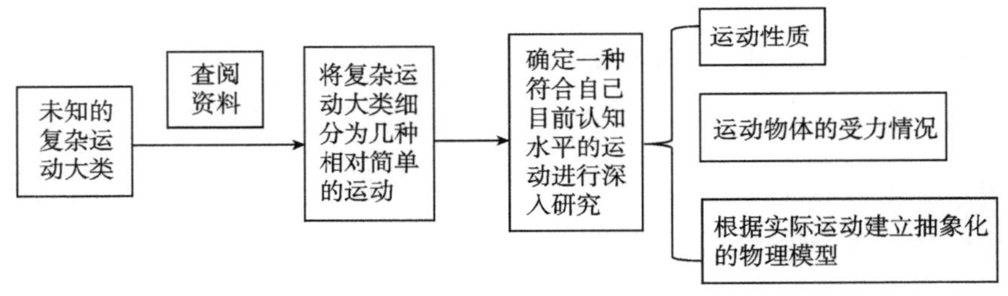

图 4－51　未知的复杂运动大类的研究思路

任务一：通过网络学习查阅资料，了解滑雪这个运动项目

请同学们上网查阅资料，冬奥会的滑雪项目主要有几种？简单介绍一下这些项目的特点和规则。

在我们学习直线运动的基础上，同学们通常可以将直线运动分为匀速直线运动、匀变速直线运动和变加速直线运动。由此可知，我们在初步研究一种未知的运动时，可以通过查阅资料的方式了解这种运动类型包括哪些具体的运动种类，通过初步了解将这个运动大类分为几个运动子项目，并简单概括这些运动子项目的特点，从而可以挑选符合我们目前认知水平的运动类型，后续进行更加深入的研究。

初步了解了滑雪运动的分类后，可以挑选一种你认为符合自己认知水平的运动，再进行深入研究，或者可以选取这个复杂运动中一个简单的运动片段进行研究。随着我们的知识储备越来越丰富，再对其他复杂运动进行分析。

（1）自由式滑雪

如图4－52所示，参赛运动员双手依靠滑雪杖，按要求穿着滑雪板，在雪道上顺畅完成滑行的同时，还要向裁判展示自己拿手的技术动作和各种各样精彩绝伦的空中技巧，裁判根据运动员动作的难度和完成情况打分并进行排名。

图4－52　自由式滑雪实景

（2）单板滑雪

如图4－53所示，单板滑雪的运动员脚下只能踩着一个滑雪板进行滑

行，由于只有一个滑雪板，运动员的脚对滑雪板在力度和方向上的控制要求更高，而且在比赛跨越障碍的过程中还需要展示自己的各种技巧性动作。

图 4－53　单板滑雪实景

（3）高山滑雪

如图 4－54 所示，首先，高山滑雪对海拔是有要求的——需要达到海拔 1000 米以上。其次，对于运动员的技术动作也有着更高的要求——需要运动员穿戴好雪板从高山上滑行下来的同时进行盘旋，这对运动员本身的滑行速度和技术动作都提出了更高的要求。

图 4－54　高山滑雪实景

（4）跳台滑雪

如图 4－55 所示，跳台滑雪首先需要修建跳台和助滑道，运动员从跳台上加速下滑，借助跳出后的速度和自身的爆发力向上跃起，在有限的腾空时间内出色地完成各种各样的技术动作，最后借助跳台的斜坡平稳着陆并继续滑行。

图 4－55 大跳台滑雪实景

（5）越野滑雪

越野滑雪的比赛场地大致平均分为三段，分别是上坡、平地和下坡。如图 4－56 所示，参与越野滑雪的运动员在滑行的过程中需要手持滑雪杖，脚踏一对滑雪板在雪道上利用自身过硬的技术滑行，最后通过滑行时间来分出比赛的名次。

图 4－56 越野滑雪实景

任务二：探秘滑雪项目的运动性质

观看你感兴趣的一种滑雪运动比赛实况，确定研究对象并思考整个运动分为几个阶段。为了研究方便，我们往往可以将运动简化为高中阶段学习的一些基本运动模型，请说出你感兴趣的这个项目可以简化为哪些简单的高中阶段的基本运动模型，并阐述你的建模依据。根据你的简化结果，结合你所学过的物理量，进一步具体描述每个阶段的运动。

通过观看比赛实况和查阅资料，我们可以发现滑雪项目有一个共同的特点，就是运动距离比较长。这对运动员的技术动作要求比较高，从物理学角度我们如何分析这样的长距离运动呢？为了研究方便，我们往往可以将这些长距离运动进行分段，每一段的运动性质都不相同，我们可以将每一段运动简化为高中阶段学习的一些基本运动模型。

以跳台滑雪为例，它可以分为助滑、跳跃、空中飞行、落地、滑行至停止这几个运动阶段，其中，可将助滑阶段简化为匀加速直线运动，空中飞行阶段可以简化为斜抛运动，滑行至停止阶段可以简化为匀减速直线运动。为了更加直观清晰地呈现各个运动阶段的运动特点，我们还可以借助列表的方法。如表4-3所示。

表4-3　跳台滑雪各阶段运动特点分析

运动阶段	助滑	空中飞行（忽略阻力）	落地后滑行至停止
运动模型	匀加速直线运动	斜抛运动	匀减速直线运动
受力	重力、支持力、阻力	重力	重力、支持力、阻力
加速度	不变	不变，g	不变
速度	增加	先减小再增大	减小到零

任务三：从动力学视角观察，深入探秘跳台滑雪运动中运动员的姿态

选择你感兴趣的一项滑雪运动，通过查阅评分细则，分析该滑雪运动是用什么来衡量运动员成绩的好坏？运动员的哪些姿态可以有助于取得更好的成绩，这种姿态中蕴含的动力学原理又是什么？也可以搜索历年冬奥会这种滑雪项目的图标，观察一下它们有什么共同点，并查阅资料了解这些图标中所蕴含的物理原理。

通过查阅资料我们不难发现，各种滑雪运动都有其不同的评分标准，不可否认的是，姿态是每一种滑雪运动中一个非常关键的评分点，姿态的好坏与运动员的技术水平息息相关，也是能否顺利完成整个运动的关键点。

在分析一项运动的时候，我们肯定要关注各个运动阶段运动员的不同姿态。同时，可以根据这项运动评分标准和评分比重，推断出最重要的技术动作姿态是哪一个运动阶段，从而锁定这个姿态进行深入研究。认真观察并思考，这时运动员是否可以看成质点？受力情况如何？为什么运动员要用这样的姿态来进行运动？

图 4－57　跳台滑雪实景

1. 运动员在空中要保持什么样的飞行姿势？

以跳台滑雪为例，通过查阅资料，2022 年北京冬奥会跳台滑雪项目的图标灵感实际上来自于跳台滑雪运动员在空中飞行阶段的技术动作（如图 4－57 所示）。运动员在比赛中需要保持沉着、冷静的心态，只有这样才能发挥出自己的最佳水平。在起跳后腾空飞行的过程中，运动员需要稳定良好的控制雪板和身体的角度，保持正确的空中飞行姿势，这样面对裁判的审视才能取得高分。从图 4－57 中我们可以看出，两只平行的滑雪板与运动员的上体基本保持平行，为了更好地保持这个姿势，运动员需要伸直两臂，并贴放于身体两侧，同时充分舒展上体。

2. 跳台滑雪是如何计分的？

跳台滑雪包括助滑、起跳、空中飞行和着陆这四部分技术动作。根据规定，跳台滑雪比赛设置五名飞行姿势裁判员，裁判员会对每名参加比赛的选手在两次比赛过程中的飞行姿势进行打分。每名飞行姿态裁判员的打分分值为 20 分，根据规定，为了公平会将五名裁判员打分中的最高分与最低分去掉，最终结果的满分就是 60 分。除了姿势得分外，还有飞行距离得分，飞行距离是以一定距离为基础，距离小于该基础距离会被扣分。采取“2 舍 3 入”的距离计算方法，例如：70. 20 米记作 70 米，70. 30 米则记作 70. 50 米；70. 70 米记作 70. 50 米，70. 80 米则记作 71 米。所以，运动员需要尽自己最大的努力来延长飞行距离，从而获得更高的分数。最后裁判员会将距离得分、姿势得分、出发门分值与风力补偿分相加来计算最终成绩。

3. 如何获得更长的飞行距离？

通过查阅评分细则我们发现，飞行距离是跳台滑雪重要的目的之一，能否获得远的飞行距离取决于起跳的好坏及空中飞行姿势。跳台滑雪技术要求跳跃者在空中飞行时腿部伸直，尽力保持身体前倾，两只手臂尽量位于身体两侧并与身体并拢，与此同时尽量保持滑雪板与整个身体平行。通过查阅资料，从受力角度简单说说为什么运动员在空中飞行要保持这种姿势呢？其实原因就是空中飞行的关键技术—V 定型飞行技术。运动员通过这种技术可以减少空气阻力，且能更好地运用飞行中的空气升力。

4. V 定型飞行技术有什么好处？

为了获得最佳的滑行效果，运动员需要在空中维持自身飞行的平衡性与稳定性，就必须利用好空气浮力。只有飞行技术过硬、动作流畅、飞行距离达标的比赛过程才能获得裁判员的最高评比分数。因为运动员受到重力作用产生重力加速度，运动员在整个飞行的下降过程中会加速落向地面。在整个下降的过程中，运动员飞行的水平速度及运动员在空气中受到的浮力可以对运动员的加速下落起到阻碍作用。我们知道与水平速度相反的空气阻力会使水平方向的速度越来越小，如果运动员在飞行过程中采取 V 定型飞行技术，调整好滑雪板与人之间的位置关系，就可以获得更大的空气浮力，从而产生技术人员口中的“二次飞行效果”。我们观看比赛的时候可以仔细观察，这种飞行技术所产生的效果，会让运动员在落地前的加速下落过程中持续平飞一段时间，从而延长飞行距离，获得更高的距离得分。

另外，如果同学们作为观众想记录你喜欢的滑雪运动的壮观景象，应该在哪里观看最好呢？如果你是一名专业摄影师，应该在运动员运动到何处时按下快门记录美好瞬间呢？请你结合前面的运动分析，思考给出你的答案并阐述你选择这个位置的原因。

任务四：学会从实际情境中提取物理模型

请同学们查阅资料观看跳台滑雪的视频，简单画出跳台滑雪的场地示意图。以滑雪滑道的实际情境为基础，结合所学知识，建立合适的物理运动模型，并说明建立该模型的依据。思考在这个运动模型中如何求解运动速度、运动加速度，如何测量力。

众所周知，滑雪运动对于场地的要求是很严格的，因此这一大类运动的入门门槛也是较高的。建造场地的工程师们肯定深入研究了运动员完成这个运动项目的整个过程，并结合这项运动的评分要求和运动员在运动过程中的安全性，进而悉心打造设计出标准合格的运动场地。所以，观察和了解运动场地是一个能够深入分析运动实际情境并从中提炼出物理模型的好方法。通过观察运动场地，画出运动场地的简图，并在上面画出运动员的运动轨迹或者一些运动的关键环节。以滑雪运动的实际情境为基础，结合所学知识，抽取合适的物理运动模型，并说明建立该模型的依据。同学们可以思考在这个运动模型中如何建立情境，通过自己的理解研究，自行设置符合实际的已知条件，编写符合模型的物理题，进行受力分析，求解运动过程中的速度、加速度、时间等物理量。滑雪中情境转化的逻辑思路如图 4－58 所示。

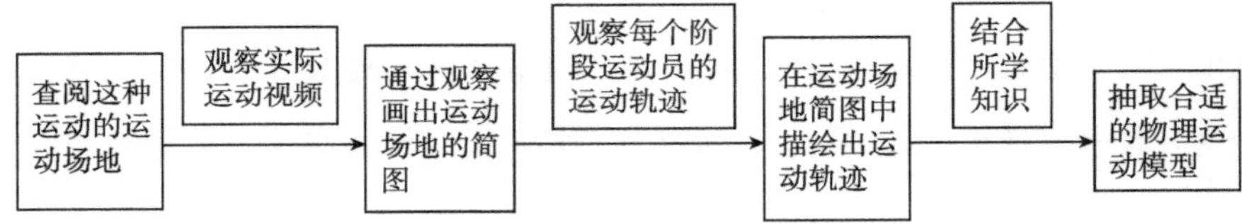

图 4－58　滑雪中情境转化思路图

示例：

图 4－59　越野滑雪实景

北京冬奥会为跳台滑雪比赛新建了比赛场馆——首钢滑雪大跳台（如图4－60），该场馆产生了4枚金牌，是北京冬奥会的标志性景观。冬奥会后，该场馆对市民开放，是服务于大众的体育主题公园。

图4－60 滑雪大跳台

通过进一步查阅资料观看跳台滑雪的视频，我们可以简单画出跳台滑雪的场地示意图，如图4－61所示。

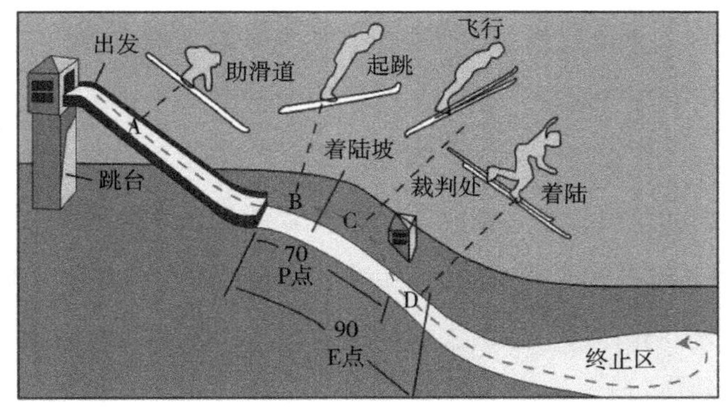

图4－61 跳台滑雪过程简图

前面分析运动性质的时候，我们已经将跳台滑雪运动中的助滑、空中飞行、滑行至停止这几个运动阶段，分别简化为匀加速直线运动、斜抛运

动、匀减速直线运动。结合我们目前所学的知识，斜抛运动是曲线运动，我们还没有学习到，但匀变速运动是我们所熟悉的运动形式，因此我们就可以结合这两段运动模型建立情境，自己查阅资料并设置题目条件，提出物理问题，并进行求解。

同学们可以尝试对上面的例题进行求解，并选择你感兴趣的一项滑雪运动，仿照刚才的研究方法，通过查阅资料画出场地图，再观看运动员比赛实况视频，在场地图中画出轨迹，标出一些关键的运动环节，从多段实际运动中抽象出运动模型，结合你所学过的知识进行编写设问，也来构建一道属于自己的物理题吧！你一定会有更大的收获！

供稿人：耿薇

【探寻冬奥会比赛项目中的物理秘密——冰壶比赛】

项目背景：

2022 年在北京市和张家口市联合举办的第 24 届冬季奥林匹克运动会，是我国第一次举办冬季奥运会，北京成为全球第一个“双奥之城”。冰壶比赛作为冰上比赛项目，在北京国家游泳中心进行。冰壶比赛是两队对抗赛，每队各四名队员，双方轮流掷冰壶，最终以己方在距营垒中心比对方近的冰壶数目决定得分。冰壶运动精彩、高雅，充满戏剧性。冰壶比赛非常讲究技战术，并且蕴含着丰富的物理知识。让我们来看懂冰壶比赛，探寻其中蕴含的物理奥秘吧！

我们对物理问题的分析都是围绕实际问题建立相关的物理模型，寻找相关的物理规律。冰壶比赛中，我们要对冰壶的运动进行理想化处理，测量其速度、加速度、位移、与冰面的动摩擦因数等，了解其运动特点。结合冰壶受力和运动的关系，研究实际比赛中我们关注的问题。研究冰壶比赛思维的逻辑框架如图 4－62 所示。

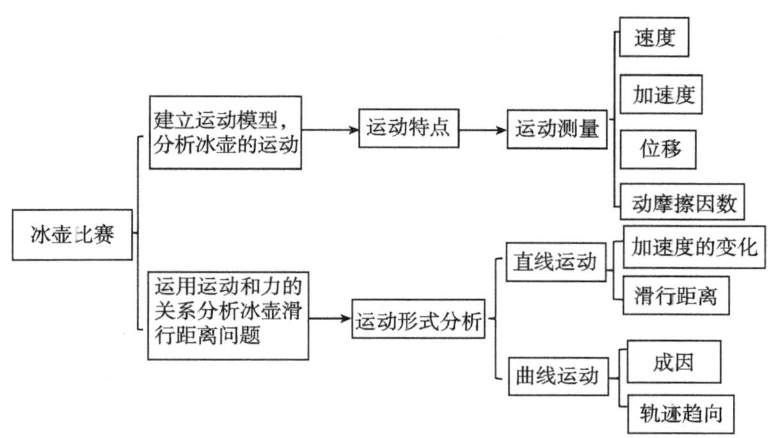

图 4－62　冰壶项目比赛动力学分析思路

任务一：查找资料，了解冰壶比赛这个运动项目

如图 4－63 所示是冰壶项目比赛过程的简化图。要研究冰壶项目，我们要了解冰壶运动比赛规则，了解冰壶运动的历史 、运动场地规格、运动装备 、专业术语等。

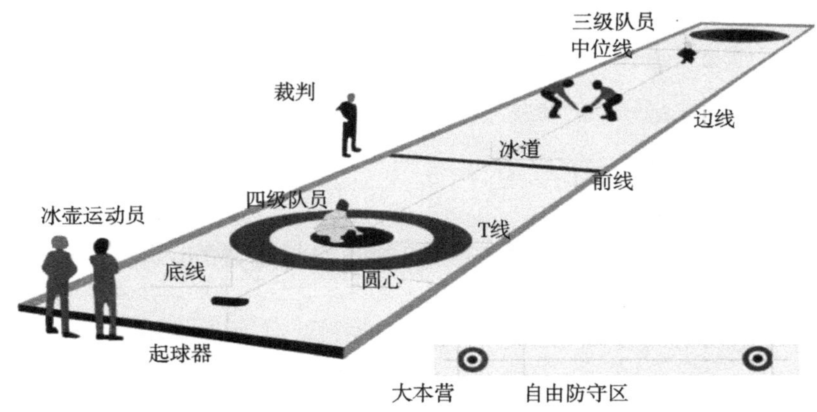

图 4－63　冰壶项目比赛过程简化图

任务二：建立运动模型，深入分析冰壶运动

思考掷球员将冰壶（视为质点）由静止开始沿直线逐渐加快推到某一位置放开，冰壶将会做什么运动？冰壶的运动轨迹、运动速度和运动距离与哪些因素有关？你能建立合适的运动模型来研究这些问题吗？

思路提示：在确定研究对象以后，如何将一系列复杂运动过程划分成几个比较简单的运动模型呢？这需要对研究对象进行受力分析，根据受力特点确定运动模型。

对冰壶运动我们可以建立一系列比较简单的过程，进而提出一系列物理问题。

提问示例：

（1）你能把冰壶运动分解成简单过程吗？

比如：①人对冰壶作用过程；②冰壶在冰面上滑行过程；③冰壶与冰面动摩擦因数变化的过程；④冰壶间的碰撞过程等。

（2）冰壶运动轨迹可以是直线，也可以将冰壶投掷出曲线，如何描述不同形式的运动轨迹呢？

高一阶段我们主要以直线运动形式来探究。把冰壶的运动抽象为理想化模型，根据受力特点，冰壶从静止被推出，先做匀加速直线运动，脱手后做匀减速直线运动，匀减速直线运动过程中冰壶的加速度可以通过刷冰员“刷冰”发生变化。

任务三：探究冰壶项目中场地摩擦力对比赛的影响

冰雪运动有的惊险刺激，有的魅力无限，这都和一个物理概念——“摩擦力”息息相关，在冰壶比赛过程中能看到“摩擦力”表现出来的种种魔力。既然摩擦力对冰壶的运动如此重要，我们就来探究一下摩擦力是怎样影响冰壶运动的。摩擦力对冰壶运动影响的分析思路如图 4－64 所示。

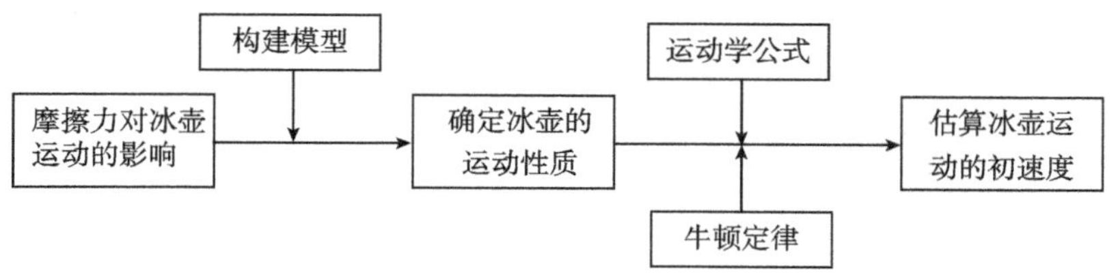

图 4－64 摩擦力对冰壶运动影响的分析思路

通过回顾比赛过程进行初步抽象：掷球员与队友沟通后，确定好掷出冰壶的战术，从掷冰壶开始就要考虑冰壶与冰面的摩擦力对于冰壶运动的影响，确保己方的冰壶能准确地停在事先预定好的位置。如果在冰壶运动的轨迹上还有其他的冰壶时，还要考虑冰壶的速度，以求准确地击打，并使己方的冰壶留在最佳位置。

问题 1 抛出去的冰壶在冰面上是怎样运动的呢？

当掷球员掷出冰壶之后，冰壶与冰面间的摩擦力成为影响冰壶运动的重要的因素。刷冰员通过刷冰对冰壶的运动进行及时矫正非常重要。冰壶离开掷球员的手时，由于掷球员手上的巧妙动作，冰壶一般都会旋转，因此冰壶的运动轨迹可以是曲线，刷冰员刷冰可以控制冰壶轨迹的弯曲方向，对于冰壶能否到达最佳位置有着决定性的影响。

为了简化问题，掷球员抛出冰壶后，我们可以认为冰壶做匀减速直线运动。

问题 2 怎样估算出抛出去的冰壶的初始速度呢？

通过查资料可知：冰壶质量最大约为 20kg，与冰面的动摩擦因数约为 0.015，假设冰壶做匀减速直线运动。大本营中心距离掷球点大概 30m，大本营的直径大概是 3.65m。设冰壶的末速度为零，重力加速度取 $9.8\mathrm{m\cdot s^{-2}}$。由牛顿第二定律和运动学公式 $f=ma$，$f=\mu N$，$N=mg$，再根据 $v_0^2=2ax$，

其中，m 是冰壶的质量，v_0是掷球员掷出冰壶时的速度，f 是摩擦力，x 是冰壶的运动距离。

通过简单的计算，我们可以得出要使冰壶准确地落在大本营里面，运动员投掷冰壶的速度应该控制在2.878～3.059m/s之间，可以看出这个速度变化的范围大概只有0.18m/s左右。

问题3　冰壶在运动过程中，刷冰为什么会改变冰壶所受到的摩擦力？

刷冰员刷冰时，由于冰刷和冰摩擦会生热，会使少量的冰融化，在冰壶和冰之间形成一层薄薄的水膜，水膜可以减小冰壶与冰面之间的动摩擦因数，使冰壶运动得更远。

掷球员掷出冰壶之后，还有两个刷冰员及时地在冰壶前面刷冰，目的就是减小冰壶与冰面之间的摩擦力，使冰壶运动得更远。

通过以上分析，冰壶比赛并不仅仅是掷出冰壶那样简单。由于摩擦力魔幻般地变化，使得冰壶运动非常复杂。比赛极具偶然性，极具观赏性。

问题4　你可以想办法测量冰壶在运动过程中与冰面之间的动摩擦因数吗？

冰壶与冰面之间的摩擦力是滑动摩擦力，影响滑动摩擦力大小的因素有动摩擦因数和正压力大小，接下来我们再来研究如何测量动摩擦因数。动摩擦因数的大小和冰壶的材质有关系。对于花岗岩材质的冰壶，与冰面的动摩擦因数一般是在0.01～0.02左右。滑动摩擦力的大小可以用公式$f=\mu N$进行计算。

冰壶在运动中，需要通过改变摩擦力的大小来改变冰壶运动的加速度。设计一个实验测量冰壶场地动摩擦因数。

提示：根据$f=\mu N$，测出 N（水平运动时 $N=G$）、f 即可。滑动摩擦力是高一物理的重要知识点，这是高中生第一次接触到滑动摩擦力的定量描述和动摩擦因数。事实上，测量动摩擦因数的实验设计对于学生来说是一

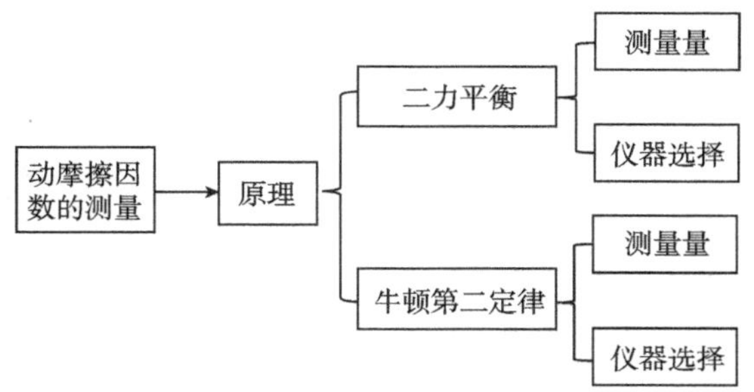

图 4-65　动摩擦因数测量思路

个不小的挑战。概率最大的选择就是利用初中所学的二力平衡作为突破口，这种方式既简单又巧妙。第二种选择很可能是应用刚刚学习的牛顿第二定律，这套实验装置会在以后的学习多次用到。

参考思路如图 4-65 所示。

方法一：利用二力平衡求解。学习过滑动摩擦力的计算公式 $f=\mu N$ 之后，可以利用平衡条件进行实验。你能设计对应的测量方案吗？

方法二：利用牛顿第二定律求解。

任务四：估算刷冰距离

冰壶又称“冰上溜石”，其玩法近似沙弧球，是一项智慧与对抗完美结合、趣味很强的投掷类团体运动。冰壶比赛场地示意如图 4-66。比赛时掷球员从起踏器处推着冰壶出发，在前掷线 AB 处放手让冰壶以一定的速度滑出，使冰壶的停止位置尽量靠近营垒圆心 O'。为使冰壶滑行得更远，刷冰员可以用毛刷擦冰壶运行前方的冰面，使冰壶与冰面间的动摩擦因数减小。如图 4-67 所示，结合实际比赛数据，分析运动员给冰壶加速过程中需要施加多大的力？在具体的一次比赛中的运动员如何估算刷冰距离？

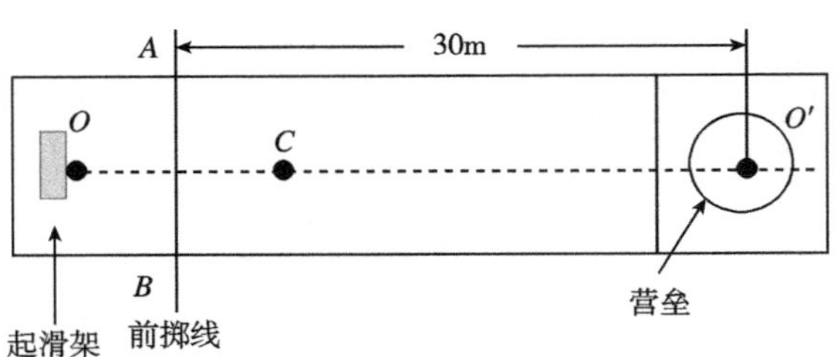

图 4－66　冰壶比赛场地示意图

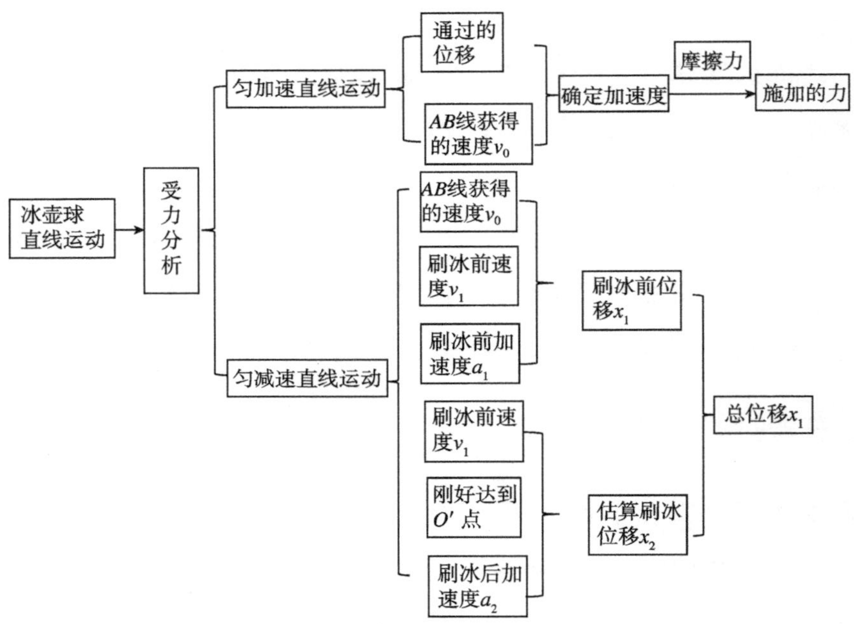

注：三个未知数 x_1，x_2，v_1，均可以求出。

图 4－67　估算刷冰距离研究思路

问题拓展： 1. 冰壶之间的击打包含什么更有趣的物理问题？（碰撞问题）

2. 冰壶的旋转给冰壶的运动所带来的影响怎么研究？（刚体问题）

【探秘冬奥会中的花样滑冰】

项目背景：

花样滑冰比赛是冬季奥运会的正式项目，是观赏性很强的项目，运动员需要靠自身力量在冰上滑行，穿上装有冰刀的冰鞋，表演一系列事先编排好的技术动作，最终由裁判组为选手评估打分、排出名次。

我们对物理问题的分析都是围绕实际问题建立相关的物理概念，寻找相关的物理规律。花样滑冰比赛，一方面要对运动员的运动进行测量，了解其速度、位移，构建运动员的运动模型；另一方面还要根据力对运动的影响进行分析，对运动员的动作提出合理的改进建议。研究花样滑冰比赛思维的逻辑框架如图 4 –68 所示。

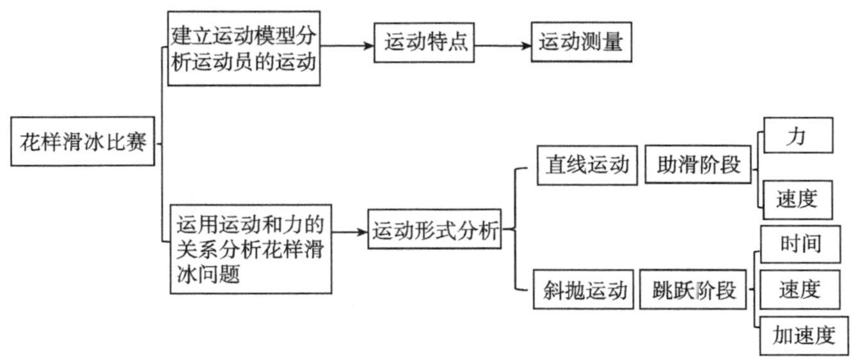

图 4 –68　花样滑冰动力学分析思路

任务一：通过网络学习了解花样滑冰

通过网络学习，我们可以了解花样滑冰有多少种比赛，有哪些不同形式的跳跃方式，它们的特点分别是什么。试着从中提炼出你认为有意义的

物理信息。

跳跃是花样滑冰当中非常重要的动作，它要求运动员首先起跳到空中、在空中完成至少一周的旋转，最后落到冰上。按照运动员的起跳与落冰方式的不同、空中完成旋转的周数不同进行分类。

花样滑冰的跳跃动作要素包括六种：勾手跳、后外点冰跳、后外结环跳、阿克塞尔跳、后内结环跳和后内点冰跳。如果运动员逆时针起跳，这六种跳跃都是单足的右后外刃落冰，但是运动员的起跳方式各不相同。跳跃动作总体可以归为两类，刀刃跳和点冰跳。

图 4－69　花样滑冰实景

任务二：花样滑冰的动作分析

（1）观看你感兴趣的一种花样滑冰比赛，根据跳跃动作特点，你觉得应该把运动分为几个阶段？实际运动往往比较复杂，为了研究方便我们往往可以将运动简化为高中阶段学习的一些基本运动模型，请说出花样滑冰可以简化为哪些基本运动模型，并阐述你的建模依据。根据你的简化结果，结合你所学过的物理量，进一步具体描述每个阶段的运动。

根据花样滑冰的运动特点，我们可以把整个跳跃动作分为四个部分：助滑阶段、起跳阶段、空中阶段和落冰阶段。

在确定研究对象以后，如何确定一系列运动的性质呢？这需要对研究对象进行受力分析，根据受力特点确定运动规律，思路框架如图 4－70 所示。

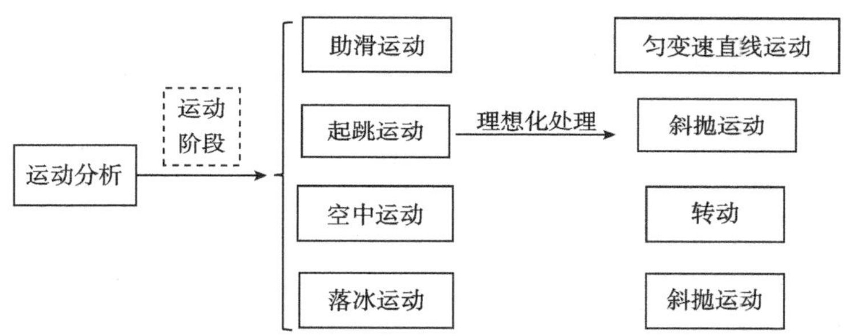

图 4－70　花样滑冰运动过程分析

（2）助滑是运动员进行跳跃动作的关键，助滑速度是运动员提高动作难度、动作质量的关键因素，水平速度大，就可以在起跳时获得更多能量，完成周数更多的跳跃动作。请你查阅资料进行了解：都有哪些因素会影响到助滑速度？若运动员想完成三周跳动作，助滑速度需要达到多少？估算一下运动员需要用多大的力？

解决这种实际的运动问题，我们通常沿着怎样的思考路径展开呢？在具体分析中我们如何做呢？

首先，我们知道助滑研究的是运动员从静止到移动并获得一定速度的过程，在这一过程中我们可以将运动员运动简化为一个简单的匀加速运动。然后，我们结合运动员的助滑情境对其进行受力分析。在网络上查阅资料，查询运动员助滑可以达到的速度，比如：国外优秀运动员巴瑟娃完成三

周跳动作，她的助滑速度能在4s内达到5m/s。对于此问题，需要建立模型，将助滑看为由静止开始的匀加速直线运动，先求出加速度为$1.25m/s^2$，再估算运动员的体重，约为55kg，利用数据计算得到合力为68.75N。结合实际运动情境可知，运动员的动力主要来自其蹬冰的反作用力，阻力主要来源于其与冰面的摩擦力。现有研究表明，蹬冰时膝关节并没有得到完全的伸展，在运动员蹬离地面时，膝关节角达到130°～140°之间时，可获得最好的起跳效果。我国的运动员在起跑阶段的躯干倾角和蹬冰腿膝关节角均比此数值偏大，所以建议我国运动员应在起跳前保持较低的姿势，以减小阻力，从而获得更快的向前速度。此外，影响速度大小的因素还有运动员蹬冰的机械功量，而决定机械功量的具体参数有膝关节角、蹬冰角度、最大展膝角速度、小腿与水平面夹角和最大展髋角速度。运动员如果想要提高助滑速度，应在未来的训练当中加强对冰刀蹬冰角度的控制，以及增加爆发力和下肢肌肉力量的训练。

（3）跳跃动作是花滑比赛当中得分最高的一类动作，跳跃难度的高低以及跳跃动作的完成质量会直接影响运动员的最终成绩。那么，为了详细分析运动员的动作，得到运动员的运动数据，记录过程中需要用到专业的仪器和设备。如果同学们是分析员，想要记录运动员的位置，应该如何记录？确定位置后，如果想记录下运动员的跳跃动作，都需要记录哪些数据？我们如何利用这些数据来帮助运动员改进跳跃动作呢？

确定物体的位置可以通过建立坐标系的形式，那么对于花样滑冰运动员，书中的一维、二维坐标系还能满足我们记录的需要吗？很显然不可以，运动员在三维空间中运动，我们需要一个三维的坐标系。所以，需要对场地所在空间进行三维标定，如将拍摄的范围规定在约10m×20m的范围内，定点放置摄像机于比赛场地的前方和后方，在不移动摄像机的情况下，对规定范围进行拍摄。

要完成一个指定的跳跃动作，可建立坐标系，其中有3个重要的因素：上下肢的伸展节奏、相对身体纵轴转动惯量的控制以及垂直方向的起跳速度。记录仪可以记录下运动员在 x、y、z 三个坐标轴方向的速度及人腾空的时间。运动员腾起的高度、飞行的远度、在空中旋转的周数以及动作是否流畅等是跳跃动作质量的体现，而运动员的水平速度、腾起角、关节角度、腾空高度、空停时间等是运动员跳跃动作当中非常重要的参数。

(4) 记录仪记下的运动员运动时的各项速度以及3D合速度，思考合速度是如何得到的，求合速度都需要用到哪些数据？你还可以得到什么信息？通过对图像的理解以及空间建构，如果一位运动员想增加自己的跳跃时间，应当着重提高哪个方向的速度呢？

任务三：分析数据，建立物理模型解释

自行上网查阅花样滑冰比赛数据，记录表格，并结合数据计算说明 z 轴位移主要由什么决定？你的依据是什么？请证明你的观点并结合分析，运动员若想跳得更高，应当在滑行中侧重哪方面的练习？

如果花样滑冰选手想高质量完成跳跃动作，需要注意起跳瞬间的水平速度和垂直速度：如果选手起跳时水平方向的速度大，他在空中滑行的距离就会越远；如果运动员的垂直速度越大，选手在空中停留的时间就会越长，同时垂直腾空的距离也就越大。在物理学中，我们可由自由落体公式来证明，运动员在垂直方向的位移是由起跳时的初速度决定的，即起跳时 z 轴速度如果越大，选手腾空时间就会越长、腾空高度也就越大。选手在进行直线滑行运动时，积累的水平方向速度是基础；在选手蹬伸腿部的阶段，能够充分利用腿部的快速力量，使身体获得最大限度的垂直速度，则是花样滑冰中最关键的技术环节。

供稿人：吴晓天

第四节　必修二专题研究：“游乐场”中的物理奥秘

【主题项目】游乐场中的大摆锤

同学们，大家都去过欢乐谷吧？欢乐谷里面的游乐设施有很多，比如：大草帽、丛林飞车、大摆锤、高空旋转观景塔、特洛伊木马、漂流、过山车、旋转潜艇，你知道这些项目中都蕴含着哪些物理原理吗？在这些项目中，大摆锤算是一个非常刺激的娱乐项目，下面我们结合学过的知识，探究一下大摆锤的奥秘吧。

【探秘大摆锤中的物理奥秘】

超级大摆锤有很多名称，如大摆锤、流星锤、太阳神车等，是目前国际流行的新型游乐场必备游乐项目之一。该设备造型奇特，气势恢宏，是游乐场的地标建筑之一（如图 4 －71 所示）。游客坐在座舱中面向外，通常，大摆锤以压肩式安全带作为束缚，配以束腰式安全带双重保险。座舱做转动的同时，悬挂座舱的轴在电机的驱动下也在摆动。大摆锤的旋转带给置身其中的游客惊险刺激的感觉，游客往往惊魂不定但又不忍离去，极大地提高了游客对于极限运动的参与感与愉悦感，给许多游客提供了全新的游乐体验。

图 4 – 71 游乐场中的大摆锤

为了更好地了解大摆锤背后的物理原理，我们将分成以下几个任务来对其做具体的介绍。

任务一： 体验了解大摆锤构造

大摆锤由一个巨大的支架吊着一个巨大的类似于钟摆的圆盘构成，摆锤的摆动幅度超过 180 度。游客坐在圆盘上，在摆锤摆动过程中圆盘同时自转。大摆锤让游客同时体验到摆动与旋转的双重感觉，强大的失重感和视觉刺激使之成为游乐园最刺激和最令人恐怖的项目。

北京欢乐谷中的超级大摆锤又称太阳神车，这个 120 吨的庞然大物，由一台齿轮电机驱使神车底部转盘慢速旋转。同时，塔顶 8 台大功率的异步驱动电机同时启动，使大摆锤左右摇晃，为我们创造出 4.3g 的加速度，并能瞬时飞跃至 15 层楼高的高空。自转加过载，天地之间独有一番惊心动魄。这么惊险刺激的娱乐项目，同学们想一想它的运动特点会是怎样的呢?

任务二：分析大摆锤工作中的运动特点

在大摆锤工作时，实际上存在两个运动，一个运动是大摆锤圆盘在缓慢旋转，另一个运动是圆盘在重力和摆臂拉力作用下做近似单摆的运动。显然，同时研究这两项运动是非常复杂的，在这里，我们先忽略大摆锤圆盘的自转，研究大摆锤圆盘在重力和摆臂拉力作用下沿竖直平面的单摆运动（为了研究方便，此处也忽略了空气阻力以及其他摩擦阻力等）。此时，大摆锤的运动就简化成了我们非常熟悉的单摆运动，如图 4－72 所示。

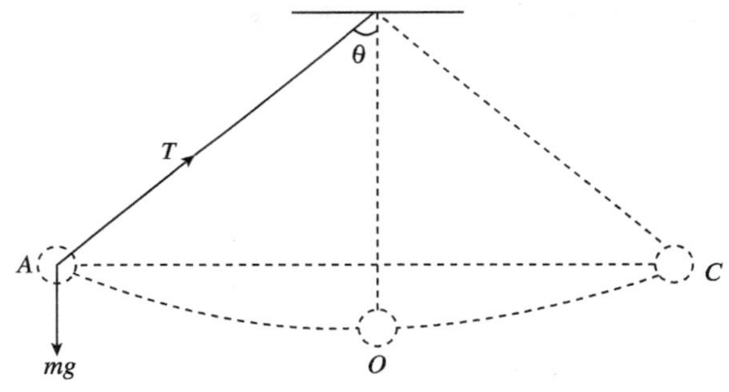

图 4－72　大摆锤物理模型

在这个单摆中，我们的研究对象是大摆锤圆盘，其质量用 m 表示，摆臂与竖直向下方向的夹角为 θ，为了简化只研究 $\theta < 90°$ 的情况；圆盘受到重力和悬臂拉力作用，将这两个力分别沿着速度方向和垂直速度方向进行分解，其中沿着速度方向的力大小为多少呢？这个力可以起到什么作用呢？垂直于速度方向的合力又是多少呢？这个力又是用来干什么的呢？你能求出它们的大小吗？

以上只是大摆锤中其中一种单摆运动的特点，摆锤圆盘在缓慢旋转的特点又是怎样的呢？大家可以结合匀速圆周运动，自行推导一下。进行了运动和受力特点分析以后，同学们想不想继续了解大摆锤在运动过程中能量变化的特点呢？我们一起继续来研究。

任务三： 分析大摆锤的能量特点

高中物理中涉及的机械能由动能和势能构成，以“功是能量转化的量度”为基本线索，从能量的转化角度分析大摆锤运动过程中的动能和势能转化情况。那么大摆锤在摆动过程中能量是如何变化的呢？

小插曲：麻省理工大学课堂演示情景，某教授将一个质量为15.5千克的摆球从下巴处放手，结果摆球摆回时并没有碰到他的下巴，教授的一句“物理生效了，我还活着”让人回味悠长。以上单摆运动都是在研究$\theta < 90^\circ$的情况，那$\theta > 90^\circ$的情况又是如何的呢？实际上这涉及工程学问题，有兴趣的同学可以自行查阅资料深入了解。

任务四： 类比研究圆锥摆运动的特点

大家在学习过程中，可能会非常容易将单摆和圆锥摆混淆，为此特别设置了圆锥摆模型作为对照（如图4－73所示），同学们要对两种模型进行总结提炼。圆锥摆模型如何受力的，哪个力提供向心力呢？向心力如何去求呢？你能在游乐场中找到与圆锥摆对应的游乐项目吗？

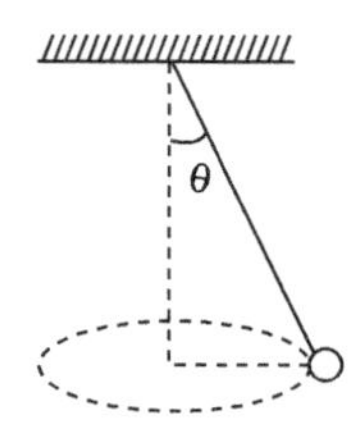

图4－73 圆锥摆模型

圆锥摆与单摆模型有哪些区别和联系呢？同学们自己总结并写在表4－4中。

表 4-4 单摆和圆锥摆模型对比

区别和联系	单摆	圆锥摆
对应的娱乐项目		
运动速度		
向心力		
拉力		
角速度		
周期		
频率		
动能		
重力势能		
机械能		

供稿人：韩智卿，管莉燕

【探索翻滚过山车中蕴含的物理知识】

项目背景：

相信大家都玩过一个非常刺激的娱乐项目——翻滚过山车，那种呼啸而来又闪电般离去，惊险又刺激的快感令多少勇敢的人们向往着迷（如图 4-74）。如果你是一位高中生，并且对物理学科很感兴趣，那么我相信在乘坐过山车体会那种风驰电掣的感觉的同时，你一定还想知道过山车所蕴含的物理知识。实际上，过山车无论是在设计原理上还是在运动过程中，都包含了许多物理学原理。如果你能体验一下过山车由能量守恒带来的刺激感、由加速度和力交织在一起产生的惊险效果，就会发现那种感觉简直妙不可言。下面我们就一起从动力学知识出发，结合圆周运动的规律，深入研究过山车所涉及的物理知识吧！

如果让你从力与运动的视角来深入分析过山车的运动，你将会围绕哪些问题展开呢？

图 4－74　过山车实景

无论我们从哪个角度进行研究，首先要明确研究对象，在实际情景中建立物理模型，对所研究的对象进行受力分析，然后进行运动性质分析，再从动力学的角度解释其运动特点，最后利用物理规律解决实际问题。所以，探究过山车运动问题，我们可以参考图 4－75 的逻辑框架进行研究，同学们也可以自己设计研究路径，然后对比一下哪个方案更合理！

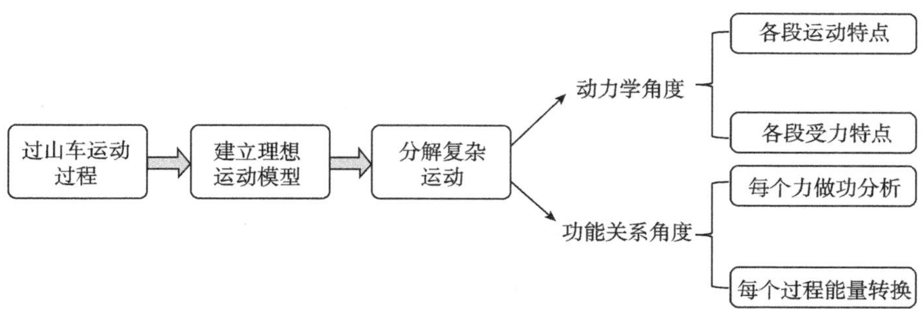

图 4－75　过山车动力学分析思路

任务一：分解过山车的运动过程，分析各段运动的特点

过山车的运动过程看似很危险，但其实是非常安全可靠的，因为设计师在设计过程中完全依据物理学原理进行设计。过山车在运动过程中主要依靠重力作用，全程运动包括加速、减速、转弯、抛体等运动形式，在这些运动过程蕴含着牛顿运动定律、圆周运动规律、能量守恒定律、变速运动规律等物理知识，这些基础知识都是我们高中物理学习的重要内容。

探究1：请同学们分析出每个运动过程受力特点是怎样的？

我们将过山车的运动分解为多过程的简单运动。最初过山车在电动机牵引力的作用下向上加速爬到高处，过山车只有在该阶段受到电机的牵引力。到了高处向下加速俯冲，只在重力和摩擦力的作用下加速到一定程度。之后进入竖直圆轨道，过山车做圆周运动，在圆周运动的过程中重力和轨道对过山车的弹力的合力提供向心力。在水平弯道转向处，过山车在重力和轨道的弹力的合力下做曲线运动，最后制动刹车减速停下来。

探究2：每个过程中对应的能量是如何转化的呢？

过山车刚开始时是被机械装置带动将小列车推到轨道的最高点，然后从最高点俯冲下来，第一次下行后，小列车就再也没有动力来源，从这一刻起，能带动小列车在轨道上行驶的唯一动力就是“地球引力”，在运动过程中列车将第一次储存的势能释放出来，转化为动能，又由动能再转化为重力势能。

这个过程非常简单，其实过山车被推的越高，在重力作用下下降的垂直距离就越大。我们平时很多时候都在经历这样的情景，如骑自行车或拉着雪橇爬上山坡，你在爬上山坡的过程就是在积蓄势能的过程，所谓的动能就是在你下山时具有的运动的能量，上坡和下坡过程就是势能和动能在相互转化的过程。

探究3：大家发现过山车经历的第一个上坡是最高的吗？你知道是为什么吗？

因为过山车在运动过程，会受到空气阻力及车轮和轨道之间的摩擦力等，所以有一部分势能转化为热能损失掉。设计师充分考虑到了阻力在运动过程中的影响，所以在接下来的轨道高度会逐渐降低，这样才能保证过山车安全通过每一个山坡。

综合以上分析，过山车能够运行是因为两个基本点：地球引力和能量守恒。

任务二： 从力学角度解释过山车刺激的原因

当你坐在过山车上冲下山谷、冲上回环、或是不停地翻转时，你是否感觉到作用在你身上的力不停地在变化，甚至将你推向不同方向，这种感觉非常刺激愉悦，但又让我们头晕目眩。

这里面蕴含了什么物理知识呢？你能否从力学角度解释其中的原因呢？

探究1：过山车做直线运动时，分析加速过程中乘客受力特点

为了弄清楚你在乘坐过山车时的种种感觉，可以对你的身体进行受力分析。在你不断地改变运动状态时，你感受到的是惯性。平时我们坐在匀速行驶的列车上，我们只能感受到自身的重力和座椅给我们的支持力；当列车加速时我们就会感觉到座椅对我们的后背有一股挤压的力量向前推着我们，这是什么原因呢？大家学习了惯性定律，就会明白这是由于惯性引起的。由于物体具有惯性，会使物体总有保持原有运动状态的趋势，当物体加速运动时，会使你感受到前方有一股力量将你压到座位上，于是你总是感觉到来自与产生加速度实际作用力反方向的力。但是由于身边的参照物在飞速经过你的身边，所以让你感觉到自己在向前。

问题：请同学们根据以上的分析，结合我们学过的动力学知识，分析当过山车减速运动时乘客的感受又是怎样的呢？

探究2：当过山车经过大回环过程，分析乘客的受力特点

乘坐过山车最刺激的阶段要数空中大回环，在大回环的最顶端瞬间能让你眼前的世界颠倒。过山车的大回环是一种离心机装置，当你接近回环时，由于惯性使得你仍然具有笔直向前的速度，但是车厢会沿着轨道前进，轨道此时已经不再是直线，所以你的身体无法按照直线前进，于是作用在你身上的加速力推着你离开座椅，而你的惯性则将你挤压到座椅上。当过山车冲上回环的过程，作用在你身上的合力不断地在变化，根据圆周运动的规律可知在最低点处加速度向上，座椅对你的支持力要大于自身的重力，此时你处于超重状态，感觉到自己非常重，身体的血液向下流。同理，当你运动到回环的最高点时，你处于失重状态，感觉自己身体非常轻，这样交替的超重、失重感会令你头晕目眩。

问题：请同学们结合以上分析，通过查阅资料解释为什么有高血压、心脏病的人不能乘坐惊险又刺激的过山车。

任务三： 研究过山车的安全速度

为了在回环顶部产生足够的加速力压迫列车紧贴轨道，设计师们必须让列车以相当快的速度进入回环。这个速度需要多大才能保证游客的安全呢？接下来的研究我们可以通过图 4－76 的思路进行。

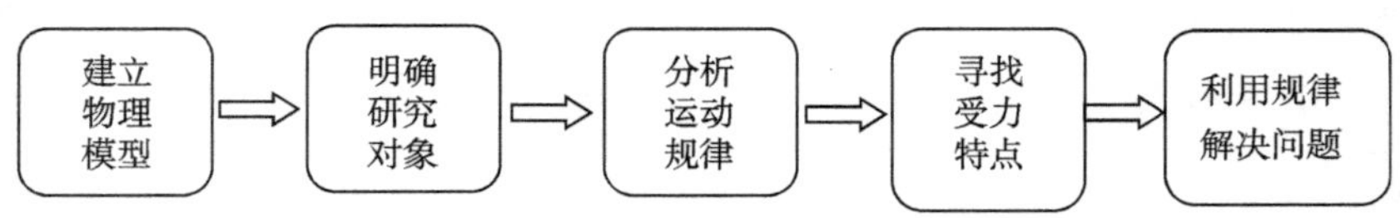

图 4－76　安全速度解决思路

为了研究该问题，我们要将大回环过程简化成一个物理模型，如图 4－77 所示，首先将大回环看成一个竖直面上的圆轨，为了简化运算过程，我们可以忽略摩擦力，将过山车简化为一个小球，当小球通过圆形轨道的

最高处有重力和支持力的合力提供向心力，为了保证小球顺利通过圆形轨道，需要提供足够的速度，这样就可以保证小球和轨道之间有足够的挤压力。当小球和轨道之间的压力为零，则小球刚好能够通过轨道最高点，此速度大小就是理论上小球能够通过整个轨道的最低要求。此时如果控制圆形轨道半径固定不变，则通过轨道最高点速度为定值。下面请同学们来估算该速度的理论值，思考过山车至少从多高处俯冲下来才能安全通过最高点呢？请你查阅相关数据进行计算吧。

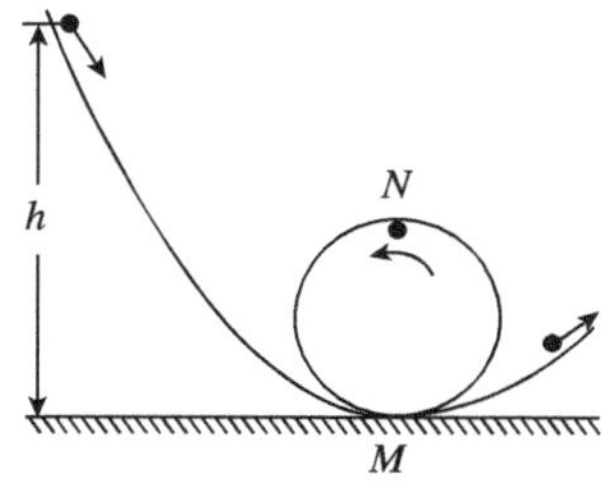

图 4 –77　过山车简化图

在实际情景中我们应该注意到第一个山坡是过山车的最高点，你知道这是为什么吗？因为过山车在运动过程中，会受到空气阻力及车轮与轨道之间的摩擦力作用，会使一部分能量转化为摩擦内能，所以设计师们需要考虑能量的损耗问题，在后面的轨道设计过程中坡度逐渐降低，以保证过山车安全通过坡顶。

在实际问题中我们不能忽略过山车的阻力，那么为了解决刚才的问题，我们假设轨道是光滑没有摩擦的就与实际情况不相符。如果我们考虑阻力的影响，刚才的问题又如何解决呢？

请同学们自己设计方案，测算过山车和轨道之间的摩擦力。过程中需要测量哪些物理量，用到哪些仪器进行测量，对测量的数据如何进行处理，最后过山车俯冲的高度将如何估算？请同学们展开智慧的翅膀大胆地进行设计，争取找到最适合的方案哦！

任务四：如何保障过山车安全的水平转向呢？

过山车运动的过程包括水平转向、螺旋等过程，在弯道处过山车要想顺利转向，就需要非常大的力提供向心力，如果这个力只靠轨道给轮子的挤压是不可能满足的，如果向心力不足以使过山车转弯，那么过山车在弯道处很容易侧翻发生事故。那么，请同学们思考在水平弯道处，轨道如何设计才能保证游客的安全呢？

关于这个问题，同学们可以类比火车转弯的模型，在我们学习火车转弯时，为了保证火车能够安全转弯，使铁轨和车轮之间没有挤压，我们要在弯道处设计外高内低的轨道，这样火车在弯道处需要的向心力可以由重力和支持力的合力来提供，这样火车过弯道时只要按照规定的速度行驶，就可以保证车轮和铁轨之间没有挤压。同理可知，过山车在弯道部分的倾角是必须要设计的，这样可以提供转向所需要的向心力，在设计过程中如果倾角不够或是倾斜过度，都会导致事故的发生，所以知道并会估算倾角是必须的（如图 4－78）。

请同学们积极搜索资料，结合圆周运动的知识帮助设计师一起来设计一下过山车弯道处轨道的倾角吧！

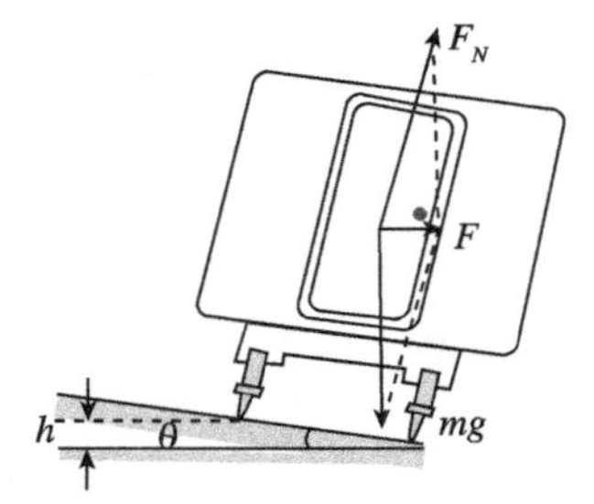

图 4－78　过山车转弯受力分析图

供稿人：王波

【探秘游乐园摩天轮中的物理秘密】

项目背景：

在游乐场的所有设施中，摩天轮应是最温情的大角落，隔着同等的距离却又向心到同一点上周而复始地旋转着。1893 年在芝加哥的哥伦布纪念博览会上展示了最早的摩天轮。此后经过时代的演进，发展出了三种摩天轮，分别为：重力式、无辐式和观景式。我们以“天津之眼”摩天轮为例（如图 4－79 所示），讨论一下摩天轮蕴含的物理原理。

图 4－79　摩天轮—“天津之眼”

任务一：　分析摩天轮做什么性质的运动

摩天轮在做什么性质的运动？可以看成质点吗？在研究哪些问题时不可以将物体看成质点？阐述理由。

研究任何运动问题要先观察研究对象做什么运动。将研究对象的运动描述清楚，然后再考虑将研究对象模型化处理，质点模型是高中物理学习到的第一个模型，是高中物理众多模型中的一个，那么摩天轮可不可以看成质点呢？把研究对象看成质点的条件是什么？这就要明确质点的定义：

当研究对象的大小和形状较之研究过程可忽略或研究对象上各点的运动情况完全相同时，从描述运动的角度看，物体上任意一点的运动完全能反映整个物体的运动，于是整个物体的运动可以简化为一个点的运动，把物体的质量赋予在这个点上，它就可以看成质点了。

现在我们回到摩天轮是否可以看成质点这个问题，如果我们要在百度地图上确定摩天轮在游乐园的位置，那当然可以看成质点。如果你只是站在摩天轮下，你看到的摩天轮正在做匀速圆周运动，自然不能看成质点。接下来我们要思考的是摩天轮的周期、角速度和线速度了，因为这会影响我们的乘坐体验。

任务二： 根据运动情况分析摩天轮轿厢的受力情况

我们通常从运动和受力两个角度分析物体运动情况，从而判断物体做什么运动，这样的运动背后蕴含了怎样的受力特征呢？我们以轿厢为研究对象，研究它的动力学特点的思路可参考图 4 – 80。

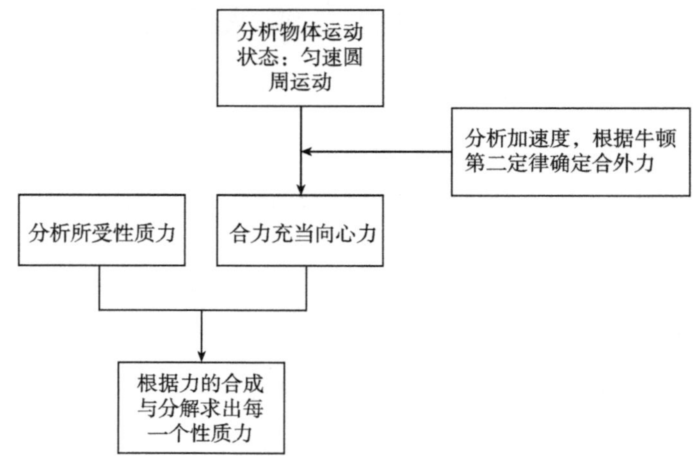

图 4 – 80　摩天轮动力学分析

根据前面内容的介绍，我们已经明确摩天轮做匀速圆周运动，由动力学知识可知，需要合外力充当向心力，那么轿厢受到哪些力的作用呢？轿厢在不同的位置受到的力情况一样吗？在轿厢转动一周的过程中，请你选择几个特殊位置对轿厢进行受力分析，不同位置受到的力有怎样的变化呢？如果你坐在轿厢里，在哪个阶段处于超重状态，哪个阶段处于失重状态呢？

附加问题：已知天津之眼的半径为55m，当你坐在天津之眼的某个轿厢里，请你估算一下，座椅对你的支持力为零时，你的线速度是多少？

任务三：轿厢的机械能随着转动是如何变化的呢

同学们一定都有乘坐摩天轮的经历，请你回忆一下，乘坐前工作人员是让我们一起坐进轿厢，坐满一个轿厢，就进入下一个轿厢吗？事实上却不是，工作人员不会让乘客连续进入同一个轿厢，而是每间隔一两个空仓上一批人，这是为什么呢？

这是为了保证摩天轮在运行的时候平稳安全，摩天轮的轿厢悬挂在巨大的圆盘上，当乘客进入轿厢后，身体的重量对轮盘产生力矩。同学们可以试想一下，如果我们都往天平的一个方向上放砝码，会出现什么现象呢？左半边的轿厢力矩向左，右半边轿厢力矩向右，摩天轮就像一个巨大的天平，当两边的质量差不多大时，产生的力矩可以互相抵消，动力机械本身就可以轻松地使摩天轮运动起来（如图4－81）。

我们知道轿厢一直在做匀速圆周运动，请同学们想想，轿厢的机械能是怎么变化的？

由于轿厢在做匀速圆周运动，动能不变，那么机械能的变化就由重力势能变化决定。势能是一个相对能量，需要选取零势能面，理论上零势能面选在哪里都可以，一般来说我们都选择地面为零势能面。轿厢从最低点开始转动重力势能逐渐增大，到最高点重力势能最大，此时机械能最大，

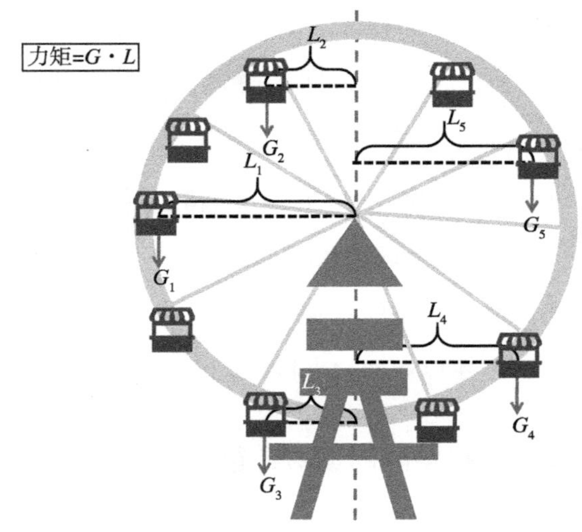

图 4－81　力矩平衡保证摩天轮正常转动

然后从最高点逐渐转到最低点，重力势能逐渐减小，机械能逐渐减小。

任务四：如何让摩天轮以较小的线速度做匀速圆周运动

摩天轮的转动是电机带动的，不同种类电机的转速（一分钟转过的圈数）是不一样的，最常见的是四极电机，转速约为 1500 转/分钟，换算成角速度为 150°/s。如果乘客在这个角速度下乘坐摩天轮，那是不可想象的。工程师一定要用到减速装置，减小角速度，让乘客可以舒适乘坐摩天轮。同学们，如果你是工程师，请设计一种装置使摩天轮减速。

我们要明确这个减速装置不是让速度减小为零，而是让摩天轮以远小于 150°/s 的角速度做匀速圆周运动。我们可以设计如图 4－82 的机械装置，皮带轮的线速度相同，设小轮的角速度为 ω_1，大轮的角速度为 ω_2，可得 $r\omega_1 = R\omega_2 \Rightarrow \omega_2 = \frac{r}{R}\omega_1$。这样我们就可以减小大轮的角速度，让乘客有一个非常舒适的乘坐体验。

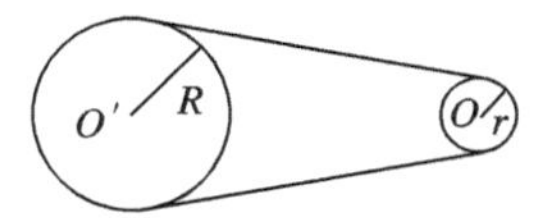

图 4-82　摩天轮的减速装置

任务拓展： 摩天轮的减速装置，除去减速用途之外，还可以有很多用途，请同学们设计一种生产生活的工具，要求结构中包含该装置。

供稿人：潘北诚

【水上飞人】

项目背景：

同学们，你一定见过如图 4-83 所示的情境，一名运动者借助水的冲力，腾空而起，上升高度可接近 20 米，他在水面上空时而翻滚跳跃，时而落回水面，时而潜入水中，令人惊呼过瘾。这是近两年流入我国的一项新的水上娱乐项目——水上飞人。这项运动涉及我们熟悉的力和运动的关系，今天我们来探究这项运动涉及的物理知识吧！

图 4-83　“水上飞人”实景

世界是物质的，物理学的研究对象是物体，水上飞人这项运动的研究对象是什么呢？是以运动者还是以水为研究对象呢？我们分别尝试分析。首先从最简单的状态开始研究。运动者悬浮于空中静止，他受到哪些力的

作用呢？找找这些力的施力物体是什么，估测这些力的大小。请同学们想一想，在动力学研究过程中，我们是怎样简化研究对象的，引入了哪些物理量来描述物体的性质？

若以水为研究对象呢？以水为研究对象，在我们以前的物理学习中接触的并不多，你能回忆起哪些情景？液态水有流动性，没有固定的形状，这个研究对象有点特别，想一想，是研究一滴水、喷出的一小段水柱还是喷出的所有水呢？你为什么选它作研究对象？再想一想，除用质量描述水的性质外，还需要引入其他物理量来描述研究对象吗？能简化研究对象吗？

任务一：探究学习反冲的原理

什么是反冲运动呢？这种现象常见吗？想一想，做一做：如图 4－84 所示，打开气体阀门，气体高速喷出，小车则向相反方向加速运动，小车获得的动力是喷出的气体提供的。子弹高速射出枪膛、喷气式飞机、火箭起飞、鱼的游动……许许多多的物体的运动都离不开反冲，你还能举出哪些例子？

再回到刚才的反冲小车实验，为使这个小车获得更快的速度，你能想出解决方案吗？请做一做，验证你的想法。想一想，你是根据什么原理解决这个问题的？我们如何定量研究这个问题？

图 4－84 “反冲小车”实景

反冲运动：如果一个静止的物体在内力的作用下分裂成两部分，一部分向某个方向运动，另一部分必然向相反的方向运动。这种现象叫做反冲。反冲运动中，物体受到的反冲作用通常叫做反冲力。此过程遵循动量守恒定律。

什么是内力？什么是动量？什么是动量守恒定律？定律中各物理量含义是什么？动量守恒定律的使用条件是什么？请同学们查找资料进行自学。

我们以前最常用牛顿定律和运动学的知识来解决力和运动状态变化的关系，在处理反冲运动的过程中，还能用这种方法吗？为什么要引入动量守恒定律呢，哪种规律更方便？借助反冲小车的模型，你能用牛顿定律和运动学的知识来验证动量守恒吗？试试看，体验物理学的理论之美。

任务二：研究水流的流速和流量

请同学们查找资料：什么是流量？什么是流速？

同学们，你们研究过水流吗？做一做，看一看：调节水龙头开关，让水以较小速度流出，稳定后水柱如图 4－85 所示。

问题 1：你能估测出出水口的水的流速吗？说说你是怎样估测的？

问题 2：你注意到了水流的形状吗？能解释水流为什么是这种形状吗？

问题 3：在水柱的不同位置水流的速度是怎样变化的？为什么会这样变化？你能估测出水流落地时的速度吗？你是根据什么规律估测的？

图 4－85　水龙头流水

问题 4：假设水流撞击地面速度立即减为零，你能估测出水流对地面的冲击力吗？在此过程中，我们的研究对象是什么？提出你的实验方案，做一做，试一试。

任务三：水上飞人悬停之理

根据情景，你还可以从哪些角度研究这项运动？你还能提出哪些与我们学习的物理知识有关的问题？想一想，你能从物理学角度分析运动者是否安全并提出你的建议吗？

通过探究学习，水流（气流）也会与物体产生力的作用，水上飞人就是靠水的冲力平衡掉重力的作用，二力平衡，运动者才会悬停。

摩托艇通过软管将水高速向上喷，到达飞鞋后向下喷出，以水为研究对象，受到向下的作用力，改变了运动状态，运动者则受到了向上的冲力。查找相关设备的资料，根据我们学习的动量知识，估测飞鞋出水口的水流速度；估测摩托艇要完成此项运动所需功率，与查找的相关参数比较，验证你的探究结果是否可靠。

任务四：做一做“水火箭”

下面我们分成小组，分工合作，利用学习成果，动手制作一枚水火箭，利用水的冲力把“火箭”送上天吧！我们需要记录制作过程，完成实验报告及实践过程中的反思，请大家努力做好自己的工作。

我们需要哪些器材？需要什么工具？怎样制作？

请同学们制定比赛流程及比赛规则，选出比赛裁判，比一比谁做得好。

例如：水火箭比赛：

比赛内容：

1. 制作精美
2. 射程远
3. 射高远

4. 创意创新等

供稿人：张国玉

第五节　必修二实践物理专题研究：太空探索的过去和现在

浩瀚的星空总是能引起我们的无限遐想，宇宙中的奥秘是人类永恒的向往与追求，而探索宇宙的热情也引领着人类前进的脚步。从古至今，我们探索的脚步从未停止，从地心说到日心说的艰难转变，从行星运动规律的认识过程到牛顿建立万有引力定律，人们的探索经历了怎样的波折？这个主题将会引领你探寻人类探索太空的过程。

主题一：历史的足迹

一、如何解释行星的逆行

项目背景：当我们的祖先惊叹星空的玄妙时，他们就开始试图破译日月星辰等天文现象的奥秘……那时，多数人都自然地认为，地球是静止不动的，太阳、月球和星星从头上飞过，地球是宇宙的中心。

我们的祖先发现，尽管所有星辰每日都要东升西落，但绝大多数星星的相对位置都几乎是固定的，几百年内不会发生肉眼可见的变化，它们是“恒星”。然而，水星、金星、火星、木星、土星这五颗亮星则在众星的背景前移动，有的在几个星期中就能发现它的位置变化，所以它们叫做“行星”。细心的观察表明，行星并非总向一个方向移动。大多数时间它相对

于恒星由西向东移动，但有时却要停下来，然后向西移动一段时间，随后又向东移动，这个现象叫做行星的逆行。

为了解释行星的逆行，古希腊人提出一个理论，这个理论在公元2世纪由伟大的古代天文学家托勒密完善而成。

任务一：请你上网查阅资料，了解什么是“本轮”“均轮”，说明托勒密对行星运动的主要观点，他是如何解释火星的逆行的？

任务二：托勒密的观点中，一个本轮与一个均轮还不能十分准确地解释行星的运动。为了与观察结果更好地符合，每个行星需要不止一个本轮，结果“轮上轮”的总数达到80多个，并且还要引入“偏心点”和“偏心等距点”等概念。对此观点你有何看法？

二、思想的艰难转变

项目背景：公元1543年，波兰的一位长者哥白尼临终前在病榻上为其毕生致力的著作《天体运行论》签上了自己的姓名。这部书预示了地心宇宙论的终结。此前一个世纪，文艺复兴带来的思想与艺术的繁荣在意大利萌发并已扩展到全欧洲。哥白尼坚信宇宙与自然是美的，而美的东西一定是简单与和谐的。托勒密的宇宙图景与他的信念不一致。文艺复兴解脱了束缚人们头脑的枷锁，哥白尼采取了比前人更广阔的视角来洞察自然。就像那个时期艺术家们的眼光超越了宗教艺术、哥伦布的眼光超越了欧洲一样，哥白尼的眼光超越了地球。他把地球看成空间的一个物体，一个与其他天体相似的物体。这个观念是如此开放，以至于在他面前，地球中心宇宙观显得那么狭隘和偏执。

任务一：请你简述哥白尼的主要观点，并说说哥白尼的和托勒密的有哪些相似的地方？

任务二：哥白尼是否能解释行星的逆行现象，与托勒密相比，解释方法有什么不同？其中最主要的不同是什么？

任务三：请你了解哥白尼生活的时代背景，你认为哥白尼的观点当时不被广泛认可的原因是什么？

三、更精确的数据来了

哥白尼去世后第三年，第谷在丹麦出生了。他全身心投入到行星位置的观测中。

第谷发现当时人们对天象的预测十分不准确，对天文观测也不够重视。而第谷的想法得到了丹麦朝中一个大臣的赏识，随即被举荐给当时的国王——腓特烈二世。1576 年丹麦国王将汶岛赐予第谷作为新天文台台址，并许诺他一笔生活费。于是，第谷在丹麦与瑞典间的汶岛开始建立观天堡，这是世界上最早的大型天文台，在这里设置了四个观象台、一个图书馆、一个实验室和一个印刷厂，配备了齐全的仪器，耗资黄金 1 吨多。在第谷以前，人们测量天体位置的误差大约是 10′，第谷把这个不确定性减小到 2′。他的观测结果为哥白尼的学说提供了关键性的支持。

任务：要知道当时望远镜还没有被发明出来，结合你查阅的资料，说说第谷是怎样开展他的研究的？他在哪方面对人们研究天体运动有突出贡献？

四、不容忽视的 8′——成就重大“天机”

开普勒是第谷的学生，他相信哥白尼的学说，所以开始时他按行星绕太阳做匀速圆周运动的观点来思考问题。在他对火星轨道的研究中，70 余次尝试所得的结果都与第谷的观测数据有至少 8′的偏差，是第谷测量错了吗？开普勒对第谷数据的精确性深信不疑。他想，这不容忽视的 8′也许正是因为行星的运动并非匀速圆周运动。至此，人们长期以来视为真理的观念——天体在做“完美的”匀速圆周运动，第一次受到了怀疑。此后，他

经过多年的尝试性计算，终于发现并先后于 1609 年和 1619 年发表了行星运动的三个定律。

为此，开普勒曾欣喜若狂地说："16 年了……我终于走向光明，认识到的真理远超出我的热切期望。"的确，把几千个数据归纳成如此简洁的几句话，这是极为杰出的成就。开普勒享受了科学探究的乐趣，享受了人生的满足。不过，开普勒并不知道，他所发现的三个定律蕴涵着极其重大的"天机"，那就是万有引力的规律。

任务一：8′相当于多少度？椭圆轨道如何画？请你先尝试画出 8′，再画出椭圆轨道。

任务二：开普勒能够得到行星运动定律的原因有哪些？

任务三：开普勒定律从运动学的角度描述了行星的运动，开普勒行星运动定律对地球卫星的运动也是适用的，请模仿开普勒行星运动定律，表述一下"卫星运动定律"。

卫星运动第一定律：

卫星运动第二定律：

卫星运动第三定律：

任务四：请你查阅行星轨道数据，高中物理教材当中说道"行星绕太阳的轨道十分接近圆"，到底有多接近呢？请你根据查阅的资料进行说明。

任务五：开普勒定律只是从运动学的角度描述了行星的运动，并没有指出行星运动的本质原因，那么行星为什么会这样运动呢？

主题二：天地统一

一、行星运动的原因

项目背景：历史上有许多科学家都对行星运动的原因提出过自己的见

解。比如，胡克等人认为，行星绕太阳运动是因为受到了太阳对它的引力，甚至证明了如果行星的轨道是圆形的，它所受引力的大小跟行星到太阳距离的二次方成反比。由于当时没有关于运动和力的清晰概念（就是现在的 $F=ma$），因此，他们无法深入研究。到了牛顿的时代，他据此揭开了行星运动本质的面纱。

任务一：牛顿第一定律的内容：一切物体总保持静止或匀速直线运动状态，直到有外力迫使它改变这种状态为止。牛顿据此揭开了行星运动本质的面纱。如果你是牛顿，会据此怎样思考行星运动？

任务二：利用圆周运动的有关知识，回答下面的问题。

（1）若行星绕太阳的运动可看作是匀速圆周运动，只考虑某一行星和太阳之间的相互作用，太阳与行星间引力的方向是什么方向？为什么？请画图说明。若行星的质量为 m，速度为 v，行星与太阳间的距离为 r，尝试写出太阳对行星的引力 F 的表达式。

（2）当时天文观测可以测得行星公转的周期 T，而行星速度 v 未知，据此将向心力即太阳对行星的引力 F 的表达式改写一下。

（3）利用开普勒第三定律，写出太阳对行星的引力 F 与 m、r 的关系式，此式说明太阳对行星的作用力跟哪些量有关？有什么关系？

（4）从运动的角度看，太阳起着支配行星运动的作用。如果仅就引力的性质和大小而言，从牛顿第三定律的角度看，太阳和行星的地位如何？假设把太阳和行星调换一下位置，根据（3）的结果说出行星对太阳的引力跟哪些量有关？有什么关系？你认为这样的假设是“大胆胡说”还是“神来之笔”？

（5）如果是“神来之笔”，你觉得太阳和行星之间的引力跟哪些量有关？有什么关系？写出这个引力的表达式，说明式中各物理量的意义。利用“调换位置”的假设，为学生的思考搭设台阶。

二、天地的力是否相同

其实，这个“神来之笔”的大胆假设源于牛顿敏锐、深刻的洞察力，使得他完美地得出太阳和行星之间引力的关系式。地球与月球之间的力跟太阳和地球之间的力是同一种力，这个好理解接受。而苹果落地的事实，让牛顿提出了地球对月球的引力是否跟地球对苹果的吸引力是同一种力的问题。

任务：思考以下问题。

（1）假设地球 $m_{地}$ 对月球 $m_{月}$ 的作用力与太阳对行星的作用力是同一种力，设 r 是地心到月心之间的距离，其力的表达式是怎样的？

（2）月球在这个力的作用下做什么运动？其向心加速度 $a_{月}$ 的表达式是怎样的？

（3）假设地球对地面上苹果的力也是同一种力，其表达式是怎样的？

（4）苹果在这个力的作用下做什么运动？其加速度 $a_{苹}$ 的表达式是怎样的？

（5）求 $a_{月}$ 与 $a_{苹}$之比是多少？

（6）已知月球与地球之间的距离 $r=3.8\times10^{8}\text{m}$，月球公转周期 $T=27.3d$（约 2.36×10^{6} s），重力加速度 $g=9.8\text{m/s}^{2}$。求 $a_{月}$ 与重力加速度之比是多少？它与理论推导值相等吗？是否验证了前面的假设？

三、引力常量 G 如何测量

牛顿在提出万有引力定律时，没能给出引力常量 G 的值，这极大地限制了万有引力定律的应用。两物体之间的力很难用实验的方法测量，因此也很难测出 G 值。在万有引力定律发表大约一百年后，英国的米切尔设计了一种专门用来进行引力实验的仪器——扭秤，从而使在实验室中测定引力常量成为可能，但他在扭秤还没有制作完成时就去世了。1798 年，卓越的英国物理学家卡文迪什在米切尔的基础上完成了扭秤的制作，并做了重要的改进。由于扭秤悬丝的扭转角度非常微小，一般不易直接观察出来，更难以比较准确地测量，卡文迪什在悬丝上附加一平面镜，镜面随悬丝的扭动而偏转，偏转角可用光学方法加以显示，就能测得比较准确。那么这样的方式能将扭秤悬丝的扭转角度放大到什么程度呢？

任务一：如图 4－86 所示，如果平面镜 M 绕 O 点逆时针转过 θ 角，求反射光线转过的角度。若测得 O 点到刻度尺 N 的距离为 10m，反射点在刻度尺上扫过的长度 PQ 约为 2.9cm。估算平面镜转过的角度 θ（已知 $\sin10' \approx \tan10' \approx 0.0029$）。这里用了什么思路方法？

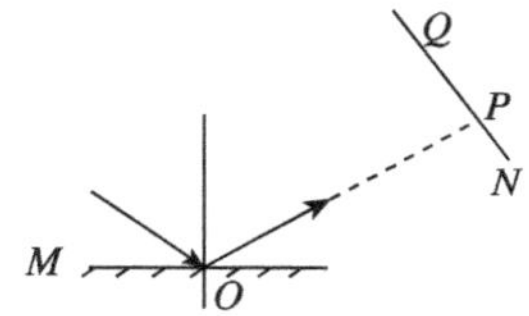

图 4－86　利用平面镜放大位移简图

任务二：谈谈为什么卡文迪什的扭秤实验能被评为“十大最美实验”？

任务三：由以上讨论，你能帮牛顿得出一个什么样的结论？可以推而广之吗？实际上，自然界中任何两个物体 m_1、m_2之间都存在相互吸引力，称为万有引力。请写出万有引力的表达式（万有引力定律），说明式中各物理量的意义。

主题三：宇宙航行

项目背景：万有引力理论使人类实现了“飞天”梦想。在航天技术方面，最早发展的是苏联和美国，其在 20 世纪 60 年代初突破并掌握载人航

天技术，之后形成了长达40多年的垄断，这足以证明载人航天是人类航天技术的最高技术之一。1992年9月21日，中国载人航天工程也正式开始。在中国航天飞速发展期间，美国曾以各种理由拒绝中国进入国际空间站，然而，中华儿女却凭借自己的坚韧与智慧造成了自己的空间站，成为世界上第三个独立掌握载人航天技术的国家。这个格局，目前仍未被第四个国家打破。

神舟十三号于2021年10月16日00时23分发射，航天员乘组由翟志刚、王亚平、叶光富组成。此次发射在太空站停留6个月，于2022年4月16日返回地面。那么中国是如何把卫星或是宇宙飞船送上天的呢？飞船又是如何调整到与空间站统一轨道并与之对接呢？

一、飞船的发射速度

火箭相当于地球与太空之间的快递小哥，只不过火箭运送的是太空飞船或是物资、卫星等。搭载神舟十三号载人飞船的是长征二号F遥十三运载火箭，它们在酒泉卫星发射中心按照预定时间精准点火发射，约582秒后，神舟十三号载人飞船与火箭成功分离，进入预定轨道。火箭圆满完成任务，此后便落回地球，与稠密的大气层摩擦而烧毁。可见，火箭的作用在于将飞船送到太空中的预定轨道，那么火箭的速度至少要达到多少才能将飞船送到太空中呢？同学们理解火箭的作用吗？知道火箭和飞船的区别吗？

任务一：按照牛顿的设想，在忽略空气阻力的情况下，在地面上以越来越大的水平速度抛出物体，物体还做平抛运动吗？物体达到什么速度，将不再落回地面呢？

任务二：火箭的速度通过什么方式能达到7.9km/s如此之快（联想7.9km可以从学校去哪）？

任务三：查找神舟十三号发射的视频资料，观察火箭、飞船的飞行姿态是怎样的？你认为哪个阶段要达到第一宇宙速度能使飞船绕地球做圆周运动？

二、飞船的变轨问题

飞船上天之后，要与空间站进行对接。神舟十三号载人飞船采用自主快速交会对接的方式，首次径向与空间站进行对接，与以往神舟十二号的轴向对接相比，技术更加困难。对接后，中国空间站实现核心舱、2 艘货运飞船、1 艘载人飞船共 4 个飞行器组合运行。那么飞船是如何调整到与空间站统一轨道、并与之对接呢？

任务一：如果飞船上没有动力装置，可以在轨道上运行吗？假设飞船离地球很近（轨道半径看作地球半径），飞船的无动力运行的速度是多少？

任务二：了解飞船的结构，脱离火箭后，飞船可以调节自身的角度、速度吗？如果可以，通过什么装置来调节？我们经常看到飞船或者卫星会伸出长长的“翅膀”，这个翅膀有什么作用？

任务三：赤道发射卫星与酒泉发射卫星相比，有什么好处？我国为什么在文昌建设卫星发射基地？

任务四：飞船如果加速，将会做什么运动？加速一段时间后停止，飞船将如何运动？

任务五：高轨道运行的航天器与低轨道运行的航天器相比，线速度、角速度、周期和向心加速度有什么变化？若要实现低轨道到高轨道的变化，应该如何做呢？

任务六：反之，若是实现高轨道到低轨道变化，应该如何做呢？

三、脑洞大开：与地球同步的飞船

下面请你充分发挥想象力，结合理论分析，完成下列任务。

任务一：假设你想监测家里的狗狗，让飞船时刻保持在你家的上方，那么你所处的轨道与周期应该有什么特点？这种情况可能发生吗？为什么？（注意：飞船携带的燃料有限）

任务二：有一个著名旅游地叫做巴厘岛，查查巴厘岛的位置，假设你想在太空中一直观看巴厘岛的美丽景色，那么你所处的轨道与周期应该有什么特点？这种情况可能发生吗？为什么？（注意：飞船携带的燃料有限）

任务三：如果你想让飞船与地球同步运行，你的运行轨道半径是多少？与近地卫星相比，你觉得这个距离大还是小？需要的发射速度更大还是更小？

任务四：经过上述计算，请你查阅资料，如何把飞船发射到此轨道？

供稿人：吴晓天

第六节　必修三专题研究：家用电器中的“场”和“路”

同学们，随着人们生活水平的逐渐提高，各种家用电器的使用越来越普遍，例如，有大家常见的电冰箱、电视机、电灯、电风扇等，除此之外，还有更加智能化的音箱、静电除尘器、声控开关等，这些电器蕴含了哪些物理原理呢？结合我们本学期学习的电路和电磁场的知识，如果让你从“场”和“路”的视角来深入分析各种电器的工作原理，你会围绕哪些物理问题展开呢？

【探秘家用电器静电除尘器中的物理奥秘】

项目背景：

随着人类文明的进步，各行业在高速发展的同时，也给人类带来不少麻烦，例如，空气污染一直是居住在城市中的人们高度关注的问题，各类空气净化器相继问世，其中自然少不了对电场和磁场相关知识的应用。如果让你从“场”和“路”的视角来深入分析各类除尘器的工作原理，你会围绕哪些物理问题展开呢？

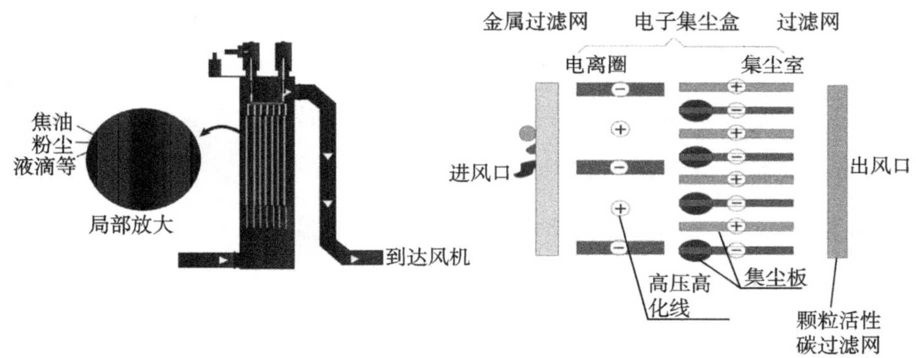

图 4－87　静电除尘器实物和内部构造简图

我们对任何物理问题的分析都是围绕着是什么、为什么、还有什么来展开的。而对于电学的问题，我们要透过现象看本质，其实“场”和“路”同样离不开“力”和“运动”。那么，我们再一次回归到从运动性质分析入手，测量相关物理量，了解其特点。在此基础上从动力学的角度解释其运动特点，从而解决实际问题，其思维的逻辑框架如图 4－88 所示。

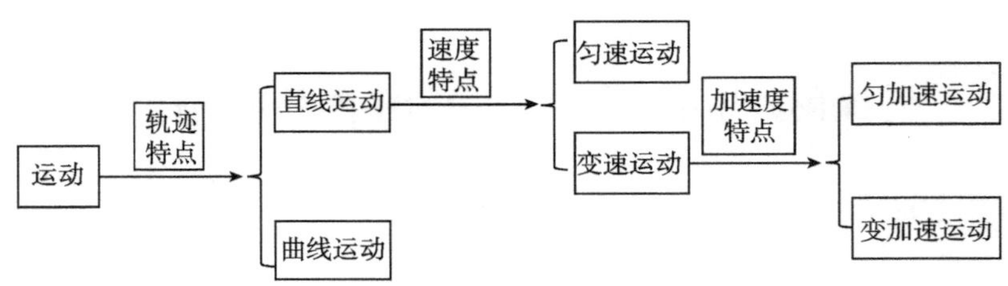

图 4-88　方法迁移—解决力和运动问题的思维逻辑图

任务一：　自主学习几种常见净化器的原理

净化器的工作原理是什么呢？到底运用了哪些物理知识呢？

我们围绕着是什么、为什么、还有什么来展开研究，按净化原理进行分类，净化器主要有以下几种。

（1）过滤吸附型：这种类型的净化器靠的是什么材料和机制吸附空气中的悬浮颗粒，消除有害气体，从而净化空气的呢？

（2）静电除尘型：顾名思义，该类型的净化器一定和静电有关，那么它是怎样通过静电原理消除空气中的污染物和尘埃，达到净化空气目的的呢？

（3）复合型：利用过滤和静电除尘方式净化空气。

“静电除尘器”肯定和电学知识紧密相关，主要是利用阳极放电原理，使空气中的粉尘带上正电荷，然后借助静电力作用，将带电粒子收集在集尘装置上，达到除尘、净化空气的目的。那么，这里主要包括哪些物理过程呢？

请同学们查阅相关资料，进一步深入学习净化器的类型、工作原理及涉及的主要物理知识吧！

任务二：自主学习静电除尘“场”与“力”的关联

静电除尘器的工作原理具体为荷电粉尘的捕集过程。在两个曲率半径相差较大的金属阳极和阴极上，通过高压直流电，维持一个足以使气体电离的电场，气体电离后所产生的离子——阴离子和阳离子，吸附在通过电场的粉尘上，使粉尘获得电荷；荷电极性不同的粉尘在电场力的作用下，分别向不同极性的电极运动，沉积在电极上，从而达到粉尘和气体分离的目的。静电除尘原理如图 4－89 所示。

同学们，以上对于静电除尘器工作原理的介绍中，提及库仑力的作用，你应该知道库仑力其实就是电场力，是电荷之间通过“场”来实现力的作用的。所以，“场”和“力”是分不开的。在电学中，我们是不是可以继续沿用力学模块中的研究思路，即从力与运动的视角来深入分析静电除尘的原理呢？如果可以，你将会围绕着哪些物理问题展开呢？

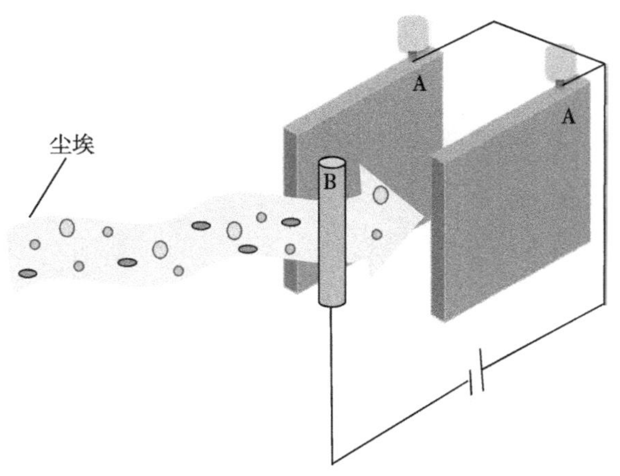

图 4－89　静电除尘原理图

在研究具体物理问题时，首先要想到的是确定研究对象，然后围绕是

什么、为什么、还有什么这一思路展开研究和分析。我们可以猜测，库仑力是否与“电”有关？如果有关，那在动力学中的研究思路是不是能迁移过来呢？而对于动力学的问题，要对所研究的对象进行受力分析，对运动要进行性质分析。另外，“电”和“力”显然有所不同，那是否也要建立相关的物理概念呢？建立相关物理概念，了解其物理意义，在此基础上从动力学的角度解释其运动特点，从而解决实际问题。

遇到综合性强的多过程问题时，要学会应用分解的思想，将大过程细化成小过程进行分析，最后将小过程中的核心问题进行有效衔接，再结合成一个整体进行综合分析和认识，在逐步认识问题本质的同时，科学思维也得到提升。

探究静电除尘中的物理问题时，你可以参考图 4 -90 所示的逻辑框架进行研究，当然，同学们如果有自己的想法，那再好不过了！

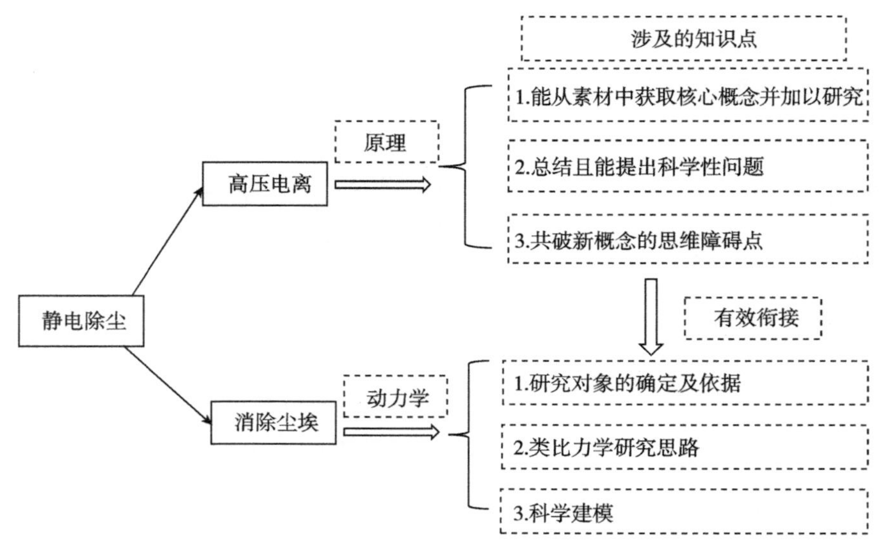

图 4 -90　研究静电除尘动力学问题逻辑图

1. 探寻静电力产生的机理

电子绕核运动的向心力来源是静电力，自由电子在高压下被电离，在静电力的作用下，又与其他的空气分子碰撞，并被俘获，结合成带负电荷的负离子。以上两个过程中都受到了静电力，那什么是静电力呢？库仑定律表明，真空中两个相互隔开的点电荷相互之间的作用力就是静电力，那它产生的机理又是什么呢？

我们可以参考以下的思路来思考该问题。

(1) 提出猜想：既然力是物体之间的作用，那么相互隔开的点电荷之间的作用是否需要媒介来传递？若不需要媒介作为桥梁，那它们之间的作用怎么发生的呢？

(2) 验证猜想：我们怎么验证自己的想法是否正确呢？设计验证实验或者是查阅相关文献，请同学们以学习共同体的形式，发挥团队的力量来解决这个问题吧！

(3) 得出结论：无论你采用什么方式来解决你的困惑，请同学们小组内分享你们的成果，最终得出结论。

(4) 提炼反思：整个过程，你收获了什么知识和方法呢？我们要学会及时做好反思提升哦！

2. 探究隐在空间中的“场”的产生机理和特点

电场是客观存在的一种物质形态，具有能量和动量等属性，它分布在我们身边，那么电场是如何产生的呢？按照产生机理不同，如何将电场进行分类呢？不同的电场各自又有什么特点呢？

电场离不开电荷，我们可以先从最简单的情况入手再拓展到复杂情况。比如，真空中只有静止的电荷分布，没有其他由原子、分子构成的物质存在，那么这种静止的电荷产生什么样的电场呢？导体和绝缘体中的电场又是怎么产生的呢？运动的电荷会产生电场吗？这样的场和静止的电荷

产生的场有何不同？同学们可以沿着以上的问题进行研究哦！

3. 电场性质的描述——如何建立电场强度、电势概念

电场是客观存在的一种物质形态，但是它看不见，摸不着，这些特性不能明显地表现出来，那我们该怎么研究电场的一些性质呢？同学们可以借助以下思路进行探讨。

（1）研究方式：直接研究还是间接研究呢？一个研究对象的物理特性，不仅仅是自己直接显示出来的，有时需要借助对象与其他物体发生的相互作用间接地体现出来。对此你有什么启发呢？

（2）寻找发生作用的物体——试探电荷 q。什么是试探电荷？它的作用是什么呢？试探电荷应该具备怎样的条件呢？

教师引导：为了定量地了解电场中任意一点的电场性质，可以借助一个试探电荷 q，将该电荷放入电场中某个位置，通过分析它受到的电场力情况以及电场力做功情况，得出相应的结论。

（3）规律迁移，解决问题。

你能应用所学的重力场中相关知识解决上述问题吗？

拓展问题：初中我们学习过了磁场，那么磁场又是怎么产生的呢？磁场可以分为哪几类呢？我们又该如何描述磁场的特性呢？磁场和电场有什么联系呢？请同学们展开智慧的翅膀进行探究吧！

任务三：从物理学的视角分析静电除尘中的研究对象及运动性质

1. 研究对象的确定

物理问题的研究离不开研究对象，确定了对象才能进一步深入研究。思考静电除尘整个过程中的第一个环节高压电离时，什么是问题的研究对象呢？研究对象参与运动的模型又是怎样的？阐述你的理由。

通过前面知识的学习，我们应该很清楚，要将研究对象的运动阐述明

了，通常要将研究对象进行简化处理，必要时要建立理想化模型，例如，在力学中学习过的“质点”。我们复习一下将对象看成质点的条件：当研究对象的大小和形状较之研究过程忽略或研究对象上各点的运动情况完全相同时，在描述物体运动时，我们可以把物体的质量赋予这个点上，它就可以看成质点了。

通过类比迁移，你是否找到了“电”学这一模块中类似于“质点”的理想化模型呢？想一想高压电离，电离出什么物质？

在高压放电的原理介绍中得知，空气中的残留离子为什么能与空气中的气体分子碰撞并发生能量交换？它们的能量从何而来？

得到能量后，空气中气体分子最外层轨道的电子会怎么样呢？它会摆脱原子核的束缚吗？那么，这里的研究对象是不是就是“自由电子”了呢？

接下来的研究可以通过以下思路进行，如图 4 −91 所示。

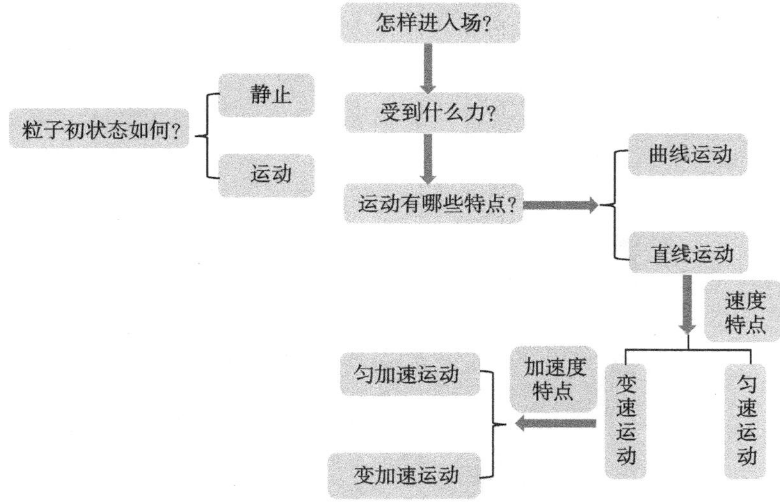

图 4 −91　研究带电粒子运动性质的思路

2. 运动特点的研究（速度和加速度）

围绕核心概念和规律，借助简单情境的模型构建，多角度探究分析，深层全面地理解主干知识，而整个探究过程中，知识点是“明线”，而知识背后隐含的科学方法是“暗线”，我们要把蕴含在知识载体中的科学方法以及思维能力提炼出来。

在高压放电的原理介绍中得知，空气中气体分子最外层轨道的电子由于得到能量而摆脱其原子核的引力成为自由电子。那最外层电子绕原子核运动受到的引力是什么力呢？产生的加速度又是多少呢？速度变化吗？运动的模型又是什么呢？

受力分析及运动状态分析这一解决问题的思维方法贯穿整个高中物理学习的始终，这是解决问题的关键一步，对于该基础点，同学们不能忽视。

图 4－92 所示的是原子行星模型，很形象地展示了电子绕核运动的轨迹，由这幅图你是否联想到了万有引力中行星绕恒星或者是卫星绕行星的运动模型呢？在万有引力知识模块中我们知道，行星绕恒星或者是卫星绕行星的运动模型是匀速圆周运动，且万有引力提供向心力，其中万有引力的表达式为 $F_{万}=\frac{GMm}{r^2}$。

图 4－92　原子行星模型

那电子绕核运动的引力是否是万有引力呢？如果是，应该是多少呢？我们别忘了，电子是带电的，除了万有引力外，还有什么力可以提供向心力呢？

1785 年，库仑从扭秤实验结果总结出了点电荷之间相互作用的静电力所服从的基本规律，称为库仑定律。通过查阅资料，你能发现在氢原子内，氢原子核中质子所带的电荷量与电子带的电荷量的关系吗？另外，氢原子核与电子之间的最短距离为多少呢？质子质量和电子质量分别又是多少呢？基于以上数据，你能判断出电子绕核运动的向心力来源吗？

通过计算及与万有引力定律知识的对比，不难判断电子的运动模型是匀速圆周运动，速度大小不变，方向时刻在变，而静电力产生了向心加速度。

任务四：　从物理学的视角分析静电除尘中尘埃消除时的运动性质

1. 带电尘埃加速度变化规律研究

电场是物质存在的一种形态，它分布在一定范围的空间里。通过前面分析，我们已经知道了带电粒子受到的静电力是因为电场的作用，那在尘埃活动的区域内，受力大小和方向是如何变化的呢？加速度又是如何变化的呢？

对于这一点，我们可以类比点光源。通过常识也能判断，点光源附近的光强度要比远处的强度大，距离越大，光亮会逐渐消失。对于静止的点电荷在周围激发的电场，道理也是一样。带电尘埃在运动区域内受到的静电力大小不同，方向也不一定相同，所以速度和加速度是变化的。

2. 拓展思考——电场强度的测量方法有哪些呢

大家知道了电场强度的物理意义，那有没有直接的方法测量电场强度呢？希望同学们积极地搜索资料，加以总结哦！

3. 想一想，做一做——“简易静电除尘器的制作”

你们想自己动手做一件简易的静电除尘器吗（如图 4－93 所示）？你知道吗，你家里很多废弃的东西都可以作为静电除尘器的制作材料哦。比如，一个没有底的空塑料瓶、一根铁锯条或者细铁丝、一块易拉罐（金属片）或者小时候有些玩具上的金属薄片、一盘点燃的蚊香……还有其他很多可以用的材料。请同学们试着动手做一个静电除尘器吧！

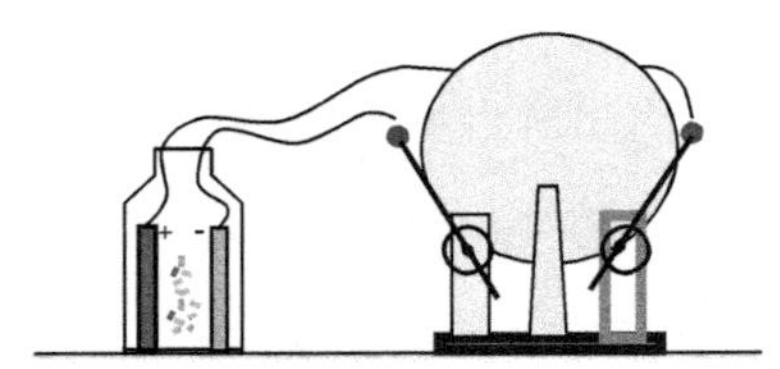

图 4－93　自制静电除尘器参考示意图

【探秘家用电器燃气灶点火的物理奥秘】

项目背景：

现在家家几乎都有燃气灶，它成了生活必需品，无论是品种、材料、功能和性能都越来越先进，甚至有自动化和智能化燃气灶。那么，关于燃气灶点火方式中的“电路”和“场”的知识，你会围绕哪些问题进行展开研究呢？

任务一：自主学习燃气灶的点火方式

燃气灶点火方式有哪些？到底运用了哪些物理知识呢？

燃气灶点火方式有很多种，目前主流的点火方式有电子脉冲点火和压电陶瓷点火两种。在嵌入式灶中多数采用电子脉冲点火装置，因为这种方式使用非常方便，只要将开关扭到某个位置就点着火了，点火率也很高，接近100%，唯一的缺点就是需要定期更换电池。在台式灶中常用压电陶瓷点火方式，这种点火方式不需要电池，但点火成功率取决于环境湿度，若湿度过大则不易点着，且这种点火方式需要一直按着开关才能打着火，相比电子脉冲点火比较慢。下面，我们重点研究电子脉冲点火。

任务二： 自主学习电子脉冲点火的主要工作原理

1. 探究电子脉冲点火的“场”

电子脉冲点火原理：电子脉冲点火的基本原理是电磁感应，需要高频电压，这可以通过“高频振荡器”来产生，再用“升压变压器”将电压升至15kV以上，最后，通过尖端放电，产生电火花点燃天然气。电子脉冲点火过程简图如图4－94所示。

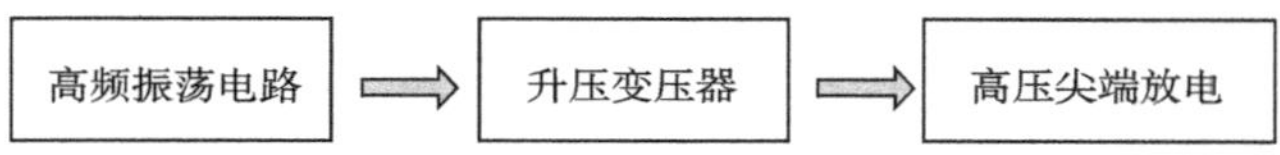

图4－94 电子脉冲点火过程简图

此过程离不开电路知识，通过前面章节的学习，我们知道电路其实和电场是有关联的，电压是描述“电场”能的性质的一个重要的物理量，那么通过变压器让电压升高的过程中，除了上一节介绍的电场之外，还有什么“场”呢？这样的场和上一节中的“场”有何不同呢？

电压通过变压器升高其实是电磁感应在科技发展中的应用，而电磁感应离不开电路和磁场。借助以前的研究思路，我们能否定义磁场？

磁场的本质是变化的电场，而运动的电荷周围有变化的电场，电流是由定向运动的电荷形成的，所以电流周围有磁场（也称为电流的磁效应）。为了描述磁场的特性，可借助研究静电场的方法。在引入电场强度E这个物理量来描述电场时，我们引入一个试探电荷q，用试探电荷的电场力来

表征电场的特性。通过类比，我们在磁场中引入运动试探电荷（或载流导体），通过磁场对运动试探电荷的力的作用来描述磁场。最终，引入磁感应强度 B 定量描述磁场中各点力的特性。

不过，在实验过程中，又会有新的发现。

运动试探电荷在磁场中所受磁力的大小与运动试探电荷的速度方向有关，但磁力方向总与电荷速度方向垂直。进一步的实验发现，在某个特定方向时（试探电荷的速度方向与磁场平行），磁力为零；而在另一个特定方向时（试探电荷的速度方向与磁场垂直），磁力最大，类比电场强度 E 的定义，你能得出磁感应强度 B 的定义式吗？

任务三：如何从“场”的观点认识电路

初中我们学习过电路，知道了电路中涉及的电流、电压、电阻、电功等概念，那么你知道它们是怎么形成的吗？这些物理概念与上一节学习的电场有什么联系呢？

说到电路，一般就要提到金属导体，你知道金属导体内部是什么样的吗？你能否建立一个理想化模型来解释电流形成的原因呢？

1. 探究电子定向运动的动力——恒定电流场

金属导体中存在着大量可以自由移动的电子，在没有受力的情况下，这些电子只会做无规则的热运动。这些热运动不会引起电子的定向运动，也就不会形成电流。如果给电子施加一个电场力，电子便在电场力的作用下，形成了有规则的宏观的定向运动，于是形成了电流。

通过以上分析，同学们应该清楚了要想在电路中形成电流，必须要有电场，那么这个电场是怎么建立的呢？如果要求电流是恒定的，那么这个电场是不是也该是恒定的？神奇的电路该如何达到上述要求呢？请同学们查阅资料进一步探究吧！

2. 电路中的“心脏”——电源

如果要在电路中建立恒定的电场，必须有一种特殊的装置，这个装置能提供一种将正电荷不断地从负极搬回正极，最终在两极间形成稳定电势差的力。这种装置便是电源，它是电路中的“心脏”。

那么，上述提到的将正电荷不断地从负极搬回正极的力是静电力吗？如果不是静电力，那应该是什么力？这种力有什么作用呢？弄清楚了这种力的作用，我们再反思电源为什么会成为电路的“心脏”？

拓展问题：电流做功的本质是什么呢？

初中我们学习了电功这一概念，也学习了功的概念，那么，电流做功和力学中提到的功是一回事吗？

【写一写】 假如你是一个电子，遨游在神奇的电路中，发挥你的想象，并建立合适的模型，从力和运动、做功和能的角度梳理电子在电路中的艰辛历程，进一步理解焦耳定律的微观本质吧！

任务四：探究电子脉冲点火中的“路”

进一步查阅资料我们可以发现，电子脉冲点火经历几个过程，但是都离不开电路（如图 4－95 所示），而此处的电路属于振荡电路。那什么是振荡电路呢？电路中的能量是怎么转化的呢？我们该怎样研究呢？

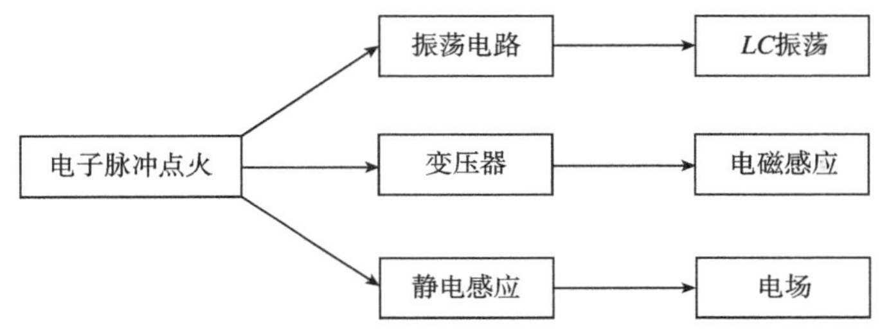

图 4－95　电子脉冲点火主要电路

LC 振荡电路工作原理离不开电容和电感，那电容和电感分别是什么呢?

电容：用于描述电容器储存电荷本领强弱的物理量，在电路图中常用大写字母 *C* 表示。电容器就是这样的电子元件，最简单的结构为“彼此绝缘且相互靠近的导体”。

将电容器与电源相连即可对电容器充电。如图 4－96 所示。

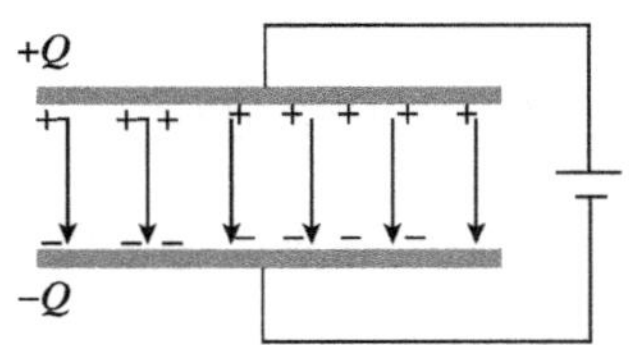

图 4－96　电容器中的场

电感：电感线圈（用绝缘导线绕制）会抵制通过线圈中的电流的变化。这种电流与线圈的相互作用关系称为电感，也称为感抗。在电路图中通常用字母 *L* 表示。在电路中一般画成图 4－97 所示的样式。

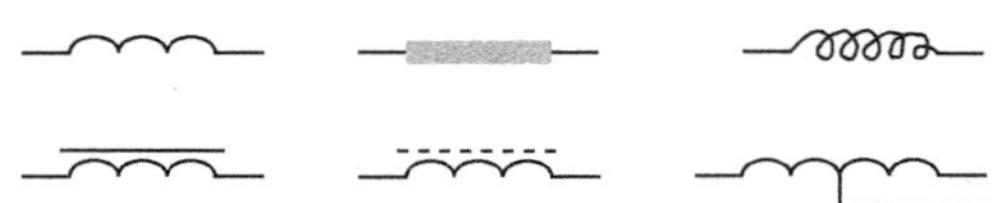

图 4－97　电感典型的电学符号

当电容与电感组合在一起时，可以构成神奇的 *LC* 振荡电路，输出振荡电流（或电压）。

探究振荡电路的工作原理

LC 电路，也称为谐振电路，电路结构如图 4－98 所示，那么，*LC* 电路是如何形成振荡电流或电压的呢?

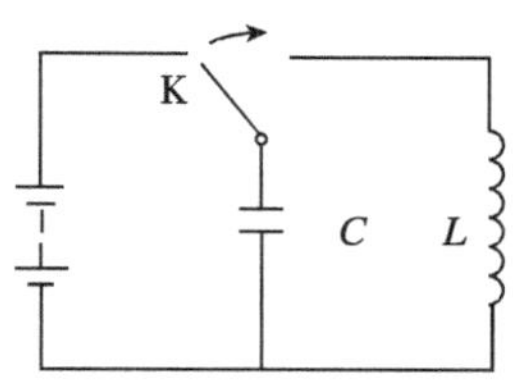

图 4－98　*LC* 振荡电路

如图 4－98，当开关 K 转向左边时，电源对电容器 *C* 充电，电容器很快会被充满电，此时，电容器两端电压等于电源电压；然后将开关转至右边，电容器便会和电感 *L* 构成放电回路。放电的过程也是电容器中的电场能向电感线圈中磁场能转化的过程。我们知道，电容是储存电荷的重要元器件，当开关 K 转至左边时，电容器 *C* 被充电，其电压很快达到电源电压，这时把开关转至右边，电容器开始放电，电荷放完后，线圈 *L* 又将磁场能转化为电容器中的电场能，即要向电容器 *C* 反向充电，这样周而复始，形成振荡电路。

任务三：探究尖端放电原理

我们观察一下燃气灶头，会发现有一个或两个尖尖的头，如图 4－99 所示。

这是因为高压在尖端处更容易放电，形成电火花，从而点着燃气。那么尖端放电具体的原理又是什么呢?

尖端与灶头其他互相绝缘的部分形成高压，尖端表面曲率特别大，也就在尖端附近形成强电场，强电场导致尖端附近的空气被电离，被电离的正负电荷在强电场中定向移动，从而产生气体放电现象。一般尖端处是高电势，所以被电离出来的电子会被尖端吸引，而正电荷会被尖端排斥向远处飞去，形成所谓的“放电”现象。

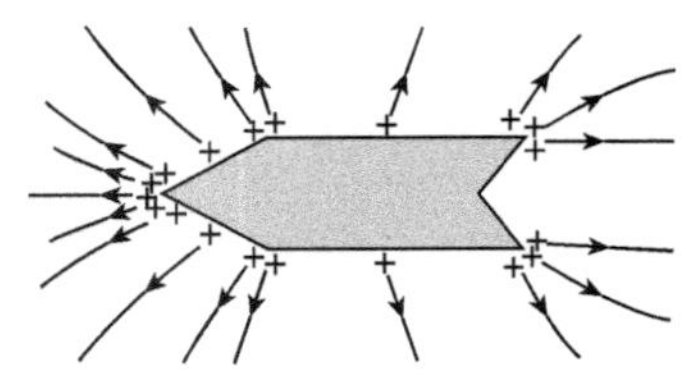

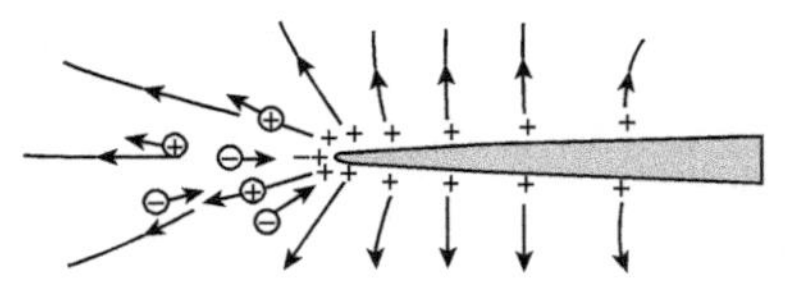

图 4 –99　尖端放电

尖端放电在很多地方都有应用，如避雷针、火花塞等，就连打火机中也有用到尖端放电。尖端放电会引起危险，在高电压设备中，为了避免尖端放电现象，常常将零部件表面做得十分光滑。

供稿人：李开武

【电磁炉的工作原理探究】

项目背景：

电磁炉使用起来非常方便，可适用于多种烹饪场景，它的特点是体积小、重量轻、效率高、省电节能且绿色环保。与普通的炉灶不同，电磁炉的加热过程没有明火产生，使用起来非常方便，是人们喜爱的厨房用具。

电磁炉既然可以加热食物，它的加热原理是什么呢？和其他众多加热电器相比，又有什么样的特点呢？在接下来的学习中，让我们一同探究，深入了解电磁炉的工作原理。

任务一：通过自主学习，了解电磁炉在使用方面的注意事项

1. 你使用过电磁炉吗？关于电磁炉你了解什么呢？

2. 为了更好地了解电磁炉，让我们先看看电磁炉的使用说明书，查看

电磁炉的使用禁忌事项。

3. 请大家仔细阅读说明书，画出其中与电学相关的问题，并总结其中的共性。思考：为什么使用电磁炉时会有这些禁忌操作呢？

4. 电磁炉上是否能放所有类型的锅具呢？请翻阅电磁炉的说明书，查看使用电磁炉时对锅具的要求，思考：为什么会有这样的要求呢？假设放上其他锅具，如陶瓷锅，电磁炉是否能将锅内食物加热？可以尝试一下！

电磁炉上不能使用铜锅和铝锅，原因是这两种锅体虽然能导电，但是导磁效果极差，如果将铝制或铜制的锅放置于电磁炉上，在两种金属内部是不能形成涡流的，或者说形成的涡流很小。

任务二：探秘电磁炉的内部结构，探究电磁炉的加热原理

为什么电磁炉加热与锅具有关呢？如果打开电磁炉，将一个鸡蛋直接打在上面，鸡蛋会变熟吗？请你大胆尝试！

我们还需要继续了解电磁炉内部的构造，来帮助我们了解它的工作原理。

1. 在老师的带领下，尝试拆下电磁炉的面板，探究其内部结构。

2. 查阅资料，说说电磁炉的加热原理主要是什么？其中涉及了哪些能量的变化？涉及哪些物理概念、规律？

观察电磁炉原理图，如图 4－100 所示，阅读下面内容，回答问题。

电磁炉是将电能转换为热能的一种电器，它的原理是电磁感应。在电磁炉的内部，有多个电路共同作用，从而导致电磁炉内部会发生一系列变化。首先是整流电路将 50Hz、220V 交流电压变成脉冲直流电压，再经过电容滤波、通过控制电路，最后会继续将直流电压转换成频率为 20kHz～40kHz 的更高频电压。

电磁炉的表面是耐热陶瓷板，陶瓷板下方是金属线圈。交变电流通过

时，线圈会产生高速变化的磁场，这种高频交变磁场作用于金属锅（需要既能导磁又能导电的材料），发生电磁感应现象，就会有强大的涡流产生。当涡流克服锅体的内阻流动时完成电能向热能的转换，所产生的焦耳热会令锅底迅速发热，从而使锅里的食物被加热。

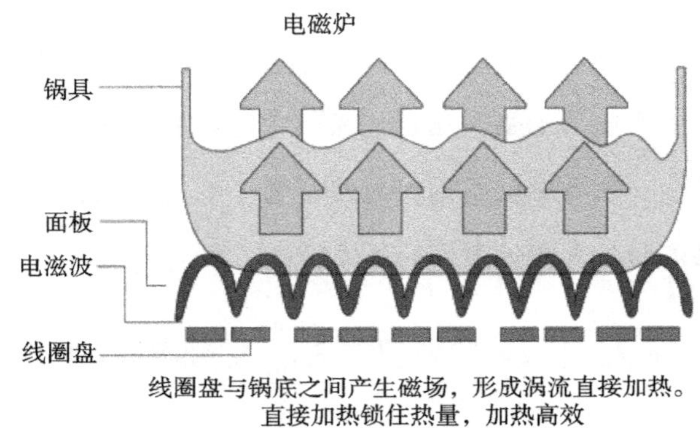

图 4－100　电磁炉工作原理简图

问题①：观察电磁炉的内部结构图，说说对加热起到主要作用的是哪些部件？

问题②：请自学法拉第电磁感应定律，结合电磁炉的内部结构，写出涡流是如何产生的。

当用一个磁棒切割导体线圈时，线圈的磁通量会产生变化，形成感应电流。也就是说，当一个导体处于变化的磁场中时，或导体相对于磁场运动时，在导体的内部就会产生感应电流。在电磁炉中，盘面上布满导线线圈，通电后会使线圈上的金属导体产生感应电流而发热，从而加热食物。电磁炉生电过程简图如图 4－101 所示。

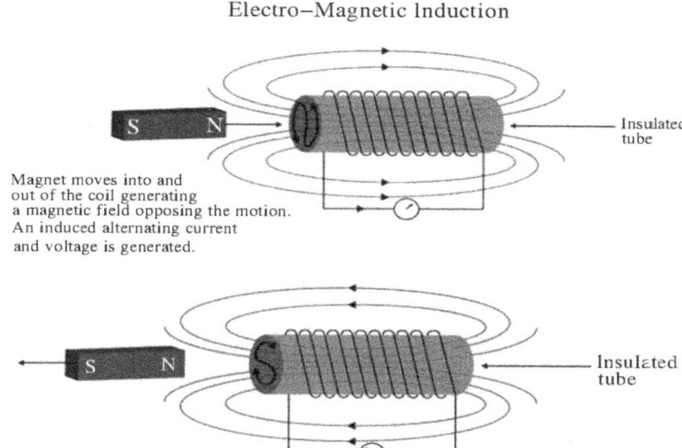

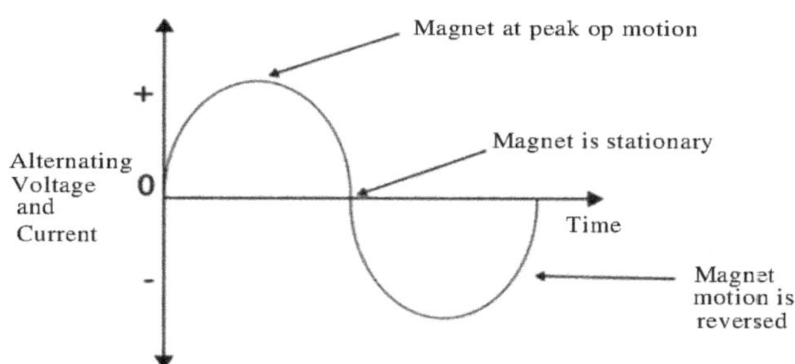

图 4-101　电磁炉生电过程简图

任务三：比较电磁炉加热与电饭煲、微波炉加热的差异

同学们，通过阅读，你应该了解到电磁炉加热应用的是电磁感应的原理，虽然你可能暂时还不了解什么是涡流、什么是电磁感应以及电磁感应如何发生，但是我们了解到电磁炉的加热原理与电饭煲的加热原理截然不同，请你比较这两种不同。你能设计探究实验来证明这种不同吗？

电磁炉的加热方式与普通的电饭煲不同，电饭煲是通过加热管加热锅

具，通过热传导的方式将锅内食物加热；电磁炉加热食物是通过涡流将锅体加热，电磁炉面板并不会主动发热，而是由于锅具被加热间接使电磁炉面板变热。

【实验1】现提供实验器材：不锈钢杯、电饭煲和电磁炉，请你设计实验，验证电磁炉不能通过热传导的方式导热。

探究实验：在电磁炉的面板上放一叠厚度适中的纸张，然后再将盛水的不锈钢杯子放在纸张上面进行加热。

实验现象：杯子里的水很快得到加热，移开杯子和纸张，却发现电磁炉的面板几乎不发热。

阶段性结论：电磁炉的加热方式与电饭煲不同，电磁炉不是通过热传导的方式将热量传给锅具，再继续传给食物的。

【实验2】电磁炉的加热方式与微波炉是否相同？为什么电磁炉不能直接对锅具内的食物进行加热，而与锅具有关呢？现提供多种不同材质的容器、温度计、电磁炉和微波炉，请发挥你的想象力，大胆进行猜想，再来设计一个实验来证明自己的猜想吧！

探究方案：用两个不同材质的容器，盛有等量的水，用电磁炉同时加热，观察是否能让水同时升温。

对比实验：玻璃烧杯和金属杯子各一个，盛等量且温度相同的冷水，分别放入酒精温度计，将两个容器对称放置在电磁炉的加热区域进行加热，观察两个容器中温度计的示数变化情况。

实验现象：金属杯中的水温持续上升，而玻璃烧杯中的水温几乎不变。

阶段性结论：根据上述实验现象，我们可以进行猜测，电磁炉不是直接对容器里的水加热的，电磁炉的加热与容器材料有关。若容器是金属材质，电磁炉就可以对容器加热；若容器是非金属材质，就不能加热。

任务四：发现电磁感应在生活中的应用

请你查阅资料，思考电磁感应现象的发现为我们的生活带来了哪些变化，以小组的形式分享电磁感应原理在生活中都有哪些其他应用。

供稿人：吴晓天

第七节：选择性必修一专题研究：探究“撞球类”游戏中的物理奥秘

主题项目——探秘“撞球类”游戏中的物理奥秘

生活中有一些游戏项目是在“撞球”中寻找乐趣，例如“弹玻璃球”“打台球”“牛顿摆”等，这些游戏是在球与球、球与手、球与球杆、球与墙的碰撞中寻找规律、把握规律、运用规律，再经过思维的碰撞配合肢体动作完成游戏，进而寻找乐趣。你知道这些项目中，球的运动状态在碰前、碰后遵循什么规律？游戏时如何把握撞击的方向和力度？又如何成为游戏高手呢？

【探秘“弹玻璃球”中的物理秘密】

项目背景：

“弹球”是20世纪八九十年代人孩提时代的一种娱乐，现在有一种电

子游戏也是弹球类的。这里的球指的是玻璃球（如图 4－102 所示），从颜色来说一种是单色（无“芯”）的，即单一颜色的，有的发白，有的发青，但实际上都是通体透明的；另一种是彩色（带“芯”）的，彩色的玻璃球“芯”里面有花瓣，单瓣、双瓣、三瓣甚至六瓣的都有，花瓣越多价格越高。从体积来说玻璃球分大、中、小三种。

玻璃球的玩法是用手来弹。把拇指的关节处弯曲成90度的直角并贴在手掌上，另外四个手指弯曲地合拢在拇指之上，把玻璃球放在大拇指的外关节与食指之间，手背挨着地面，拇指弯曲，用拇指关节处与食指指尖夹住球，当拇指发力而挺直的时候，球便一下子被弹出去了。食指的作用是控制球的飞行方向与路线，以便使球击中目标或滚动到指定位置，而拇指的作用主要是发力，以保持球的运动状态与速度。当然球弹得远近，方向是否准确，就看弹球人的技巧了。

图 4－102　玻璃弹球

弹球一般是论输赢的，有多种玩法，这里主要介绍三种玩法。

第一种玩法：找块平地，在地上挖几个小坑，中间再挖一个大的坑，弹的人要把自己的玻璃球依次弹入小坑，最后再弹入大坑。若中间没能弹入坑内，则由另一个人接着弹，看谁能用几次把球弹进所有的坑，次数越少越好。

第二种玩法：跟踪追击，看谁能弹中别人的玻璃球。玩法是每个人把球朝墙上磕一下，球便向前滚去，谁的球滚得最远，谁先弹，对准离得最近的球弹，若弹不中，则滚的距离第二的球再弹，以此类推，直到弹中别人的球为赢。

第三种玩法：游戏者在墙角地面上画一个方形，这个方形区域就是弹球的场地。玩的人数可以是两个人也可以是两个人以上。每个人先用手弹球，使其撞在墙上，球反弹后将向对面方形场地的底线靠近，这时就根据靠近底线距离的远近来确定击球先后顺序。一般是靠得最近的人首先击球，次近的人第二个击球，以此类推。如果撞墙的球经过墙壁反弹后越过底线了，他将最后一个击球。不过仍然要再撞墙反弹这个球，使它位于方形区域以内。如果有两个人或多个人的球都同时越过底线了，那么他们都属于最后的击球者，他们需要再拿球重新撞墙反弹，按照规则来确定先后顺序，然后再开始依次击球。击球时可以选择任何一个对手的球进行击打，将它击出方形区域，那么这个球就归你了。但是自己的球不能也跟着滚出方形区域，如果两个人的球都同时滚出方形区域，那就是平手，并且两个人也同时出局，将退出比赛。如果在击球时不但没有把对方的球打出方形区域，反而让自己的球从方形区域里滚了出去，那么就需要把自己的球送给被你击球的人了。击球的人如果击到任何对手的一个球，不管是否将球击出方形区域，击球人都可以继续保持击球权，再次击球。但如果你一个球也没有碰到，且也没有越出方形区域，那就要按照顺序由第二个人开始击球，以此类推，规则如前。

如果让你从力与运动的视角来深入分析“弹球”游戏，如何做到击球准确有力，掌握好击打角度，控制好方向力度。你会围绕哪些物理问题展开呢？

对任何物理问题的分析我们都是围绕是什么、为什么、还有什么展开

的。而对于动力学的问题，要对所研究的运动进行运动情况和受力情况分析，在此基础上从动力学的角度寻找力和运动之间的关系，从而解决实际问题。一般从三个视角探寻力和运动之间的关系：一是力的瞬时作用效果，即牛顿第二定律；二是力的时间积累效果，即动量定理；三是力的空间积累效果，即动能定理。其思维的逻辑框架如图 4－103 所示。

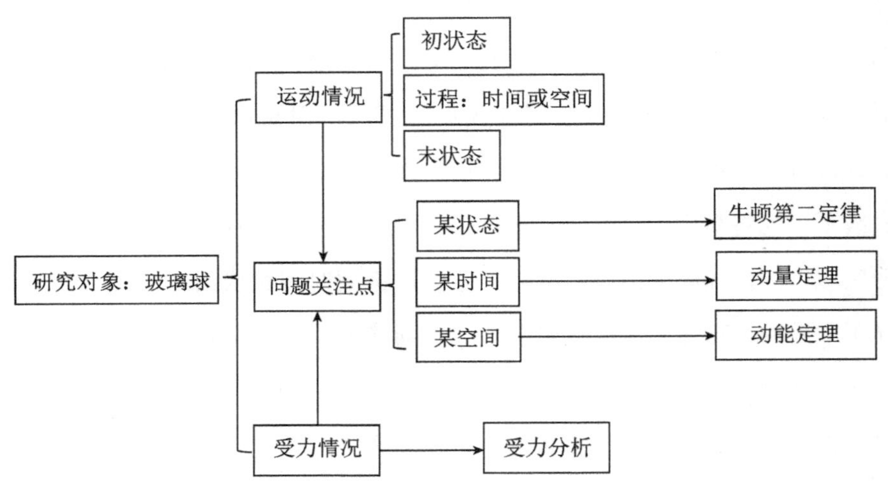

图 4－103　玻璃弹球动力学研究路线

任务一：第一种玩法中要想使球被准确弹入小坑，与哪些因素有关并阐述你的理由

思考球被弹出后的运动是什么运动，运动方向、运动距离与哪些因素有关？哪些因素是弹球的人可以控制的？弹球过程虽然时间很短，但是解决问题的关键是什么？研究这个过程中球的运动状态发生了什么改变？弹球的力与状态改变的关系是什么？

研究力和运动关系问题，我们首先要关注的是研究对象在每一个研究过程中的初状态、末状态和过程中的状态改变情况，还需要关注研究对象在过程中的受力情况，再结合问题的关注点（瞬时、时间、空间）来确定应用牛顿运动定律、动量定理还是动能定理。例如，上述问题中涉及到两个过程，首先关注玻璃球被弹出以后的运动情况。该过程中玻璃球做的是有一定初速度、末速度为零的匀减速运动，过程中玻璃球受到来自地面的摩擦阻力，结合牛顿第二定律可知，玻璃球减速时的加速度是由地面的摩擦力提供的，与人无关，此过程中人为可以控制的要素只有玻璃球的初速度。其次，还需要关注弹球的过程，虽然此过程时间极短，但是极短时间使其获得速度的大小和方向，就与弹球的力及玻璃球质量有关了，这里可以运用动量定理解决。

运用动量定理解决力和运动的关系问题，思路如图 4－104 所示。

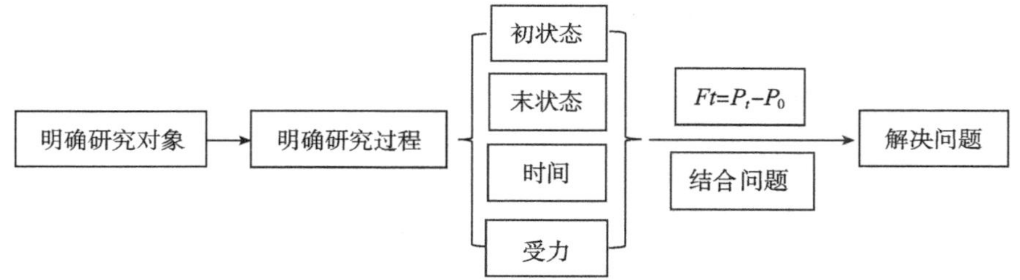

图 4－104 运用动量定理解决力和运动关系问题思路

任务二：第二种玩法中如何使球碰墙之后滚得最远并阐述你的理由

思考球碰墙之后运动距离问题，需要先研究球碰墙之后的运动、球与墙碰撞前后的速度关系及碰墙前的运动情况，这些过程中哪些因素是弹球的人可以控制的？

“最远”这个问题点显然涉及力的空间积累问题。建议运用动能定理分析球撞墙之后的运动过程，不难得出“最远”距离的问题由碰墙后瞬间

速度大小决定，运用动量定理分析球与墙碰撞前后的速度关系及碰墙前的弹球过程，进一步得出玻璃球碰墙后的速度由弹球的力、弹球时间、玻璃球的质量决定。

运用动能定理解决力和运动的关系问题，思路如图 4－105 所示。

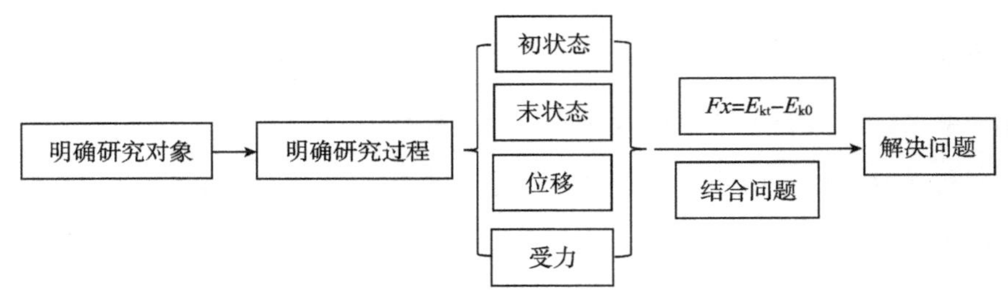

图 4－105　运用动能定理解决力和运动的关系问题思路

任务三：第三种玩法中如何控制球撞墙反弹后靠近方形场地的底线又不越过底线并阐述你的理由

控制球撞墙之后的运动距离，不仅需要控制玻璃球被弹出的速度大小，还要了解球撞墙前后的能量损失。如果球与墙碰撞前的速度方向不垂直墙壁，撞墙后的速度方向又是如何的呢？

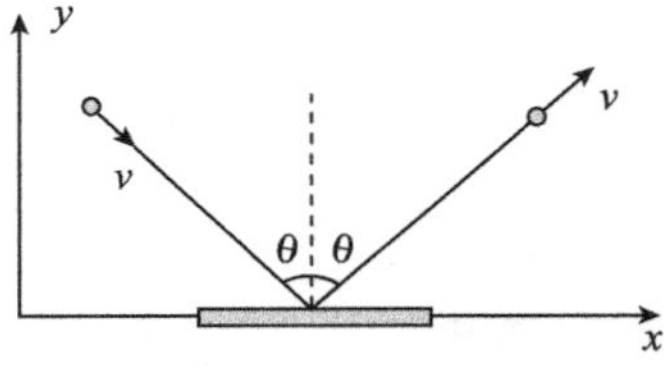

图 4－106　玻璃球运动情境图

解决这个问题的关键是球撞墙前后的速度关系，实际操作中，很难控制玻璃球撞墙前的速度方向垂直墙壁，如果玻璃球与墙壁发生斜碰，就属于二维问题，在运用动量定理处理二维问题时，可以在相互垂直的 x、y 两个方向上分别研究。解决这个问题，建模是关键，可以先从理想化模型入手，如图 4－106 所示。例如，质量为 m 的玻璃球斜射到墙上，入射的角度是 θ，如果玻璃球与墙发生的是弹性碰撞，可以借助分析碰撞前后 x、y

方向小球的动量变化 Δp_x、Δp_y，进而得到碰撞后玻璃球弹出的角度及碰撞后的速度大小，碰撞过程中可以忽略球所受重力。运用分解的方法，结合动量定理解决力和运动的关系问题，思路如图 4－107 所示。

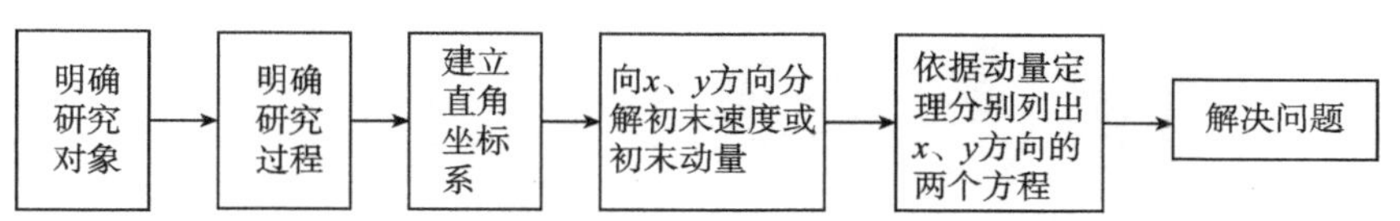

图 4－107　运用分解的方法解决力和运动关系的思路

【探究“打台球”中的物理秘密】

项目背景：

国标台球是生活中常见的一种运动或者可以称为游戏，两人参赛，台球桌的桌角和长边中央一共有六个袋，台面上由花色球和单色球两种球组成，加上黑 8 和白球（主球），一共有 16 个球。比赛使用 1 至 15 号目标球及主球，击球规则是用球杆击打主球，让主球撞目标球，使目标球进袋，除了击打 8 号球时必须指定球入哪一个球袋外，击打其他球都不需要指定球袋，黑 8 只有在选手击打完自己球组的所有目标球之后才能击打。根据开球的情况，谁先将哪种球打进袋，就决定了这位选手将击打这种球，例如，开球决定了一方选手打 1 至 7 号（单色球）目标球，那么另一方选手就必须击打 9 至 15 号（花色球）目标球。当选手击球后，主球最先击打的球必须是他选定的那组目标球，如果他选择球组的目标球已经全部被打进球袋，这位选手将首先击打黑 8。在任何一次击打过程中，球杆的杆头都不能触碰主球两次以上（含两次）。球杆击出前后，击球者除球杆杆头以外的身体任何部分（包括服饰）、器材（包括杆身、架杆等）均不得触

碰台面上的任何球。台球运动情境图如图 4－108 所示。

图 4－108　台球运动情境图

如果选手击球后，没有目标球入袋，至少需要有 1 颗球碰触库边（含主球）。选手击球后，没有入袋的目标球和主球必须停留在台面上，如果有任何目标球跳离台面将被视为合理消失，不能再重新放置在台面上。如果选手违反以上规则，对方将获自由击球权。如果选手将他选定的目标球击入球袋，将获得继续击球的权利；当选手先将自己花色的目标球全部击入球袋后，再将黑 8 击入球袋，就赢得该局。台球的直径小于袋口直径，只要目标球的速度大小方向合适，理论上是可以下袋的，但是和目标球接触的不是杆而是主球，如何保证主球撞击目标球后的速度呢？显然出杆的方向和力度就很重要了，球杆和主球相撞之后，主球按直线方向运行，相当于杆的延伸方向，那么主球的运动方向应该瞄准目标球的哪个点？如果我们从物理的角度来看这个问题，或许会有些收获。

面对实际问题，如何将学过的物理规律顺利迁移，并解决问题呢？明确研究对象及研究过程、建构物理模型是解决问题的必经之路。例如，这个问题中的研究对象有球杆、主球、目标球三个物体，并且三个物体之间发生的都是瞬时碰撞，但是主球与目标球之间的碰撞可以简化为完全弹性碰撞模型。其思维的逻辑框架如图 4－109 所示。

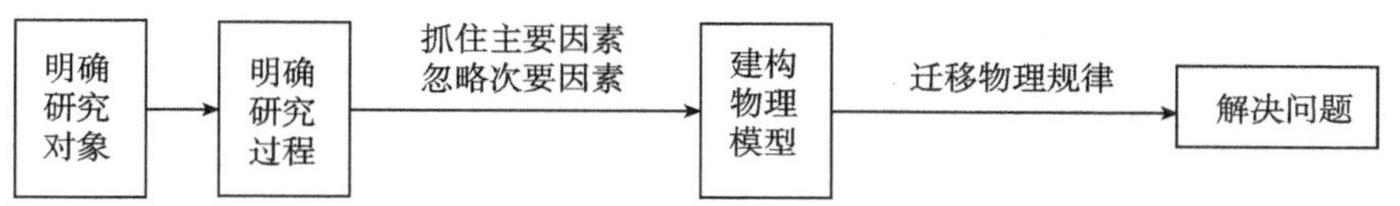

图 4－109　思维的逻辑框架

任务一：探究对心碰撞技巧

如果主球和目标球的球心连线刚好过某一球袋中心的正上方（如图 4－110），想要让目标球入袋，球杆的出杆方向和力度如何把控？与哪些因素有关？阐述你的理由。

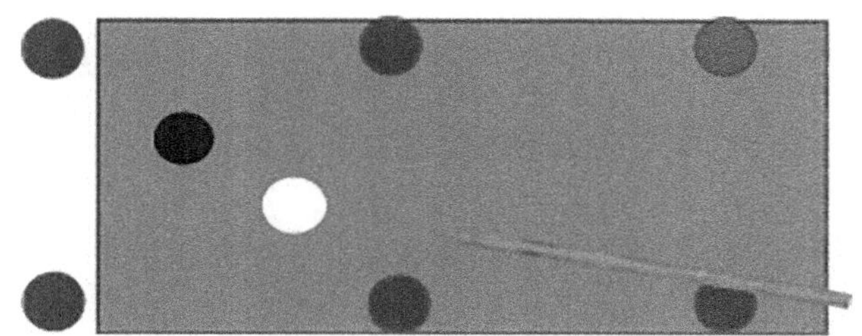

图 4－110　主球和目标球模拟正碰

若使目标球入袋，目标球只需获得沿主球与目标的连线的合适速度即可，且需速度大小合适，既能运动到袋口，又不至于撞上台球桌边而出现反弹，此速度由主球与目标球的碰撞决定，而主球撞目标球的速度显然取决于球杆的撞击力。因此，这个问题中涉及三个研究对象：球杆、主球、目标球；涉及两个研究过程：球杆与主球的碰撞、主球与目标球的碰撞。

球杆给主球的力是人可以控制的，那么主球撞目标球的力度遵循什么规律呢？

球杆撞主球使其获得速度，出杆的方向和力度的关键是由主球与目标球的碰撞决定，主球撞目标球的力不由人直接控制，但是主球与目标球的碰撞所需时间极短，可以将其简化为完全弹性碰撞模型。此模型既遵循动量守恒定律又遵循机械能守恒定律，这与球的质量、速度均有关系。

运用动量守恒定律解决力和运动的关系问题，思路如图 4 – 111 所示。

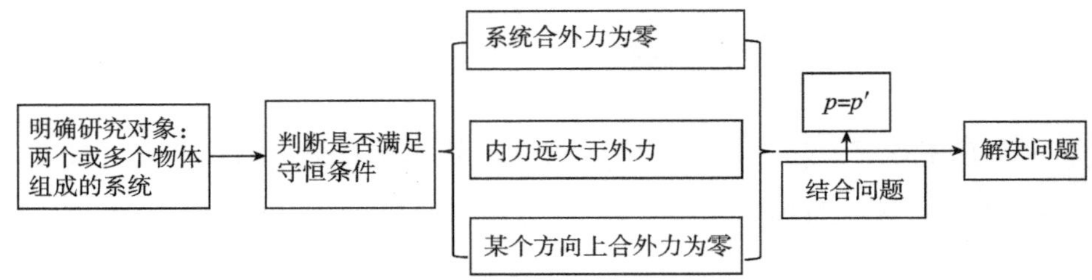

图 4 – 111　运用动量守恒定律解决力和运动关系的思路

任务二：探究非对心碰撞的技巧

如果主球和目标球的球心连线不过球袋中心的正上方，想要让目标球入袋，球杆的出杆方向和力度如何把控？与哪些因素有关？阐述你的理由。

若使目标球入袋，目标球需获得指向某一个球袋的速度，这个速度是由主球撞击获得的，那么主球该朝什么方向撞目标球？撞到目标球的哪一点？球杆又该沿什么方向撞主球？使主球获得多大的速度合适？这个问题还涉及三个研究对象：球杆、主球、目标球；涉及两个研究过程：球杆与主球的碰撞、主球与目标球的碰撞。由于主球撞前速度与目标球的撞后速度不在一条直线上，主球与目标球碰撞遵循什么规律呢？

若使目标球入袋，目标球需获得指向中袋或底袋的速度，且需大小合适，但是主球与目标球球心的连线又不过任何一个袋的上方，由此推断主球撞目标球的力的方向与两球连线不在一条直线上，目标球对主球的反作用力方向也不在球心连线，那么两球碰撞的接触点肯定不过球心连线，这种碰撞就是斜碰，如图 4－112 所示。高中阶段解决斜碰问题的有效方法就是分解，如图 4－113 所示。

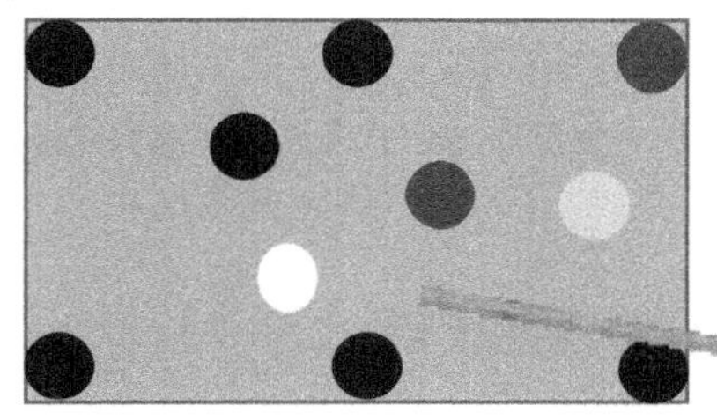

图 4－112　主球和目标球模拟斜碰

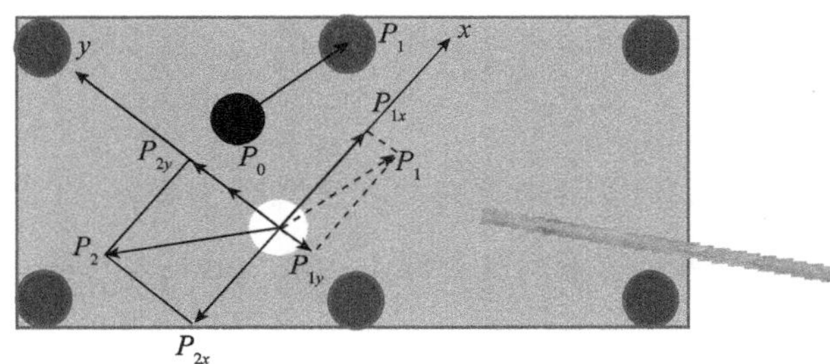

图 4－113　斜碰时动量守恒分析图

运用动量守恒定律结合分解思想解决力和运动的关系问题，思路如图 4－114 所示。

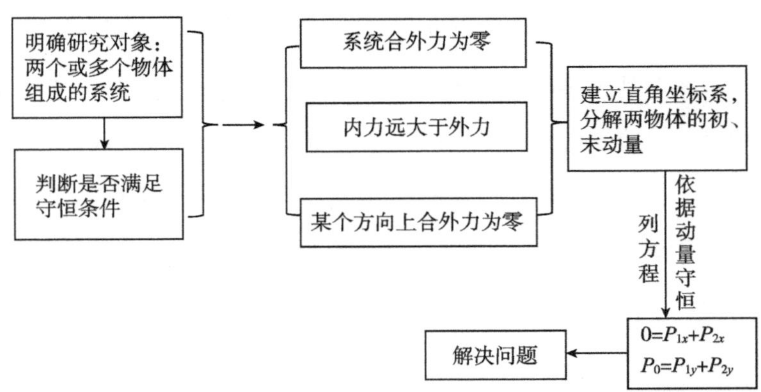

图 4-114　运用动量守恒定律结合分解思想解决力和运动关系的思路

任务三：探究一杆多中的技巧

如果选手获得一次击球权后，希望将更多的目标球击入球袋，不仅需要考虑如何让主球将目标球撞入球袋，还需要考虑主球停下的位置要有利于下一次击球，球杆的出杆方向和力度如何把控？与哪些因素有关？阐述你的理由。

这个问题中的研究对象指向与目标球碰撞后的主球，主球最终的位置取决于其与目标球发生的碰撞，这个模型在前面的任务已经建立过，只不过在完成这个任务的时候重点关注主球碰撞后的状态。

若使目标球入袋并且有利于主球击打下一个目标球，则需提前预判主球与目标球碰撞后它们各自的速度方向和大小，再依据动量守恒、机械能守恒逆向推断碰撞前主球的速度大小和方向，进而确定球杆与主球撞击的方向和力度。解决动力学问题时经常会用到可逆思想，例如，在处理匀减速直线运动时，我们经常将其逆向看作匀加速直线运动来处理；再如，处理上抛运动时，我们经常将其逆向看作自由落体运动，这样处理问题的好处是可以简化研究的问题。应用匀变速直线运动公式解决匀减速运动时经常会因为正负号混乱导致出错，而运用可逆思想解决这个问题就可以避免这一问题。由于整个运动过程的末状态是预先能够判定的，由已知推理未知的思维顺序与运动的发生发展顺序刚好是可逆关系。

运用可逆思想解决这类力和运动的关系问题，其思路如图 4 – 115 所示。

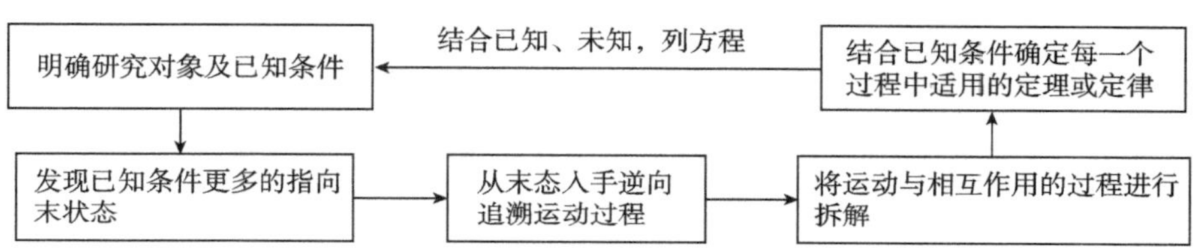

图 4 – 115　运用可逆思想解决这类力和运动关系问题的思路

【探究“牛顿摆”中的物理秘密】

项目背景：

牛顿摆是 20 世纪 60 年代发明的演示实验装置，具体如图 4 – 116 所示，用吊绳将若干个质量相同的钢球固定在同一高度，让它们彼此紧密排列。现提起最右侧的球从某一高度静止释放，它在摆回时撞击与其紧密排列的另外几个球之后，最左边的球将被弹出，但其余中间的球却依然保持静止状态。这个过程是可逆的，当提起最左侧的球撞击其他球时，最右侧的球也会被弹出，其余中间的球也处于静止状态。

图 4 – 116　牛顿摆

让人更惊奇的是：当提起最右侧的两个球同时从静止释放，它们将会撞击其余与其紧密排列的球，其中最左边的两个球也会被弹出，另外中间球依然处于静止，这个过程也是可逆的。那么，上述现象产生的原因是什么呢？你能应用物理知识进行解释吗？

虽然研究对象有多个球，但是它们之间的碰撞毕竟是依次发生的，所以每一次可以只选择两个碰撞的球作为研究对象，并且研究对象是小钢球，碰撞时间极短，可以忽略碰撞过程中球受到的空气阻力和因为球的形变损失的机械能，所以，可以构建完全弹性碰撞模型来处理问题。重点研究每一次碰撞之后两球的运动状态，这也是与下一个球碰撞的初状态，这样依次研究下去。

每次发生碰撞的两个球质量相等，依据动量守恒定律和机械能守恒定律，可以确定其碰撞之后的速度。运用动量守恒定律和机械能守恒定律解决完全弹性碰撞的问题，思路如图 4－117 所示。

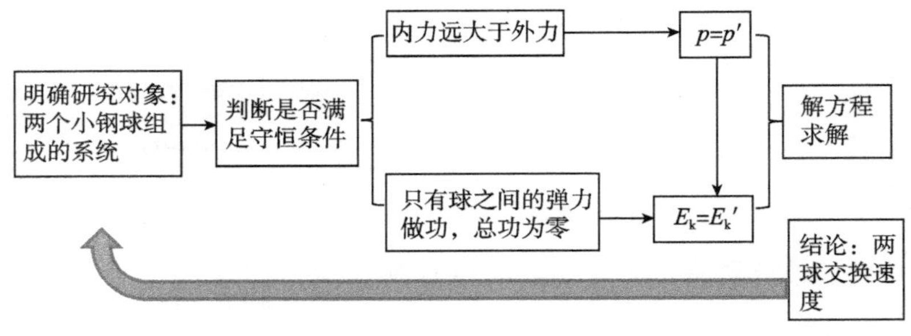

图 4－117　运用动量守恒定律和机械能守恒定律解决完全弹性碰撞问题的思路

任务一：探究提起两个或两个以上球碰撞的现象及成因

如果提起最右端的两个球，让它们从静止释放后，摆到最低点会碰撞与其紧密排列的其余五个球，其中最左边的两个球会被弹出，中间的几个球会保持静止，并且这个过程是可逆的。如果提起最左侧的两个球，从静止释放后撞击其他球时，最右侧的两个球依然会被弹出；如果提起最右侧的三个球，从静止释放，当它们摆到最低点后，会碰撞与其紧密排列的其余几个球，试推测会看到什么现象？分析上述现象产生的原因，阐述你的理由。

虽然释放的是两个或三个球，但是依然是先到达最低点的球与另外一个静止的球发生碰撞，所以可以先研究这两个球的碰撞，明确碰撞之后两球的运动状态之后，再研究它们与其余球之间的碰撞。对于这种多过程的问题，关键在于明确每一个过程中的研究对象和研究过程，不要把过程与过程混淆，每一个过程的研究要忽略哪些次要因素，突出哪些主要因素。明确这些才能将熟悉的模型、熟悉的规律迁移到问题的解决中。

每次发生碰撞的两个球质量相等，依据动量守恒定律和机械能守恒定律可以确定其碰撞之后交换速度。按照速度交换依次推理下去，不难确定最后摆起的是哪几个球了。

遇见多研究对象、多研究过程的问题，解决思路如图 4－118 所示。

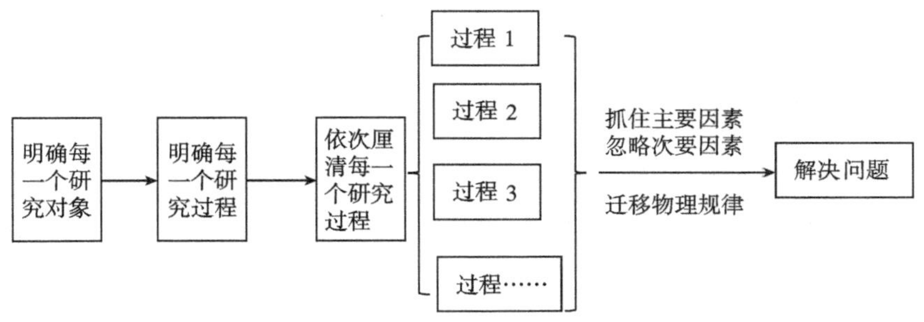

图 4－118　多研究对象、多研究过程的问题解决思路图

任务二：探究“另类”牛顿摆的碰撞问题

在同一竖直平面内，3 个完全相同的小钢球（标号分别为 1 号、2 号、

3 号）悬挂于同一高度，静止时小球恰能接触且悬线平行，如图 4－119 所示。先把 2 号球换成质量不同的小钢球，那么，碰后 3 号球仍能摆至高度为 h 的位置吗？

如将右侧涂上胶的 1 号移至高度 h 释放，1、2 号碰撞后粘在一起，讨论碰后 3 号是否仍能摆至高度 h？

这个任务与之前任务的不同点之一是研究对象不再是等质量的小钢球，每次发生完全弹性碰撞之后不再是速度交换的结果，那么两个小球的末速度情况取决于什么呢？因为还要去探讨其之后与其他球碰撞的情况，所以可能性较多，需进行分类讨论。

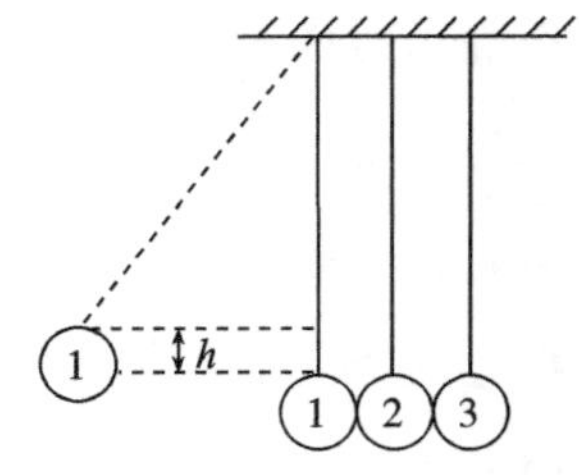

图 4－119　三球碰撞示意图

另外，由于两个小球碰撞后会粘在一起，所以它们发生的碰撞属于什么碰撞呢？这类碰撞中动量守恒但机械能不守恒，碰撞中是不是要考虑能量损失呢？

如果忽略空气阻力，且释放 1、2 号球后，三个球之间的碰撞能视为弹性碰撞吗？三个小球组成的系统满足机械能守恒条件吗？在整个碰撞过程中系统动量守恒吗？同学们可以沿着下面的思路进一步探究哦！

遇见条件变化情况下的传统模型问题，解决思路如图 4－120 所示。

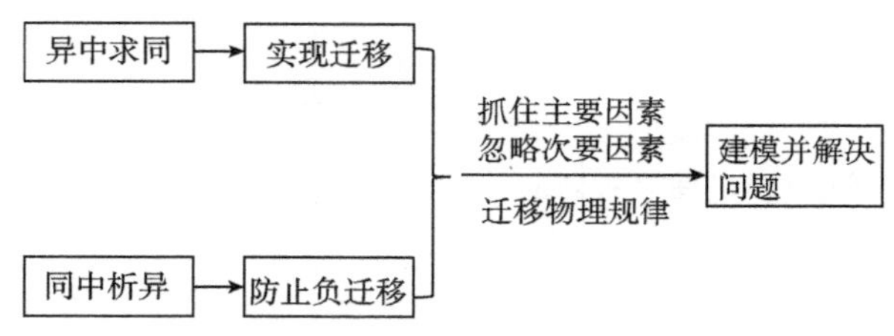

图 4－120　条件变化情况下的传统模型问题解决思路

第八节 选择性必修二专题研究：“电”的产生与输送

主题项目—— 电的产生与传输

同学们，你现在走到哪是不是手机都不离身？因为你能用它及时与亲朋好友沟通。除此之外，你还可以用手机分享美食和美景、听动听的音乐等，总之，它的存在给我们的生活带来了很大的便利。可是如果没有电，手机还能发挥那么多作用吗？很显然，答案是不能。其实，我们生活中还有很多电器，如电冰箱、电视机、电灯等，当然这些电器也都离不开电，电的存在是促使我们今日的生活非常便利的根本原因之一。那电是如何产生的呢？又是如何送到我们手机上的呢？你知道三峡水电站安装着几台巨型发电机吗？总装机容量能达到多少呢？电厂里巨大的发电机怎么会发出这么多电来？电的产生和传输过程蕴含了哪些物理原理呢？结合本学期学习的电路和磁场的知识，如果让你从电的产生和传输的视角来深入分析其中的物理规律，你会围绕哪些物理问题展开呢？

【探秘电的产生过程】

项目背景：

随着社会的进步，当今生活中电无处不在，电的存在给我们的生活带来了极大的便利，我国电力工业的发展也走在世界的前列。电能的产生和输送

是一个理论性和技术性都很强的复杂系统工程。电的产生和传输涉及电路和电磁感应相关知识的应用。我们能顺利地用上电，一般需要经历发电、输电、变电、配电等环节。那么，发电的发展历程是怎么样的？发电的方式有哪些？电的传输过程又需要克服哪些困难呢？

对以上物理问题的分析我们可以围绕是什么、为什么、还有什么来展开。目前发电的形式有哪些？不同的发电形式蕴含的物理原理是否一致？电的传输需要关注哪些问题？

前面章节我们提到的电学问题，离不开“力”和“运动”、“功”和“能”研究思路。本节继续沿用以上两条思路来分析问题，解决以上关键问题的思维逻辑框架如图 4－121 所示。

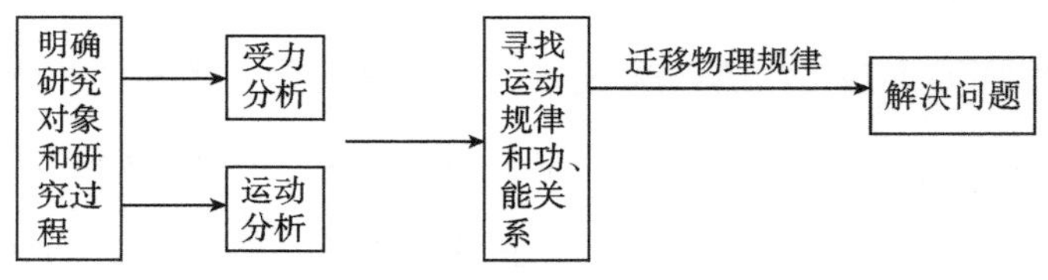

图 4－121　解决发电问题的思维逻辑图

任务一：自主学习目前主要的发电形式

发电站是怎么发电的呢？发电原理是什么呢？到底运用了哪些物理知识呢？

我们围绕是什么、为什么、还有什么来展开研究，按发电所用的能源种类进行分类，发电形式主要有以下几种。

（1）火力发电：这种发电产生的热能原料是什么？发电的动力装置又是什么？世界上最早实现火力发电的场所在什么地方？火力发电过程中涉及的能量转化有哪些呢？

图 4-122　火力发电站

（2）水力发电：这种发电采用了什么原理？涉及哪些能量转化？水力发电有什么优势吗？

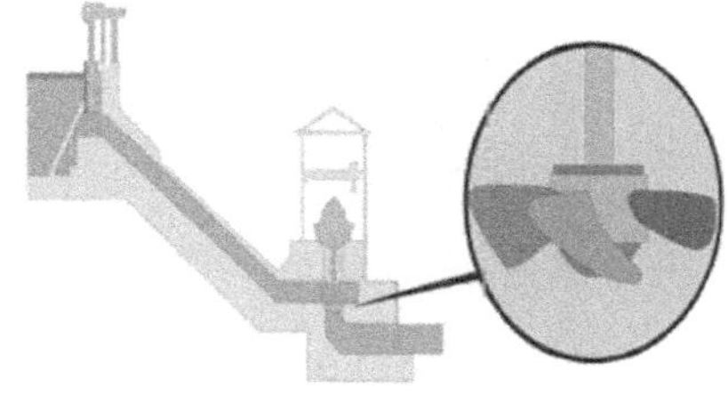

图 4-123　水力发电站与模拟情景图

（3）核能发电：核能发电的原理是什么？它的能量从哪里来？采用什么动力来推动汽轮发电机发电？这种发电方式有哪些优势和弊端呢？

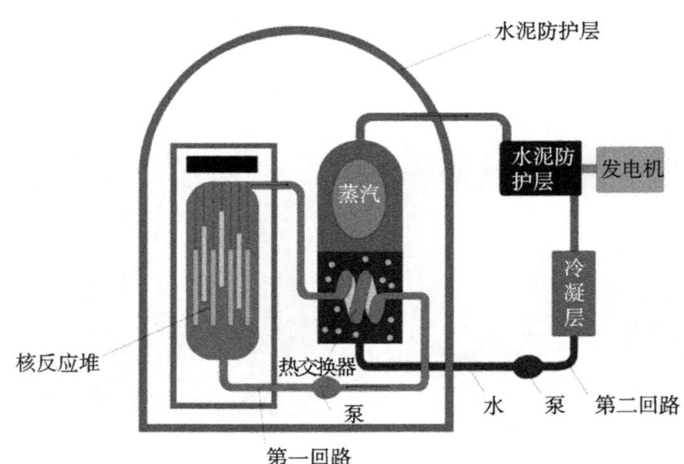

图 4－124　核能发电模拟图

（4）风力发电：同学们一定去过大草原，在有些草原上，你除了看见成群结队的牛羊之外，还见过大型的风车吗？我们时而见到风车叶片旋转，那么风车旋转的动力来自哪里呢？风力发电是把什么能转化为什么能呢？

图 4－125　风能发电模拟图

由于风能是一种清洁无公害的可再生能源，所以很早就被人们利用，同时也得到各个国家的重视。

除了上述常见的发电形式外，还有比较新的发电形式，比如：太阳能发电、地热发电、潮汐发电等。同学们带着问题自主学习探究吧！

任务二： 自主学习圆盘发电机发电原理

现在大家知道了几种发电形式，其中都提到了发电机，可见，发电机是发电环节中的重要装置，无论哪种发电形式，基本都离不开发电机。发电机有哪几种？它们的发电原理相同吗？涉及哪些物理知识呢？

1. 探寻最早的发电机（法拉第圆盘发电机）发电原理

奥斯特发现电流的磁效应，震动了整个科学界，他证实电现象与磁现象是有联系的。法拉第坚信科学是对称的、和谐的，他联系到电流的磁效应，认为磁也能生电。1822 年他在日记中写下了“由磁产生电”的设想，并为此进行了长达 10 年的探索，最后发现了“磁”真的能生“电”。1831 年 9 月 23 日，法拉第发明了第一台发电机——法拉第圆盘发电机（请参见人教版新教材必修三 116 页图）。

我们仔细观察圆盘发电机，它的圆心固定一个摇柄，圆盘边缘和圆心处各与一个黄铜电刷紧贴，电刷通过导线与电流表相连接。圆盘放置在蹄形磁铁的磁场中。当时法拉第转动摇柄，圆盘旋转起来时，电流表的指针发生了偏转，实现了发电。那么，这台发电机通过什么原理发电？你能结合所学的知识，建立合适的模型进行解释吗？

在研究具体物理问题时，首先要想到的是确定研究对象，然后围绕是什么、为什么、还有什么这一思路展开研究和分析，研究该问题的思路如图 4－126 所示。

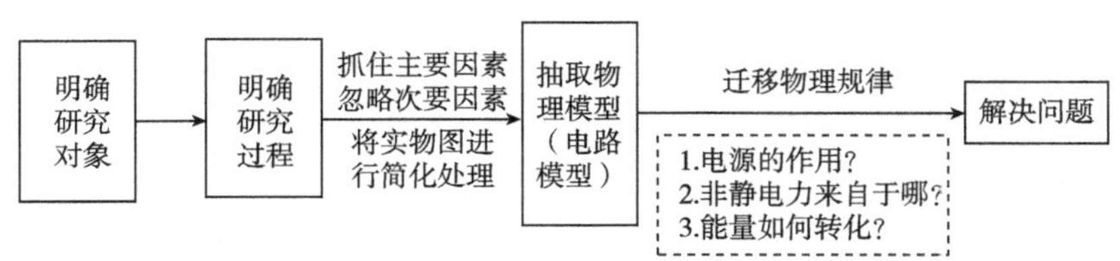

图 4－126　发电机发电原理研究思路图

我们将法拉第圆盘发电机的实物图转化成如图 4－127 所示的示意图：铜质圆盘安装在水平铜轴上，圆盘位于两磁极之间，圆盘平面与磁感线垂直。两铜片 C、D 分别与转动轴和圆盘的边缘接触。圆盘转动，电阻 R 中就有电流通过。我们知道，有电流就应该有电源和闭合回路，那么圆盘发电机的电源在哪呢？闭合回路又是什么呢？电源的作用是什么呢？

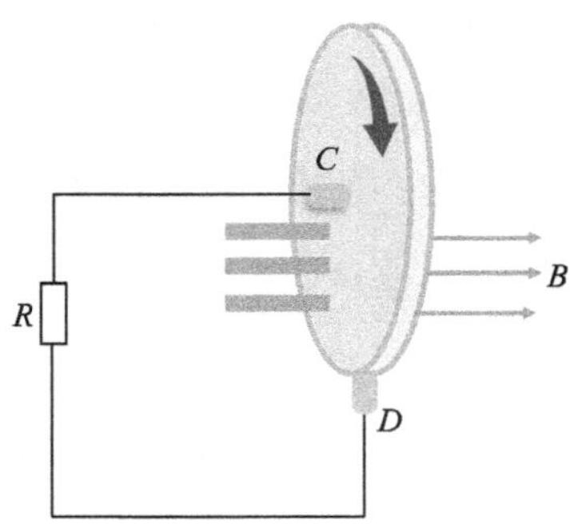

图 4－127　法拉第发电机示意图

2. 探究法拉第圆盘发电机中的非静电力

圆盘发电机哪一部分相当于电源？在前面学习中我们学了电动势的产生一定是非静电力做功的结果，那么这里的非静电力是什么力？

借助已有知识的学习，我们可以按照如图 4－128 所示思路进行探究。

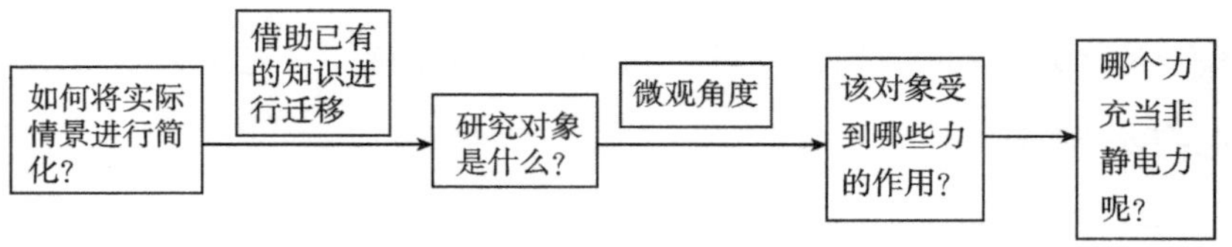

图 4－128　圆盘发电机非静电力来源探究思路图

（1）圆盘转动时，我们可以将圆盘看成由无数根沿半径方向的金属杆组成，圆盘处于磁场中的任意一根金属杆都在切割磁感线，因此我们可以将其中的一根金属杆拿出来单独进行研究。这样就能将实际复杂的情景简化，如图 4－129 所示。

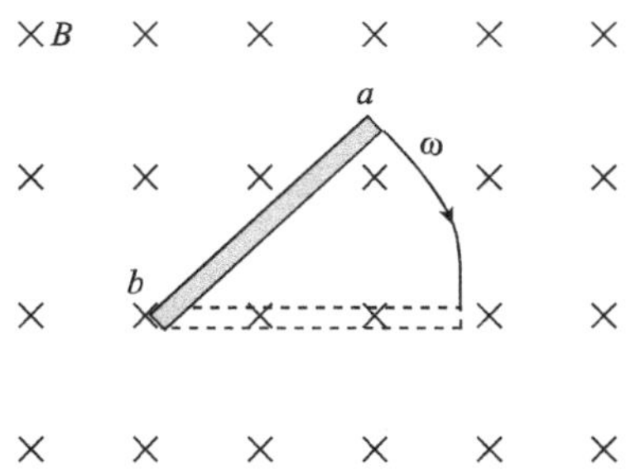

图 4－129　圆盘发电机转动情景简化图

（2）我们在初中就知道，导体棒切割磁感线会产生电流，结合前面学习的电源知识，可以猜测其内部一定存在非静电力。通过受力分析，我们发现电子沿杆方向上的洛伦兹力，这个洛伦兹力起到“搬运”电子的作用，充当非静电力。

3. 探究法拉第圆盘发电机中的感应电动势

我们清楚了圆盘沿半径方向上的金属杆切割磁感线时相当于电源，也知道了磁场对电子的沿杆方向上的洛伦兹力充当非静电力，那么你能根据电动势的定义式探究出圆盘发电机产生的感应电动势吗？研究此问题的思路可以参考图 4－130。

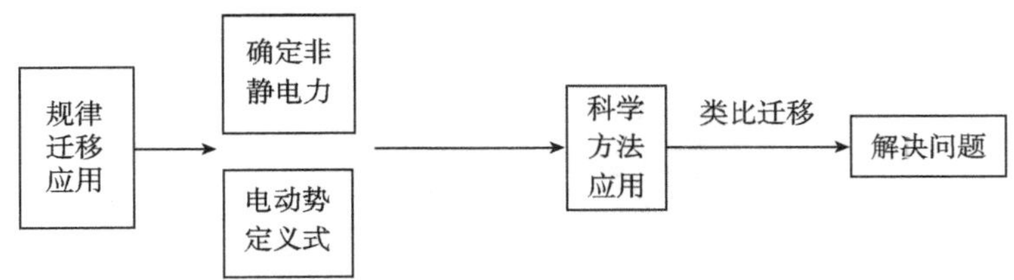

图 4－130　探究圆盘产生的感应电动势研究思路图

在图4－129、4－130基础上，我们设导体棒的长度为l，磁感应强度为B且是匀强磁场，导体棒绕b端以角速度ω在垂直于磁场的平面内匀速转动。

这里要注意，棒转动时，棒上各处具有不同的线速度，棒内对应部分的电子也应该具有相应的垂直于棒的不同大小的速度。因此，电子受到一个沿棒指向b的洛伦兹力。结合电动势的定义式，就可以得出感应电动势，顺着这个思路试着推导一下吧！

任务三：探究磁生电的条件

以上我们选择从微观角度，结合电动势的定义式，探究电的产生机理。接下来，我们能从宏观角度探究由磁生电的条件吗？你能设计实验进行探究吗？你探究的思路又是怎样的呢？

在研究上述物理问题时，首先搞清楚探究目的——由磁生电的条件，那么我们就应该想到必须有磁场，必须构建回路，很显然这里的研究对象应该是闭合回路。延续之前的探究思路和初中的知识，我们应该很快能做出以下两点猜测，由磁场生“电”的条件是否是以下两种情况呢？（1）回路中磁场发生变化；（2）有相对运动（导体切割）。依据上述两个猜想，你能设计出相应的实验吗？

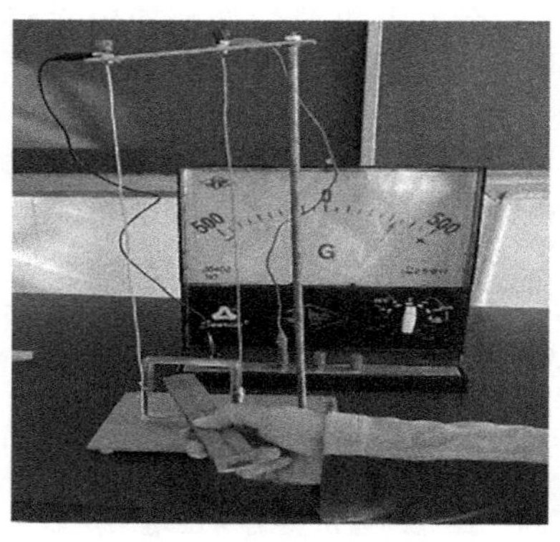

图4－131　实验装置图

如图 4－131 所示，将条形磁铁插入闭合回路，构建猜想（1）的验证条件，实验显示，这种情况产生了感应电流，这是因为通过闭合回路中的磁场发生了变化。

那么如果磁场没有变化，是不是就一定不会产生感应电流呢？

我们可以构建一个磁场不变的实验环境，让闭合电路的一部分导体在磁场中做切割磁感线运动，导体中就会产生感应电流。

在图 4－132 这个实验里，磁场是不变的，当导体棒切割磁感线时，线框所在处的磁场并没有变化，由此，你得到什么结论呢？

图 4－132　实验装置图

由磁生电的条件到底是什么呢？为了发现其中的玄机，你还能想出其他的验证方法吗？导体切割磁感线能产生电流，此处蕴含了导体相对磁场运动，你能想出几种运动方式呢？

我们在匀强磁场中放一个矩形闭合导线框，分别按照以下几种情况探究线框中是否产生感应电流。

（1）保持线框平面始终与磁感线垂直，线框在磁场中上下运动；（2）保持线框平面始终与磁感线垂直，线框在磁场中左右运动；（3）线框

绕轴线转动。

从以上实验引起的效果看，你能从磁场的变化和线框面积的变化抽取出共同点吗？

它们都是使得穿过线圈或者线框的磁感应强度的通量（即磁通量）发生了变化。

在这些实验中，你有什么收获呢？

任务四： 探究生活用电的特性

我们知道了由磁生电的条件，那么产生的电流有什么特性呢？现在日常生活用电的电力系统中，由发电机产生的电流随时间是怎样变化的呢？

下面我们以小组合作的形式，通过阅读课外文献来解决以上问题吧！

1. 发电站中发电机的主要构造

前面我们介绍了无论采用什么方式发电，基本都离不开发电机，那么发电站里的发电机是什么样的呢？

发电厂里的交流发电机的构造比较复杂，但是基本组成部分也是两部分，即产生感应电动势的线圈（通常叫做电枢）和产生磁场的磁体。旋转电枢式发电机和旋转磁极式发电机分别是怎样的工作模式呢？什么叫转子，什么叫定子（如图 4－133 所示）呢？

图 4－133　发电机定子

2. 发电机是如何发电的

面对实际复杂的情境，我们该如何探究物理规律呢？物理学中有一个重要的思想方法，即理想化模型，我们可以将实际情境进行简化处理。我们知道，发电厂里的交流发电机的构造虽然比较复杂，但基本是由产生感应电动势的线圈（通常叫做电枢）和产生磁场的磁体构成。

为了方便研究，不妨选择定子是产生匀强磁场的装置，而转子是产生感应电流的线圈的发电机作为我们的研究对象，简单地说就是磁场不动而线圈转动。

这样发电机的示意图如图 4－134 所示。

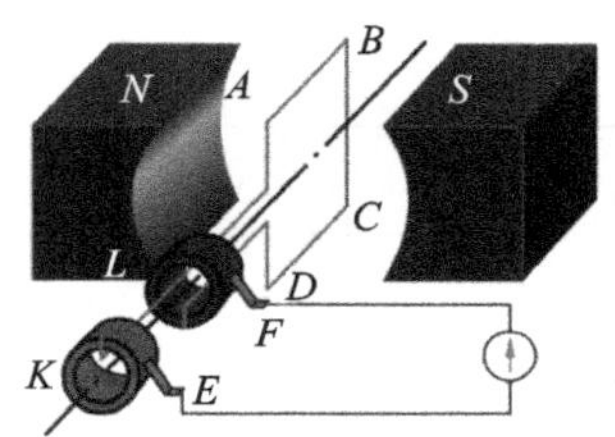

图 4－134　交流发电机示意图

我们知道，交流发电机在线圈转动的过程中会产生感应电流，必然产生了感应电动势，那么，感应电动势随时间有什么样的变化规律呢？

我们可以设线圈逆时针匀速旋转，角速度为 ω，AB 和 CD 的长度为 L_1，AD 和 BC 的长度为 L_2，从如图 4－134 所示的位置开始计时，时间为 t，线圈中的感应电动势是多少呢？

在线圈转动的过程中，我们不难发现它的磁通量在变化，磁通量变化必然会产生感应电动势，根据法拉第电磁感应定律可知感应电动势的大小又和磁通量变化率有关，我们不妨沿着这个思路从法拉第电磁感应的角度进行推导，具体思路如图 4－135 所示。

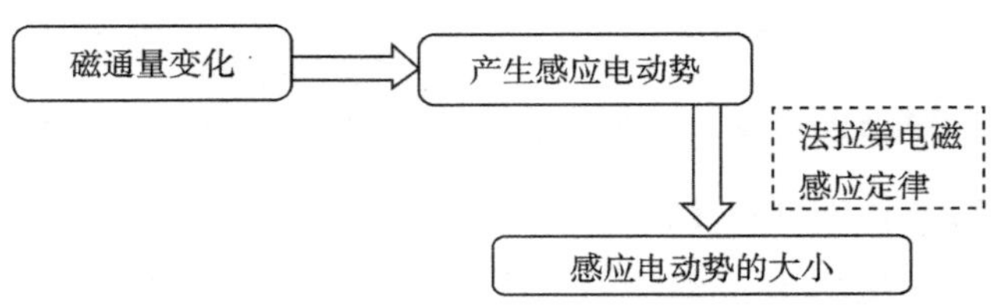

图 4－135　感应电动势推导具体思路图

下面从“法拉第电磁感应定律”角度来推导，将发电机的立体图转化成平面图，如图 4－136 所示。

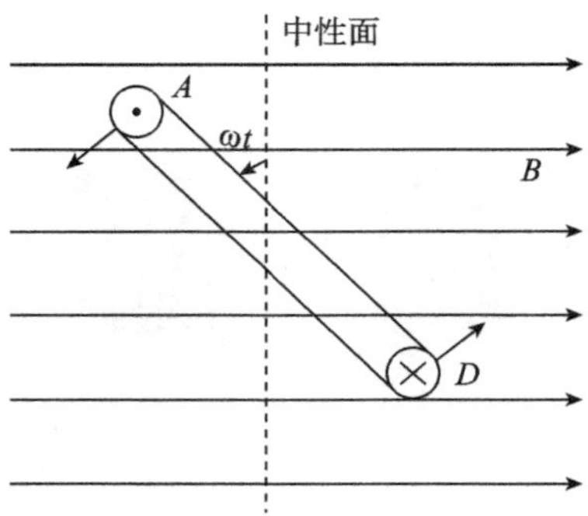

图 4－136　线圈转到任意位置平面图（从前往后看）

借助法拉第电磁感应定律进行推导，推导出瞬时感应电动势随时间 t 的变化规律。

同学们还有其他方法吗？我们还可以从图 4－137 所示的思路寻找答案哦！

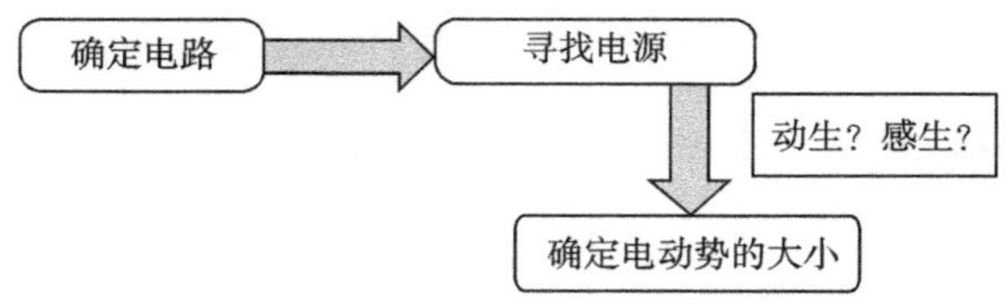

图 4－137　寻找电动势思路图

我们知道电动势是电源的重要参数，既然已经知道了在线圈沿逆时针方向匀速转动中，产生了感应电动势，那回路中一定有电源，哪一部分相当于电源呢？

在发电机转动的过程当中，*AB* 和 *CD* 切割磁感线，而 *AD* 和 *BC* 始终没有切割，所以我们得出 *AB* 和 *CD* 相当于电源。

那这里的感应电动势产生的原理又是什么呢？是动生？还是感生呢？

研究物理问题时，我们经常需要借助理想化模型来使复杂问题简单化，所以可以认为线圈转动过程中，两磁极间的磁场是匀强磁场，由于 *AB* 和 *CD* 边切割磁感线运动而使磁通量变化，可以从 *AB* 边“动生电动势”的角度来进行分析。

探究这个问题的思路如下。

（1）经过时间 t 秒后线圈与面的夹角是 ωt 。那 *AB* 绕中心轴做匀速圆周运动的线速度是多少？

（2）实际切割磁感线的速度又是多少？

（3）*AB* 边产生的感应电动势是多少？

线圈在转动过程中除了 *AB* 边切割外，还有 *CD* 边切割，整个线圈相当于两个电源，且 *AB* 边和 *CD* 边非静电力做功相等，所以整个回路中，给电路带来的总电能就应该是两边非静电力做功之和，最终除以电荷的电量，得出总的电动势，结果相当于两个电动势相加。

得出了整个线圈的感应电动势的表达式，我们可以由此判断出：瞬时感应电动势随时间呈正弦变化规律。

AB 边和 *CD* 边切割磁感线，充当回路中的电源。前面我们已经说明，谈到电源一般都会涉及非静电力，那么交流发电机中，非静电力是什么力呢？同学们可以查阅相关资料，进一步寻找答案。

对于一般发电机，线圈在转动中有两条边切割磁感线，我们沿用前面分析

问题的思路，确定一个电子为研究对象，通过受力分析可得到其非静电力来源。

【探究电能高效输送的“奥秘”】

同学们，通过前期的合作实践学习，我们知道了生活用电的产生机理，知道发电站中的发电机能把天然存在的能源，例如水能、化学能等转化为电能。所以，发电站通常建在自然资源比较丰富的地方，而需要用电的地方却分布很广，有的地方离发电站很远。那么，电又是如何从发电站传输到我们身边的呢？发电厂是怎么知道我们用了多少电呢？

任务一：如何降低电能损耗？

说到电能的输送，同学们肯定想到了电线，电的输送离不开电线，但是要把电能从发电站高效地输送到用电地点，通常需要经过漫长的路途。而输电导线内有电阻，必然会产生电流的热效应，导致一部分电能会损失在电路中。显然，导线越长，损失的电能就越多。那么远距离输电怎样才能减少输电过程中的能量损失呢？我们如何解决这样的问题呢？解决这个问题的思路是什么呢？

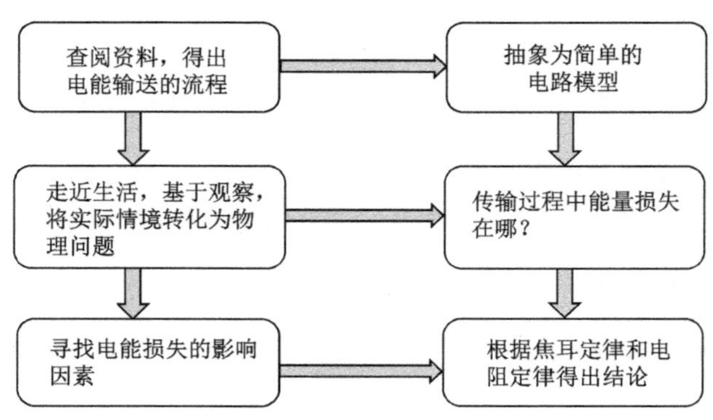

图 4－138　解决远距离输电能量损失问题思路

根据图 4 – 138 的思路，我们将输电线路进行模型建构，将复杂的实际情境转化为简单的电路模型，具体如图 4 – 139 所示。

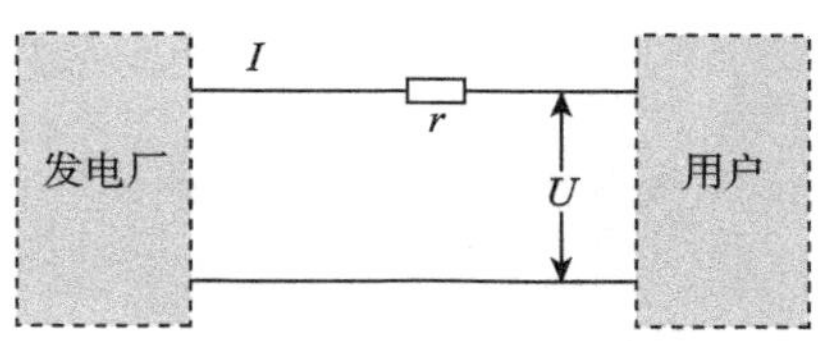

图 4 – 139 简单电路模拟图

根据上述电路简图，我们很容易得出：远距离输电时，为了降低输电线路中电能损失，根据焦耳定律，我们应减小输电线的电阻，减小输电电流。根据电阻定律，为了减小电阻，电线应当选用电阻率小的还是电阻率大的金属材料呢？如铜和铝，哪种材料好呢？尽可能增加还是减少导线的横截面积呢？导线横截面积的增加或者减少有什么要求呢？过粗的导线会导致什么后果呢？

综上所述，从经济、安全、环保等角度考虑，在输电功率一定的情况下，为了减小输电电流，就要提高输电电压。那么，如何提高输电电压呢？

任务二：神奇的“变压”器

图 4 – 140、图 4 – 141 所示的实物，你见过吗？如果没有见过的话，可以在家里找一找废旧的家用电器，拆开来看一看，是否有类似的器件呢？如果有，我们不妨仔细观察一下，看看它的构造是什么样的？它究竟有什么样的作用？

通过查阅资料，你一定知道了图中所示的器件是什么了。没错，它就是能实现改变输电电压的器件——变压器。通过观察我们知道，它是由闭

合铁芯和绕在铁芯上的两个线圈组成的。一个线圈与交流电源连接，叫做原线圈，另一个线圈与负载连接，叫做副线圈。

图 4－140 家用变压器

图 4－141 可拆变压器

变压器的原线圈和副线圈并不在一个电路中，中间是通过铁芯固定在一起，而导线与铁芯是绝缘的，这种结构的作用是什么？它的工作原理又是什么呢？它是怎样实现改变电路电压的呢？你是否有研究它的工作原理的思路呢？

接下来，设计探究以上问题的实验方案吧！

通过实验探究和观察我们发现，原线圈端接入的电源是交流电源时，副线圈才会产生电流，不难得出，变压器工作的基础仍是电磁感应。

电流通过原线圈时在铁芯中能产生磁场吗？由于电流的大小、方向在时刻变化，铁芯中的磁场也在变化吗？如果磁场变化，在副线圈中是否就能产生感应电动势了？所以尽管两个线圈之间没有导线相连，它们也能“通上”电！具体思路如图 4－142 所示。

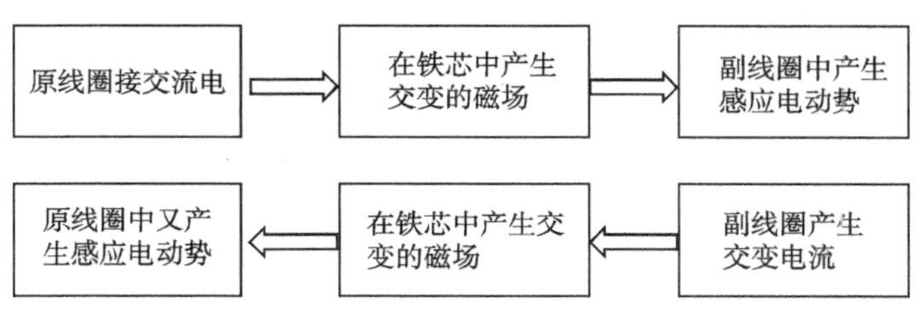

图 4－142　原副线圈联系探究思路图

然而，在实验探究的过程中我们发现，如果变压器原、副线圈的匝数之比不同，原、副线圈上的电压之比也不一样。在误差允许的范围内，原、副线圈的电压之比是接近它们的匝数之比的，但却是不相等的，那么，理论上原、副线圈的电压之比等于它们的匝数之比吗？

任务三：理想变压器“理想”了什么？

要想解决以上问题，我们是不是要对实际问题做简化处理呢？简化处理的依据又是什么呢？

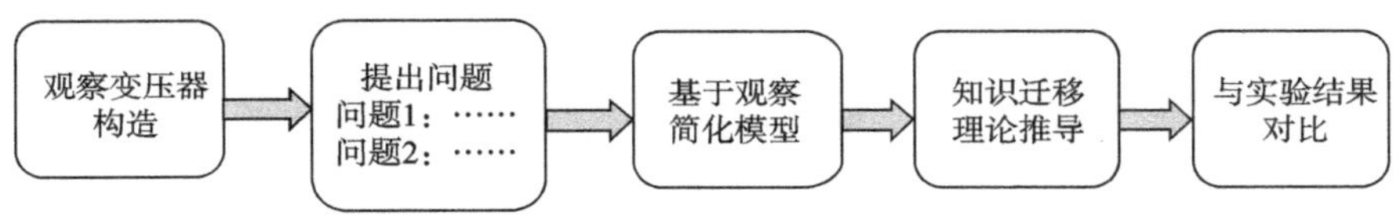

图 4－143　理解理想变压器思路

通过观察，我们可以推测当变压器的原线圈加上交变电压时，原线圈中的交变电流在铁芯中激发交变的磁通量，交变的磁通量穿过原线圈也穿过副线圈。在原、副线圈都产生了感应电动势。结合变压器的构造（如图4-144所示），我们可以提出以下问题。

问题1：原、副线圈两个电动势有什么关系呢？

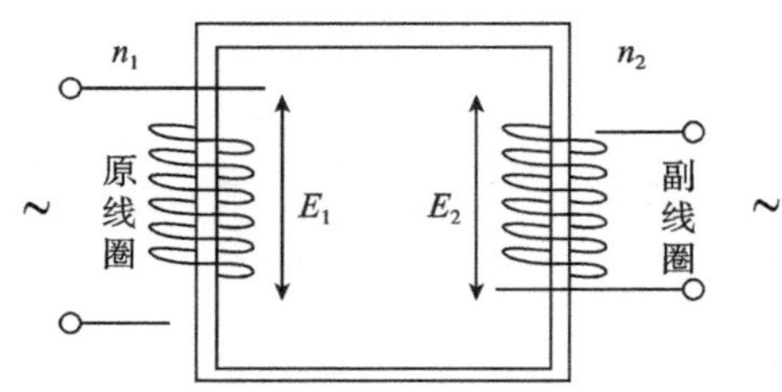

图4-144　变压器结构简图

依据法拉电磁感应定律，原、副线圈的磁通量变化量相等吗？是不是通过原线圈的磁通量完全通过了副线圈呢？原线圈的感应电动势是多少呢？副线圈的感应电动势又是多少呢？当铁芯不闭合时，会出现什么现象呢？

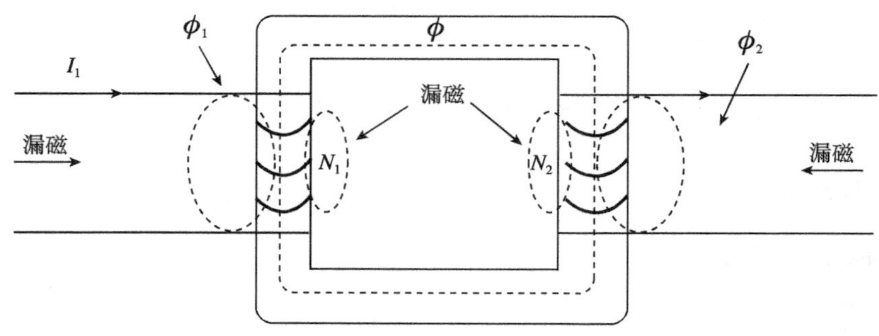

图4-145　漏磁现象

依据探究的结论，我们需要做出理想化处理，忽略变压器遗漏的磁场，如图 4－145 所示。这样，每一匝线圈的磁通量都相等，原、副线圈的磁通量变化量相等，磁通量的变化率也相等，由此推导出原、副线圈产生的感应电动势之比等于匝数之比。

问题 2：$\frac{E_1}{E_2}=\frac{n_1}{n_2}$与$\frac{U_1}{U_2}=\frac{n_1}{n_2}$是一回事吗？

根据实物图，我们画出电路图，如图 4－146 所示。

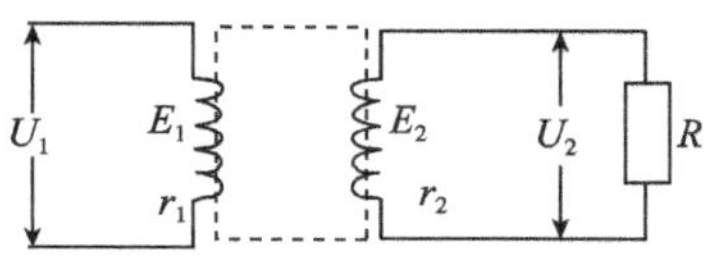

图 4－146　变压器简化电路图

请同学们观察图 4－146 所示的变压器简化电路图，结合电路结构和闭合电路欧姆定律知识，U_1指的是原线圈的输入电压，而U_2指的是副线圈的输出电压，请同学们判断什么情况下$U_1 \neq E_1$、$U_2 \neq E_2$，什么情况下$U_1 = E_1$、$U_2 = E_2$呢？请同学们判断r_1和r_2满足什么条件时，$\frac{U_1}{U_2}=\frac{n_1}{n_2}$，理想变压器做出了怎样的理想化处理呢？

为了研究以上问题，我们还有其他思路吗？我们能否从能量传递的角度去思考问题呢？既然原、副线圈并未直接连接在一起，那么电能是如何完成传递的呢？

问题 3：变压器线圈通过电流时会发热吗？

我们知道电流通过导线会产生焦耳热，原线圈端输入的总电能、导线电阻引起的焦耳热、线圈中转化为磁场能的那部分电能以及由于线圈电阻所造成的损耗之间的关系是什么？

问题 4：铁芯在交变磁场的作用下也会发热吗？

思考这个问题，我们需要回到变压器的结构上，变压器除了有原、副

线圈外还有一个铁芯，它是一个导体，这个导体的存在会形成涡流吗？如果有，是不是就会释放出大量的焦耳热？这样的损耗叫做什么呢？

电动机、变压器的线圈都绕在铁芯上。线圈中流过变化的电流，在铁芯中产生的涡流（如图4－147所示）使铁芯发热，浪费了能量，还可能损坏电器。

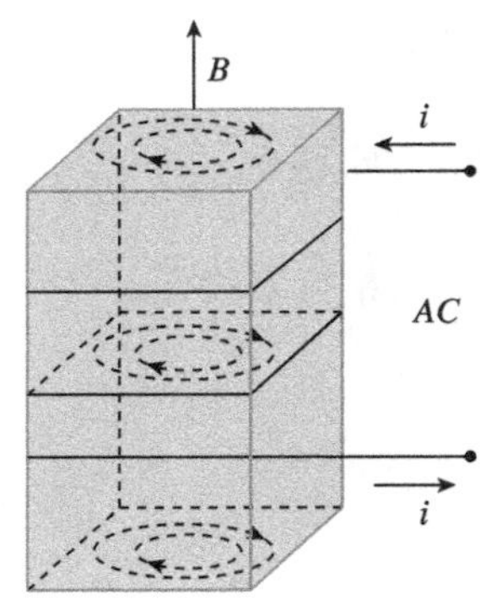

图4－147　导体中的涡流

那么，我们该怎样减少这样的浪费呢？下面我们就来仔细观察变压器中的铁芯（如图4－148所示），观察它的特点，你能得出什么结论呢？

在变压器的铁芯中，除了涡流损失还有什么损失呢？铁芯在反复磁化的过程中，其内部物质微粒会有什么影响呢？为了减少这种影响，我们该采用哪种材料呢？

图4－148　层压磁芯

通过上面问题的探究，同学们应该知道理想变压器都“理想”了什么。同学们是不是对理想变压器模型的理解更深刻了呢？变压器工作原理相对复杂，高中阶段涉及变压器的问题都做了理想化处理，变压器还会涉及到很多大学相关知识，如有功功率、无功功率、相位差、感抗、磁滞等，有兴趣的同学可以进一步探究哦！

好了，知道了变压器的奥秘，我们就不难理解输电电压可以升高或者降低的原理了。

那么，电能从发电站到用户端什么时候升压，什么时候降压呢？你能设计出基本的线路图吗？

我国家庭用户电压是220V，为了减少线路中的能量损耗，通常在发电站附近先升高电压，减少输电过程中因导线电阻而造成的能量损失，在用户端附近又将电压降低，这个过程，变压器就起到至关重要的作用。

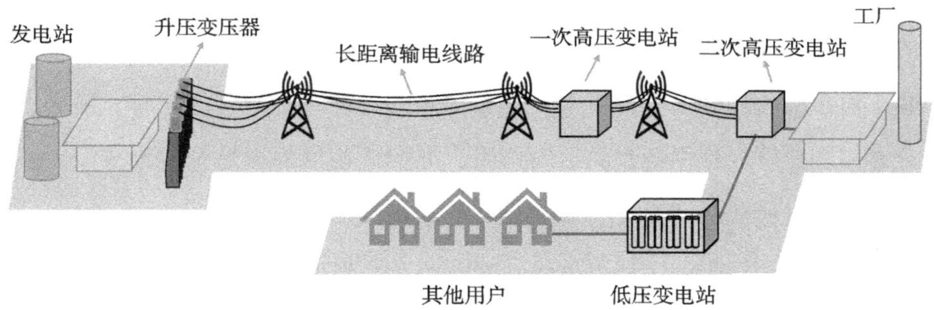

图4－149　电网模拟图

第九节　选择性必修三专题研究：神奇的“分子”

【探秘“分子”的大小】

同学们，“水晶帘动微风起，满架蔷薇一院香”这优美的诗句你们一定听过。诗句的大致意思是：烈日照耀下的池水，晶莹透澈，微风吹来，波光粼粼。这时忽然飘来一阵花香，满院子里都是浓浓的香气。两句诗洋

溢着夏日特有的生机。那你们知道这句诗句里蕴含了什么物理原理吗？暮春时节，为什么你能闻到万紫千红的花儿散发出的沁人心脾的香味呢？有人认为这是由于“花的原子”飘到了人们鼻子里。那么这些“花的原子”究竟是怎么运动的？“花的原子”如果存在，它的大小是多大呢？“花的原子”运动有什么规律呢？与前面我们学习过的运动形式有区别吗？……接下来我们一起跟着探究主题任务来寻找答案吧！

任务一：寻找宏观和微观的“桥梁”

同学们，我们在初中就知道，物体是由大量分子组成的。在研究物质的化学性质时，我们将组成物质的微粒是分子、原子还是离子区分得很清楚。但是在物理学热学模块中，研究物体的热运动性质和规律时，不必区分它们在化学变化中所起的不同作用，把组成物体的微粒统称为分子，所以物理学中所提的“分子”概念比化学中的提法要宽泛。

我们只闻到香气，却不见分子的踪影，可想而知分子很小。那么，这么小的微粒我们该如何进行研究呢？

分子太小，无法直接研究它的运动特征。根据概率论，大量分子的运动会呈现一定的规律，而这些规律又以宏观表现展示出来。所以需要一个“桥梁”将我们看不到的微观世界和我们能看到的宏观世界联系起来。那么这个“桥梁”是什么呢？

同学们通过查阅资料理解阿伏伽德罗常数，它的物理意义、数值和单位分别是什么？它有什么作用呢？

任务二：研究分子的大小（实验和理论角度）

为什么说组成物体的分子是大量的？因为我们知道分子极其微小，那它的尺寸到底有多大呢？我们研究这个问题的思路是什么呢？

我们在研究一些问题时，通常从理论推算和实验验证两个角度来进行探究。我们研究分子直径的大小的逻辑框架如图 4－150 所示。

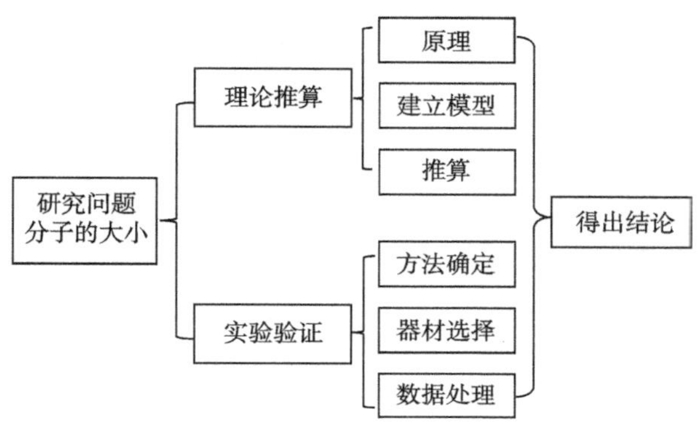

图 4－150 研究分子大小逻辑框架

1. 理论估算

请你在理解阿伏伽德罗常数的基础上思考以下问题。

如果把油酸分子看成球形，且它们紧密排列，请借助已学过的知识估算油酸分子的直径（查阅数据手册得出以下参数：油酸的摩尔质量 M、密度 ρ 分别是多少？摩尔质量指的是一摩尔物质所包含的物质总质量）。

2. 实验测量—分子的大小（以油酸分子为例）

以上是借助物理和化学知识从理论上推算油酸分子的直径，它的数量级是多少呢？我们能否设计实验方案来估算分子的大小呢？分子看不见、摸不着，我们应该怎样较准确地进行实验测量呢？

热身小实验（如图 4－151 所示）：如何用量筒和米尺测出一粒红豆的直径呢？

我们验证实验时要关注研究对象，显然红豆的尺寸要比分子的尺寸大得多，我们肉眼可见。仔细观察，红豆的形状呈球形。那么，怎么测量一粒红豆的直径呢？

图 4－151　热身实验

上面的热身小实验的测量办法是通过测定比较容易测量的较大量来推算不容易测量的较小量，我们叫“以大测小”。借助以上热身实验，你想到了估算一个分子大小的方法了吗？为了便于测量，我们选择油酸分子作为估算对象（如图 4－152 所示）。那么，将油酸分子看成什么形状呢？这里用到了什么思想方法呢？

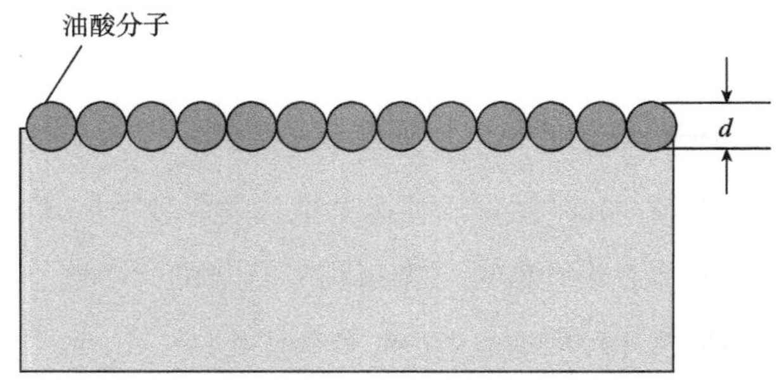

图 4－152　单分子油膜实验

物理学中一种常用的方法是把复杂的实际问题进行合理的抽象，舍去次要因素，突出主要因素，从而建立理想化的物理模型。由于分子特别小，一般情况下我们测量出它的数量级就可以了，我们将它看成球体或者是立方体，对测量结果影响不大。为了便于测量，我们将油酸分子看成球体，这种抽象过程便于实验探究。

假设油酸分子是球体，那么接下来如何测油酸分子的直径呢？我们测量的思路是什么呢？

请同学们按照下面的问题捋清测量思路。

（1）为什么选择油酸分子作为测量对象，它有什么特点呢？

（2）1 滴油酸中分子太多了，平铺在水面上时面积太大了，怎么办？

（3）测量 1 滴油酸溶液体积的困难太大，如何测量？

（4）油酸分子平铺在水面上，要测量面积就要显示轮廓，但油酸也像水一样是透明的，如何来显示轮廓？

（5）油酸膜的形状不规则，怎么估测其面积？

通过油膜法估测油酸分子的大小时，你测得的数据和理论值吻合吗？那一个分子的直径数量级大概是多少呢？如果与预期值有偏差，反思误差的原因是什么？

把分子看成球体来处理，经历建立分子的理想化模型过程，能否估测气体分子直径？如果不能测，是什么原因？如果能测，那又如何估测？请同学们进一步探究吧！

任务三：探究分子运动和什么有关？

同学们，本章开篇的诗句“水晶帘动微风起，满架蔷薇一院香”描写的是夏日的风光。我们现在也清楚了，之所以能闻到花香的味道，是因为花的分子始终做无规则运动，那么这种运动主要受什么因素影响呢？为了回答这个问题，同学们不妨思考一个火灾自救的常识，即从着火燃烧的高楼房间中逃离，正确的方法是用毛巾捂住鼻子，弯腰并且沿墙角迅速爬向门外，大家知道这里蕴含着什么物理原理吗？

生活中发生火灾是很危险的。如果制造真实的火灾环境是非常危险的。为了解决以上的问题，我们可以模拟类似的火灾环境。

取两支蜡烛（一长一短）、透明的规格合适的空玻璃瓶（便于观察现象），如图4－153所示。我们用空玻璃瓶同时罩住这两支燃烧的蜡烛，那么瓶内哪支蜡烛先熄灭呢？几十秒后，我们可以看到，长蜡烛先熄灭。为什么会有这样的现象呢？同学们是不是认为短的蜡烛先灭呢？因为反应会生成二氧化碳，而二氧化碳的密度比空气大，下沉而导致短蜡烛先熄灭。

图4－153　长短蜡烛哪根先灭呢？

实际结果和你认为的一样吗？同学们动手做一下实验，看看有什么新的发现呢？

由以上实验得到的结论，你能解释火灾逃离时采取较低的姿势逃生并且用毛巾捂住口鼻的方式的原因吗？

以上结论经得起任何情况下的考验吗？下面我们再来做一组对比实验。我们将玻璃罩换成一个大的塑料筐（为防止塑料筐上顶燃烧，可以做一些特殊处理），同时罩住这两支燃烧的蜡烛，那么在这种情况下哪支蜡烛先熄灭呢？

通过实验观察，我们发现了什么现象？产生这种现象的原因是什么呢？

我们发现，分子永不停息的无规则运动与所在环境温度有关，分子受热后，温度升高，分子做无规则的运动就会越剧烈。因此，我们把分子这种永不停息的无规则运动叫做热运动，温度是分子热运动剧烈程度的标志。

需要强调的是，在热学研究中，绝不是研究单个分子的运动规律问题。虽然每个分子的运动都是不规则的，带有偶然性，但大量分子的运动有一定的规律。另外，寻找证据是科学探究中的要素之一。我们要学会从实际生活中挖掘相关的实验现象，在收获物理相关知识的同时，学会努力寻找证据，以增强我们的论证意识。

任务四：动手做一做

取相同的佐料和相同的豆腐，分别采用凉拌和炒两种方式，品尝一下，哪种做法更有味？请解释你得到的结果。

任务五：探究分子间的相互作用力

为什么分子有三种不同的聚集状态，即气态、固态和液态呢？是否和分子间作用力有关呢？我们已经知道分子永不停息地做无规则运动，那么，产生这些运动的原因是什么？

我们知道物体的运动离不开力，那么分子之间有力吗？如果有，分子

之间的力又有什么样的规律呢?

之前我们做过这样的实验，向两个量筒中分别倒入一定量的水和酒精，然后再将这两个量筒中的水和酒精混合，观察混合后液体的体积减小了。该现象说明了什么呢?分子间有空隙，为什么大量分子还能聚集在一起呢?你能解释钢笔或毛笔写字，每写一笔就在纸上留下连续笔迹的原因吗?我们撕毁一张纸时需要费力这又说明了什么呢?

1. 神奇的表面张力

下面请同学们研究以下问题：当水和空气接触时，分子间的力又出现了什么规律呢?你在生活中能找到这样的现象和小实验吗?

首先我们来做一做关于表面张力的小实验吧!

取一个玻璃水杯、两枚缝衣针、少许的肥皂粒，先往水杯里灌满清水，用干纸巾将缝衣针擦净，使其保持干燥状态，注意拿针的手必须也是干燥的。随后，把一根缝衣针随意地往水里一扔，发现它会沉入杯底;但是如果将缝衣针轻轻地横放入水中，发现针可以浮在水面上，然后把另一枚针以同样的方式放入，并与第一枚交叉叠放，会看到两枚针都不会沉到水底。当我们将肥皂粒轻轻放入水中，稍等片刻，本来浮在水面上的缝衣针便会渐渐沉入杯底，造成这种现象的原因是什么呢?为什么水能托住两枚一定质量的缝衣针呢?我们该以什么思路解决这样的问题呢?

我们知道缝衣针开始是静止于水面上的，属于平衡状态。对于这种情况要分析运动状态和受力情况，在此基础上从动力学的角度寻找力和运动之间的关系，从而解决实际问题，其思维框架如图 4 – 154 所示。

缝衣针受重力和浮力，我们很清楚这两种力产生的原因和规律，那么缝衣针静止于水面时，水分子间的作用力有什么样的特点呢?

通过查阅文献，我们知道水的表面有一层跟空气层接触的薄层，我

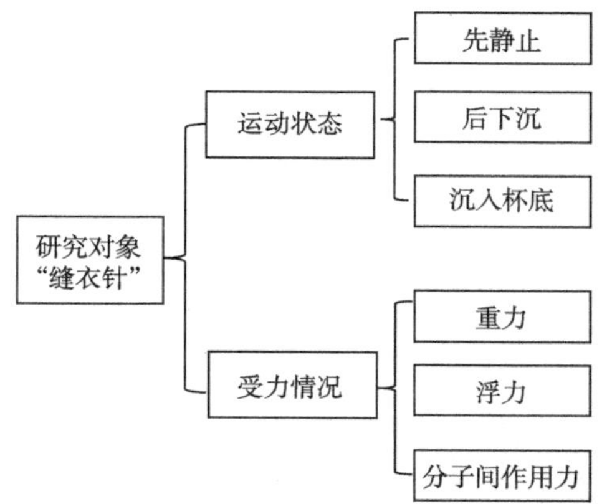

图 4－154　研究缝衣针状态变化思维框架图

们把它叫做表面层。表面层与液体内部的微观结构不同（如图 4－155 甲所示）

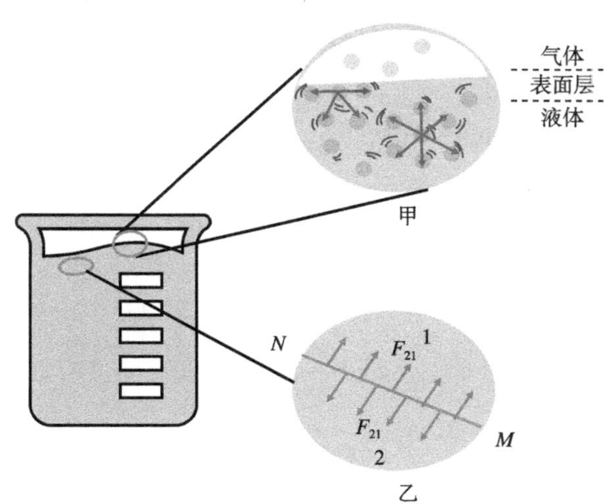

图 4－155　液体的表面张力

分子间的作用力跟分子间的距离有着直接的关系。在液体内部，分子间平均距离是多大？此时分子间的作用力表现为斥力还是引力呢？请同学

们查阅相关资料得出结论吧。

与空气接触的表面层分子间的作用力表现为引力吗？水的表面张力在液体表面层内以怎样的特征存在的呢？仔细观察如图 4－156 甲所示的实验，观察在针的周围，水面有什么特点呢？加入肥皂粒，肥皂粒入水分解，缝衣针为什么又缓缓下落最终沉入杯底呢（如图 4－156 乙所示）？你能从受力的角度进行研究吗？

甲

乙

图 4－156　生活中的表面张力现象

2. 探究“浸润”和“不浸润”

上面的实验是液体表面与空气相接触时产生的现象。如果换成液体表面与固体接触，又会是什么现象呢？

我们再来做一个实验：在洁净的玻璃片上和蜡块上分别滴一滴水，你会看到什么现象呢？同学们动手做一做吧！我们可以沿着以下思路进行观察。

将水滴在玻璃上，水滴会发生什么变化？如果换成蜡块，会有相同的实验现象吗？这两个对比实验分别说明了什么现象呢？

为什么会产生这种现象呢？浸润液体和不浸润液体在毛细管中会有怎样的不同呢？两种现象的本质是什么呢？我们能从力与运动的角度对现象进行分析吗？

分子看不见摸不着，这里需要从微观角度分析这两种现象。当液体和固体相接触时，接触面是不是有了特殊性？我们把这一薄层液体叫做附着层。如图 4－157 所示。

那么，其中的液体分子既受到来自固体分子的吸引力，又受到来自液体内部分子的吸引力。在它们的共同影响下，附着层里的分子受力有什么特点呢？什么情况下表现为引力，什么情况下表现为斥力呢？

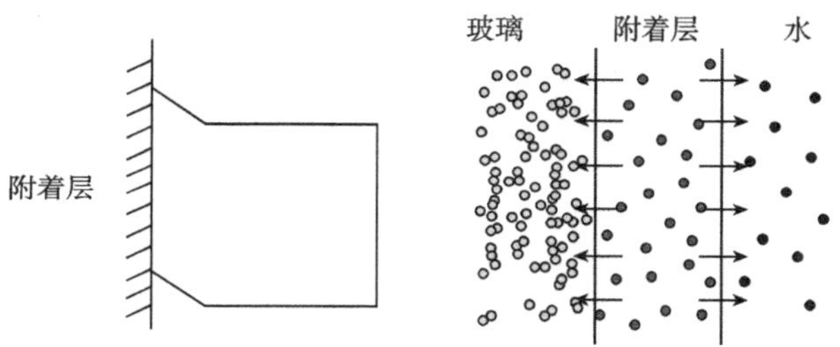

图 4－157　附着层与分子分布特征模拟图

当玻璃试管中的水浸润试管壁时，附近的水面向上延伸，液体表面整体看起来是向下凹的。反之，附近的液体向下缩时，液体表面整体看起来是凸起时，表现为不浸润。对于以上现象你能从分子受力角度进行分析并作出解释吗？

第五章
基于实践物理的单元式教学设计

第一节　单元式教学设计指导思想与理论

一、指导思想

《普通高中物理课程标准（2017 年版 2020 年修订）》中明确提出：在物理学科核心素养的培养过程中，建议一线教师开展的物理课堂要具有生动、深入探究的氛围，要将物理学科核心素养的培养贯穿于物理教学活动的整个过程，通过问题解决提升关键能力，促进物理学科核心素养的达成。另外，还需要引导学生经历科学探究过程，总结提炼科学研究方法，养成科学思维习惯，增强创新意识和实践能力；引领学生认识科学的本质以及和其他学科领域的关系，形成科学态度、科学世界观和价值观，为做有责任感的社会公民奠定基础。

二、科学实践理论

学习进阶是指对学生在一个时间跨度内学习和探究某一主题时，知识点依次进阶、思维逐级深化。知识经过学习和理解、应用和实践、迁移和创新等活动，才能完成从知识碎片化到系统化且自觉深入内化的转化过程。

科学实践理论是在建构主义理论与布鲁纳发现学习理论基础上，建构的一种重视学生活动和知识理解程度的学习理论。科学实践理论下的教学要求学生像科学家实施科学研究那样思考，并在科学探究的过程中建构科学概念、发展科学思维和形成科学价值观。在参与教学活动的过程中加强学生对知识的深入理解、对物理思维的有效提升，进而培养学生的创新思维。项目式教学设计主要围绕探究单元重点、难点展开，从探究表面特征到深究本质原因，从系统认识到单体分析再到系统思考，最终形成一种思考问题的方法，这种对问题的深入认识和思考方法是科学思考的主要途径，是培养学生创新思维的有效手段。

三、单元式教学设计开发意义

1. 基于实践任务突破重难点，并给予学生展示平台

单元式教学设计以实践中的探究任务为前提，以学生在实践中出现的障碍点为基础，突破新的物理核心概念和规律学习过程中的重点、难点，并引导学生在任务探究中对获得的知识进行质疑、辨析和完善，体现了以学生为主体，将学生困惑落实在教学中。全程给予了学生展示的空间和舞台。

2. 小组合作学习，充分调动学习热情

采用主题任务引导，小组自主探究的学习方式，学生参与度高，课堂采用小组合作学习，巧妙地应用手抄报，引领学生综合运用已有知识，解决相关问题。小组合作，展示交流，质疑创新，把学生放在主体地位，充分体现出从怎么教到怎么学的过程，达到了核心素养下的具体任务驱动、落实知识目标和发展学生关键能力的要求。

3. 评价科学有效，凸显过程性评价

评价中以表现性评价为主，创造条件引导学生开展自我评价和相互评

价，各层次的学生都参与评价和反馈。在教学路径的“答辩”环节尤为侧重表现性评价，将学生在实验探究过程中的思维过程展示出来，能客观、全面、有效地收集学生核心素养发展水平的信息，真实反映学生核心素养发展的水平。

第二节 基于实践物理的单元式教学设计案例

案例1：神奇的“碰撞”：从动量定理到动量守恒定律

一、本单元学习进阶关键点

本单元主要是引领学生从另一个视角认识力和运动的关系，知识进阶和思维提升主要体现在以下三个方面：（1）研究对象从单个质点开始，基于已学过的牛顿第二定律的意义，即以力的瞬时效果产生了加速度改变物体运动状态为出发点，进阶到力对时间的累积效果改变了物体的动量，引导学生意识到描述物体的运动状态不仅仅只有速度，还有动量；改变物体的状态不仅仅只有力，还有合力的冲量。（2）动量定理的得出类比动能定理，不仅让学生学会类比，同时要领悟学会从不同的视角来量度运动，即力对时间的累积和力对空间的累积。（3）研究对象从单一到系统，寻找变化中的不变量，大到天体间的作用，小到微观粒子的碰撞，感知动量守恒的普适性。在此需要强调两点，变中有不变（守恒的思想）；变化是永恒的，不变是暂时的。动量守恒是有条件的，必须针对系统而言，自然界的守恒之美也是有条件的，任何好的规律都有局限性。具体学习进阶路线如

图 5-1 所示。

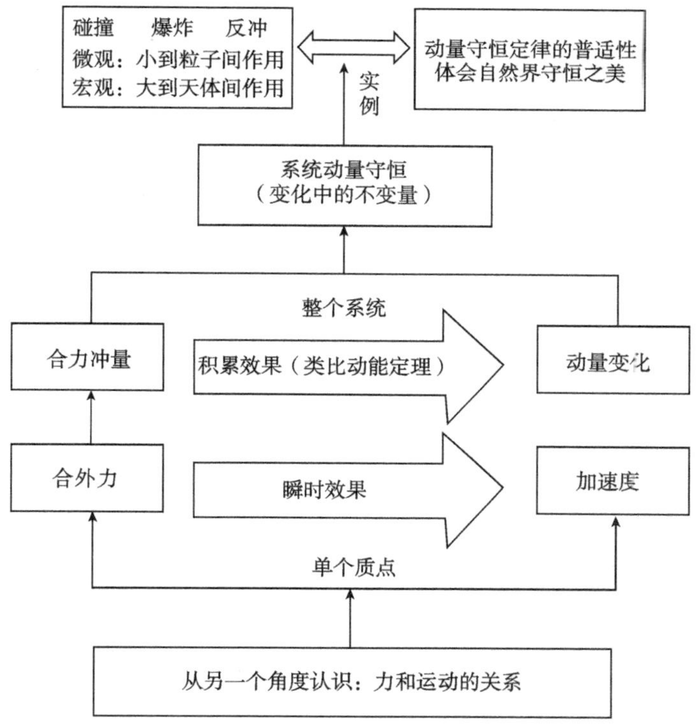

图 5-1　学习进阶路线图

通过这样的进阶，引领学生通过对动量定理和动量守恒定律逐步学习，系统反思和迁移应用，促进学生物理观念的不断发展。

二、单元教学背景分析

（一）主要内容

动量定理及动量守恒定律为学生进一步形成运动与相互作用观提供了重要的渠道，在高中物理教学中占据重要地位。本章节在强调知识传授的同时，还要体现科学探究精神，强调物理学中的“守恒思想”。所以本主题需要突破的

主要内容有：三个核心概念、一条定律、一个思想、四种能力。

三个核心概念：冲量、动量及系统。

一条定律：动量守恒定律。

一个思想：守恒思想。

四种能力：科学探究能力、微观建模能力、发现和提出问题的能力、推理论证能力。

（二）教学关键点分析

1. 整个主题教学的逻辑主线：效果从“瞬时”到“累积”，对象从“单一”到“系统”，科学探究从“理论”到“实践”，中心思想从“守恒”到“变”再到“不变”。

2. 以学生为中心，设问时关注学生的兴趣点：为什么会有动量定理？为什么会有动量守恒定律？学习这些规律有什么作用？

（1）强调概念规律的形成过程（生活经验、物理学史）。

（2）运用科学推理得出动量定理和动量守恒定律，体会便利性（情境转换、模型建立、知识迁移）。

（3）基于证据验证理论推导（实验方案的设计）。

（4）应用动量定理和动量守恒定律解释典型现象，体会学科价值导向（回归生活、走进科技）。

（三）指向学科核心素养和必备能力的培养目标（见表5－1）

表5－1　学科核心素养和必备能力的培养目标

核心要素	二级要素	具体知识点	必备能力
物理观念	物质观、运动观、相互作用观	核心物理概念：动量、冲量、动量定理，物理规律：动量守恒定律	迁移应用 系统反思 科学解释
科学思维	模型建构、科学推理、科学论证	冲量概念的建立、动量定理、动量守恒定律的得出	构建模型 推理论证 类比归纳

续表

核心要素	二级要素	具体知识点	必备能力
科学探究	发现问题、提出问题、收集证据、科学解释、评估与反思	相互作用力的影响因素、动量守恒定律、验证动量守恒定律	提出问题 表述问题 科学解释
科学态度与责任	合作交流、主动参与	主题项目—探秘“弹玻璃球”中的物理秘密 主题项目—“水火箭”制作 主题项目—验证动量守恒定律方案设计	交流沟通 合作体验 表达评价

（四）学情分析

【知识层面】

在前面的学习中，学生已经学过了力、加速度、动量和牛顿第二定律等知识，对运动、相互作用和能量有了一定的认识，且基本掌握了矢量的运算法则。虽然学习了动量这一概念，但是对于这一概念的深入理解还有一定的距离，获得的相关知识是碎片化、单一化的，缺乏概念体系，不理解研究对象从单一到系统的必要性。

【能力层面】

通过对牛顿三大定律和功能关系的学习，学生已经具备了应用物理观念思考问题的基础，通过高一力学实验的学习，也具备了一定的实验探究能力，具有将实际情境转化为物理情境且通过建立简单的物理模型解决生活中实际问题的能力，但是通过类比学习迁移应用的能力有待提升；具备一定的分析和推理论证能力，但是对问题的科学解释能力需要加强。

三、单元学习目标与教学重难点

（一）教学目标

1. 通过“用吸管喝酸奶”“冰壶碰撞”或者“弹玻璃球”等生活化的互动情境，有助于学生提出问题；通过简单模型进行理论推导，得出动量定理及其表达式；类比动能定理建立冲量的概念、得出动量定理规律，同时体会冲量是动量变化的原因。

2. 知道系统、内力和外力等物理概念，能根据实际生活中的各种“碰撞”情境，总结归纳出动量守恒定律成立的条件，能运用动量定理和牛顿第三定律推导动量守恒定律。能够运用动量守恒定律分析生产生活中的有关碰撞，知道动量守恒定律的普遍适用性和牛顿运动定律适用范围的局限性。

3. 通过引导学生根据已学的知识，设计实验方案，巩固对力学综合知识的理解，体会设计实验的一般方法。能对各种实验方案进行分析、评估，能说出各种方案存在的问题，并进行误差分析。能根据具体情况选择合适的方案，培养学生在合作探究中发挥自己的优势，且养成大胆质疑、小心求证的习惯。

4. 积极参与制作“水火箭”过程，加深对动量守恒定律的理解，培养学生热爱生活、实事求是的科学态度，激发学生探索与创新的意识。

（二）教学重点、难点

教学重点：

（1）动量定理、动量守恒条件。

（2）动量守恒定律。

教学难点：

从实际碰撞情境到物理建模；从动量定理到动量守恒定律的理论推

导；验证动量守恒定律方案的设计。

（三）教学重、难点的突破

1. 创设“弹玻璃球”“打台球”等生活化的互动情境，让学生在互动体验中自己提出问题，分析解决问题。

2. 在总结归纳动量守恒条件和推导动量守恒定律时，创设不同的生活情境，引导学生对比分析，得出结论。

3. 在实验探究环节自主设计实验方案，在实验操作过程中让学生经历发现问题、解决问题的过程，在组内自评和互评的基础上完善实验方案。

四、单元学习任务设计及其意义

通过“弹玻璃球”“打台球”“牛顿摆”等生活中的“碰撞”情境，引导学生在不同的碰撞中寻找相同的规律，学会把握规律和运用规律，再经过思维的碰撞寻找乐趣，要解决的问题主要有以下几点。

任务一——突破动量定理

1. 通过生活中碰撞的实例体验，知道相互作用力与哪些因素有关，会根据牛顿第二定律推导动量定理并理解冲量的概念。

2. 会用动量定理解释生活中的实例。

任务二——从动量定理到动量守恒定律

1. 通过创新作业，研究生活中的典型碰撞中关于动量的相关问题，得出系统、内力和外力的概念。

2. 通过将真实的生活情境转化为具体的物理情境，构建合适的物理模型，概括出动量守恒定律的条件，并推导出动量守恒定律。

任务三——验证动量守律定律

1. 通过小组互助学习，自行设计实验方案，从实验角度验证动量守恒

定律，并通过组间相互分享与评价，对比不同方案的特点。

2. 让学生经历模型建构、推理论证、质疑创新的过程。

五、分任务教学设计

任务一：突破动量定理

（一）教学内容分析

本节课引导学生从另一个视角认识“力和运动”的关系，前一节内容重在建立动量概念，并没有关注一个物体动量变化的原因，本节课重点关注动量的变化以及动量变化的原因。通过从实际生活中的碰撞情境出发，建立物理模型，在恒力情况下的理论推导，引导学生逐步建立冲量的概念，并强调该概念是动量发生变化的原因。教材虽然是在恒力作用下由牛顿第二定律推导出动量定理的，但是动量定理不仅适用于恒力的情况，也适用于变力的情况。对于变力冲量的计算可以借助已学过的速度和时间图像中求面积的方法，即采用微元分割、极限求和的思想加以理解。

动量定理是一个重要的规律，也是下一节从理论上推导动量守恒定律的基础，它揭示了力在一段时间内连续作用的累积效果与动量变化之间的关系，补充了动能定理在解决某些问题时的不足，进一步揭示了运动状态变化与相互作用之间的关系。动量定理在实际中有广泛的应用，尤其在解决作用时间短、作用力大等问题时，利用动量定理解决问题非常方便。本节的重点应放在动量定理的推导和应用上，要关注学生的前认知概念。

（二）学习者分析

【知识层面】

具有力、加速度、动量和牛顿第二定律等知识，对运动、相互作用有一定的认识，基本掌握了矢量的运算法则。虽然学习了动量这一概念，但对于这一概念的深入理解还有一定的距离，获得的相关知识也是碎片化、单一化的，缺乏概念体系。

【能力和素养层面】

具有通过建立简单的物理模型解决生活中实际问题的能力，但是从复杂情境中建构物理模型的能力还有待提升；学习了动能定理，具备一定的迁移能力；具备一定的分析和推理论证能力，但是对问题的科学解释能力需要提升。

（三）教学方式与教学手段

教学方式——学生实践与体验、互助与分享。

教学手段——抓住四点：以“任务驱动、生活体验”为切入点；以“简单模型、推理论证”为突破点；以“合作探究、分享评价”为着眼点；以“回归生活、科学解释”为提升点。

（四）教学目标和重难点

1. 教学目标

（1）知道两个物体相互作用力与作用时间、速度变化量、质量有关，并会在恒力情况下进行理论推导，得出动量定理及其表达式。

（2）知道冲量概念以及冲量是动量变化的原因。

（3）知道动量定理适用于变力情况，领会求解变力冲量时的极限思想，并领悟动量定理在解决变力情况时的便利性。

（4）会举出用动量定理解释的生活实例，并能利用动量定理清晰地解释说明。

（5）能大胆地猜想现象背后的原因；能根据实际情境建立物理模型，加以分析并推理论证；能基于证据，对问题做出科学解释。

（6）培养学生在合作中发挥自己的优势，且养成大胆质疑、小心求证

的习惯。

2. 教学重点

冲量、动量定理的推导及其应用。

3. 教学难点

建立模型、动量定理推导及其矢量性。

（五）主要教学过程（见表5－2）

表5－2　突破动量定理主要教学过程

环节一：体验式引入、目标与前测	
教师活动1：同学们，这是我们小时候经常玩的一种“弹球游戏”，这个游戏大家很熟悉，下面同学们来做做，仔细观察并想想这里面有什么物理问题呢？弹球是如何被弹出去的呢？ 教师总结1：很好，这显然是“力和运动”的问题，我们知道一个弹球从静止到运动需要另一个弹球给它足够大的力。 教师问题1：而这个力的作用效果和什么因素有关呢？ 教师总结2：相互作用力和速度有关。 教师问题2：我们知道两个弹球发生作用是一个过程，我们不仅关注初状态，还要关注末状态，所以这里的速度我们改成什么会更加合理一点呢？ 教师活动2：生活中还有很多这样的例子，比方说钉钉子，钉子被钉进木板里，是因为受到锤子力的作用，而力的作用效果与锤子接触钉子的初始速度有关。 教师问题3：除了和作用时间有关外，还和什么因素有关呢？ 教师活动3：这里有一块木板，木板上有根钉子，这边是用不同材料制作成的锤子，如图5－3所示，那如何借助锤子快速地将钉子钉入木板呢？你会选用哪种材料的锤子呢？	学生活动1：现场体验“弹球游戏”（如图5－2所示）  **图5－2　玻璃弹球** 学生回答1：受到另一个弹球力的作用。 学生回答2：入射弹球的速度。 学生回答3：速度的变化量。 学生活动2：体验用不同的材料制成的锤子钉钉子，得出物体间相互作用力还与作用时间有关。

续表

<table>
<tr><td>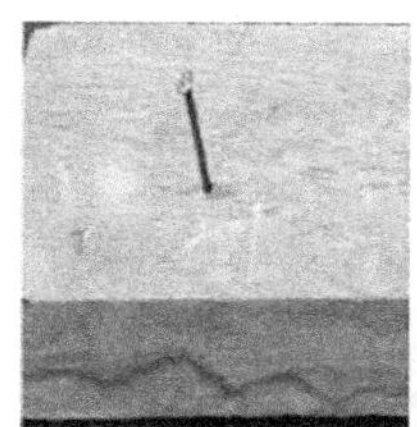 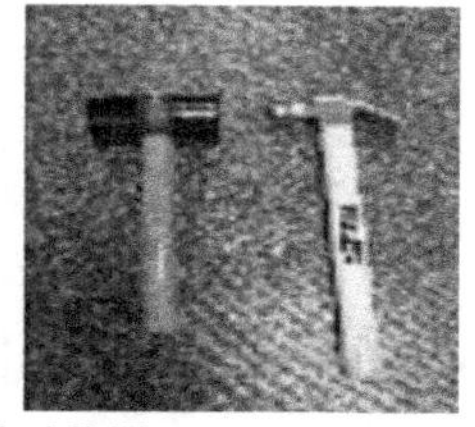
图 5-3 实验仪器
教师活动 4：总结提炼。
教师问题 4：通过上一节课的学习，我们知道质量和速度一起考虑的话，应该涉及到什么概念呢？
教师问题 5：质量和速度变化量一起考虑的话又是什么物理量呢？
教师总结：很好，通过以上两个实例，我们可以得出，物体之间的相互作用力与作用时间、动量变化量有关，那它们之间有什么定量关系呢？</td><td>学生活动 3：体验用相同材料、不同质量的锤子钉钉子。得出物体间相互作用力还与物体质量有关！
学生回答 4：动量
学生回答 5：动量变化量</td></tr>
<tr><td colspan="2">活动意图说明：通过鼓励学生参与生活实例体验，激发学生热情；强调规则并引导学生从生活走向物理，从理论走向实践。学生亲身体验“弹球游戏”等活动，引发学生思考相互作用力的影响因素，诊断学生的思维障碍点。</td></tr>
<tr><td colspan="2">环节二：合作与答辩——建立模型、动量定理的理论推导</td></tr>
<tr><td>教师活动 1【问题引领，定量推导】
思考讨论：一个质量为 m 的物体在光滑的水平面上受到恒力 F 的作用，做匀变速直线运动。在初始时刻，物体的速度为 v，经过一段时间 Δt，它的速度为 v'，请根据学过的物理知识，推导出 F 与作用时间 Δt、动量变化量 Δp 的关系？
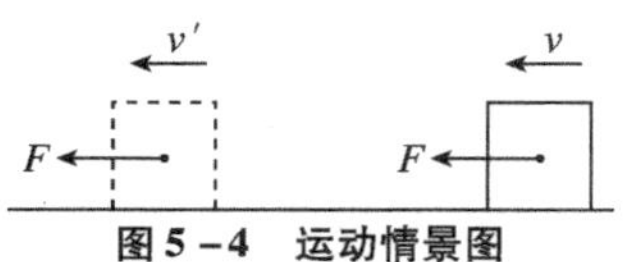

图 5-4 运动情景图</td><td>学生活动 1：【小组合作，解释答辩】
利用海报呈现结果：阐述理论推导

图 5-5 分享推导过程</td></tr>
<tr><td colspan="2">活动意图说明：通过创设的生活中“弹球碰撞”实际情境、建立物理模型，引导学生合理推导；启发学生思维，培养学生分析信息、运用所学知识解决新问题的能力。</td></tr>
</table>

续表

<table>
<tr><th colspan="2">环节三：类比学习，得出规律</th></tr>
<tr><td>教师活动 1：【设置问题，激发思考】
$$F - mg = ma$$
$$F_{合} = m\frac{v_2 - (-v_1)}{t}$$
上式变换形式得：$F_{合}t = \Delta p$
$$F_{合} = \frac{\Delta p}{t}$$
教师问题 1：通过理论推导，我们知道了相互作用力与动量变化量和作用时间有如上所示的定量关系，那我们回顾一下锤子钉钉子过程，怎样用上述式子进行解释呢？
教师问题 2：解释得很好，在这里，老师需要强调的是，在动量变化量一定的情况下分析羊角锤作用在什么地方呢？

图 5-6　教师演示实验
教师活动 2：播放羊角锤铺地砖的视频，引导学生感受生活中的物理。
教师问题 3：能用铁锤砸地砖吗？
教师活动 3：现场演示，证实猜想（如图 5-6 所示）。
教师引导 1：羊角锤砸不碎地砖，而铁锤能砸碎，原理在于 $F_{合} = \frac{\Delta p}{t}$ 这个表达式，说明这个式子非常重要。下面我们将此式进行变形得出：$F_{合}t = \Delta p$ (1)
教师问题 4：这个式子和我们之前学习过的哪个式子很像呢？
教师问题 5：很好，动能定理的右边是动能的变化，左边是力做的功，表示的是力在空间上的积累，而（1）等式的右边表示什么呢？等式的左边又表示什么呢？
教师引导 2：式子左边是力和时间的乘积，表示的是力在时间上的积累，这样的积累引起了物体动量的变化，很显然有必要给力乘以时间定义一个物理量，我们把它叫做冲量。
教师引导 3：$F_{合}t$ 这个物理量反映了力的作用对时间的累积效应。物理学中把力与力的作用时间的乘积叫做力的冲量。
板书 1. 冲量 I
$I = F\Delta t$
教师问题 6：我们类比动能定理，思考一下，认识冲量这个概念需要注意哪些问题呢？
板书 2. 是矢量，方向和力 F 的方向相同
教师归纳总结：物体在一个过程中所受力的冲量等于它在这个过程始末的动量变化量，这个关系叫做动量定理。
板书 3：动量定理
内容：物体在一个过程中所受力的冲量等于它在这个过程始末的动量变化量。
数学表达式：$F_{合}t = \Delta p$
强调：这里的力指的是合力。</td>
<td>学生回答 1：如果想要作用力大，作用时间短，可以用铁锤钉钉子，反之羊皮锤作用时间长，作用力就会小。同理，弹球被弹出去时也遵循这样的原理。
学生回答 2：……
学生回答 3：不能或能。
学生回答 4：动能定理。
学生回答 5：右边表示动量变化，左边表示力与时间的累积。
学生回答 6：矢量、注意方向……</td></tr>
<tr><td colspan="2">活动意图说明：根据具体情况选择合适的研究对象，培养学生推理论证、分析问题、迁移应用和举一反三的能力。</td></tr>
</table>

续表

<table>
<tr><th colspan="2">环节四：深入理解，学以致用</th></tr>
<tr><td>教师引导1：除了“弹球”“打台球”等碰撞情境外，生活中有很多利用动量定理解释的实例，比方说有这样一个娱乐项目，它能给人带来失重的感觉，同时又能保证人身安全。
教师问题1：这个项目是什么呢？
教师活动1：播放蹦极视频。
教师问题2：通过视频，大家有什么发现吗？
教师问题3：为什么用弹性绳呢？

教师强调：在这里我们需要强调一点，再用动量定理解释这种问题时，需要明确物体动量发生的变化是一定的情况下，作用的时间短，物体受的力就大；作用的时间长，物体受的力就小。
教师活动2：实际上，我们每个人并不是都有机会接触或者敢于挑战蹦极，所以老师给你们准备了一个砝码、弹性绳和普通的布条，下面我们小组合作分别用不同材料的绳模拟一下蹦极的过程。
教师问题4：通过模拟实验，大家有什么新的发现吗？
教师问题5：那真实蹦极时，如果用一般的绳子，是不是绳子不断的情况下，人就是安全的呢？
教师活动3：演示高空切黄瓜（如图5－7所示）。黄瓜受绳子力过大时，直接被绳子切开。

图5－7　教师演示高空切黄瓜
教师总结：生活中还有很多可以用动量定理解释的现象，希望同学们课下继续观察体会。</td><td>学生回答1：蹦极
学生回答2：绑在人身上的绳子是弹性绳。
学生回答3：为了延长时间，让绳子和人之间的作用力减小。
学生活动1：现场模拟蹦极（如图5－8所示）。

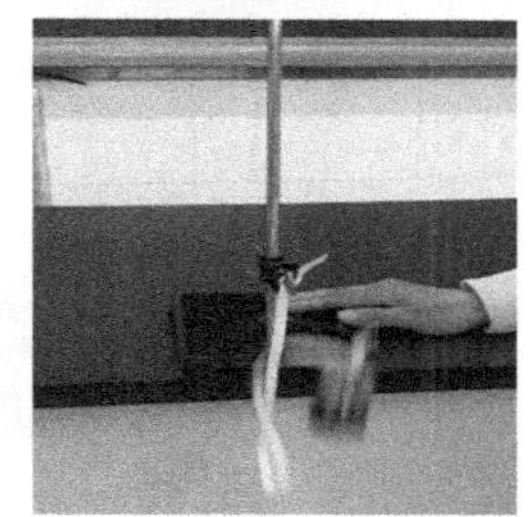
图5－8　模拟蹦极实验
学生回答4：将砝码举到同一高度，布条下落过程中断裂了，而弹性绳没有。说明布条和砝码作用时间短，受力大，容易断。
学生回答5：不是。</td></tr>
</table>

衔接任务：亲自体验冰壶碰撞（如图5－9所示）、台球碰撞，分析碰撞过程中动量变化原因，并推导它们动量变化的大小关系。

图 5－9　冰壶游戏

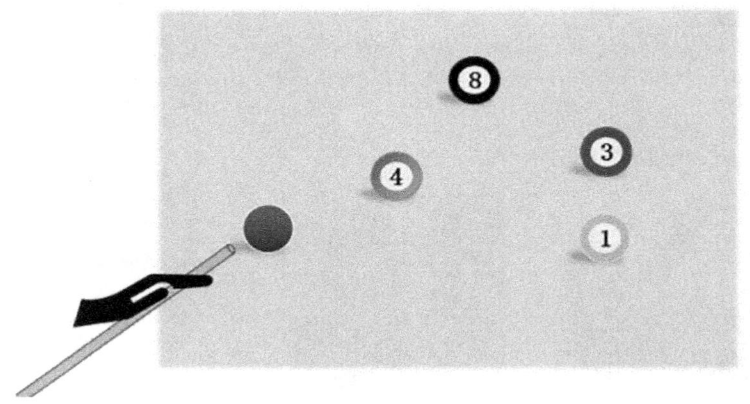

图 5－10　台球游戏

任务二：从动量定理到动量守恒定律

（一）教学内容分析

动量守恒定律是力学三大定律之一，既适用于宏观世界，也适用于微观世界；既适用于低速运动，又适用于高速运动；具有普适性，是比牛顿运动定律应用更广的一条普遍规律。动量守恒定律从系统、内力、外力的概念入手，基于牛顿第三定律和动量定理进行建模，通过理论推导得出，与本章第一节寻找守恒量前后呼应，有利于帮助学生领悟知识点的前后联系，更好地理解动量守恒定律，挖掘教学内容中隐含的“守恒”等跨学科概念。深化对物体之间相互作用和机械运动的理解，即在物体机械运动转移过程中，系统中一物体获得动量的同时，必然是别的物体失去了一份与之相等的动量，这有利于学生对于动量这个物理量的深刻理解。动量是物理机械运动的一种量度，物体动量的转移反映了物体机械运动的转移。

本节的重点要落实以下三方面内容。

1. 系统、内力、外力三个概念。

2. 基于牛顿第三定律及动量定理推导动量守恒定律。

3. 总结归纳动量守恒定律成立的条件。

（二）学习者分析

【知识层面】

（1）知道动量、冲量核心概念和动量定理及牛顿第三定律。

（2）初步掌握动量定理解决问题时的基本思路，即知道过程判断和受力分析。能从单一对象过渡到多个对象，但是对于什么是“系统”及“内力”和“外力”的认识比较陌生。

（3）已从前面“寻找守恒量”的实验中知道碰撞前后物体动量之和不变。

【素养和能力层面】

（1）学生具备基于问题提出假设的能力，能在熟悉问题情境中建立常见的物理模型，并基于前期知识进行科学理论推导，进一步发展相互作用观。

（2）具备实事求是的科学论证和探究精神。

（3）初步掌握了归纳对比方法，本节课需要迁移，并归纳出动量守恒定律成立的条件。

（三）教学方式与教学手段

教学方式——学生实践与体验、互助与分享。

教学手段——对比归纳。

（四）教学目标和教学重难点

1. 教学目标

（1）能把生活中典型的“碰撞”“反冲”等真实情境转化为物理情境，并建立物理模型。

（2）知道系统、内力和外力等物理概念，能运用动量定理和牛顿第三定律推导动量守恒定律。

（3）能归纳总结出动量守恒定律成立的条件。

（4）能够运用动量守恒定律分析生产生活中的有关现象，知道动量守恒定律的普遍适用性和牛顿运动定律适用范围的局限性。

（5）通过介绍物理学史，让学生体会动量守恒规律获得过程，并会参与制作“水火箭”，培养学生热爱生活、实事求是的科学态度，激发学生探索与创新的意识。

2. 教学重点

（1）动量守恒定律的理论推导。

（2）动量守恒定律成立的条件。

3. 教学难点

（1）动量守恒定律成立条件的归纳过程。

（2）动量守恒定律的矢量性，分析问题时的方向性选择。

（五）教学过程（见表5－3）

表5－3 从动量定理到动量守恒定律教学过程

<table>
<tr><td colspan="2">环节一：情境分类，异中取同
突破知识要点：系统，内力和外力的概念。</td></tr>
<tr><td>教师活动1：列举生活中的两个物体发生碰撞的典型实例，引导学生总结以下不同情境中有什么共性问题。
情境1：两个冰壶碰撞实验过程。
情境2：两个台球发生碰撞过程（如图5－1所示）。
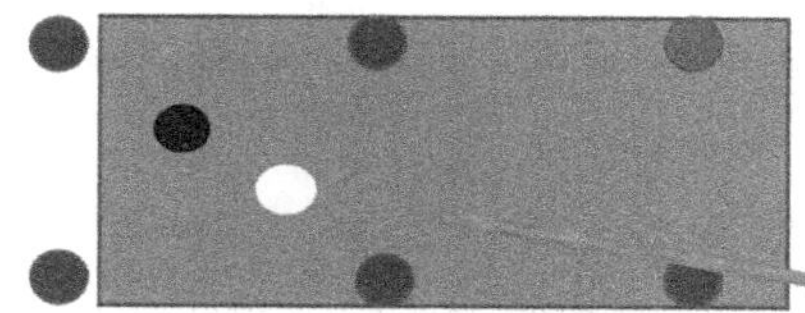
图5－1 打台球游戏
教师活动2：（总结）结合学生发言总结规律。
研究对象从单一物体变成了相互作用的物体，我们把这样相互作用的物体当成一个系统。
系统：由两个（或多个）相互作用的物体构成的整体叫做一个力学系统。
教师回答1：在本章第一节追寻守恒量中强调过，两个相互作用的物体，其中一个物体的某些物理量会改变，但是两个物体相互作用前后该物理量的总量是不变的，比如说机械能守恒。既然是相互作用，研究对象就不能是单个物体。两个物体是我们的研究对象，就要区分哪些属于两个物体之间的相互作用，哪些是来自两个物体之外的作用。所以就要把相互作用的物体看成一个系统，那么系统中物体间的作用力，叫做内力。系统以外的物体施加给系统内物体的力，叫做外力。</td><td>学生活动1：小组讨论交流并分享自己的结果。
在列举的两个情境中，都是两个以上物体间的相互作用，物体受到若干个力的作用而发生了运动状态的改变。
学生提问1：为什么要引入系统的概念？</td></tr>
<tr><td colspan="2">活动意图说明：创设不同的情境，引导学生通过小组讨论，在诸多客观情境中概括事物的共同属性，抽象出事物的本质特征。不同情景的展现加强学生对于系统的了解，由此建立并区别内力和外力的概念。学生经历了“比较—概括—抽象”的过程，构建物质观念和发展科学思维。</td></tr>
<tr><td colspan="2">环节二：基于现象，提出问题</td></tr>
<tr><td>教师活动1：引导学生基于现象提出问题
通过前面知识的学习，我们知道了描述物体运动状态的物理量不仅有速度，还有动量，它对时间的变化率即为力。以上两个情境中，都涉及了两个物体间的相互作用，根据上节课学过的动量定理和留下的课后作业，你能分析两个相互作用的物体它们动量的变化情况还有什么隐含的物理规律吗？</td><td>学生活动1：基于现象，提出问题
预设的问题：
问题1：相互作用的物体分别受到哪些力的作用？
问题2：物体发生碰撞前后各自的动量有什么变化？
问题3：系统如何选取，研究过程应该是哪一段？
问题4：……</td></tr>
</table>

续表

<table>
<tr><td colspan="2">活动意图说明：培养学生根据现象发现问题并收集和选择有用信息的能力。对于学生提出的问题，教师要肯定并给予适当概括和修正，从而提高学生的自信心。</td></tr>
<tr><td colspan="2">环节三：情境转化，科学推理
突破难点：分析以上两个情境中两物体发生作用前后各自动量的变化以及动量之和的变化。</td></tr>
<tr><td>教师活动 1：完善并提炼出突破重难点的问题
作业分享：台球碰撞过程中，分析两个相碰的台球的动量变化原因，并推导它们动量变化大小关系。

为了解决这个问题，各小组进行情境转化并分享思路。
问题 1：以上情境中系统分别怎样选取？研究过程该是哪一段？

问题 2：对于选定的系统而言，哪些是内力？哪些是外力？

问题 3：相互作用的两物体分别设为 A 和 B，分别对 A 和 B 受力分析，判断它们的动量是否发生了变化？找出影响 A 和 B 动量变化的是哪些力的冲量？

问题 4：规定正方向，结合牛顿第三定律与动量定理，分别列出求解两个物体动量变化的表达式，比较物体 A 和 B 碰撞前后的动量之和，你有什么发现吗？</td><td>学生活动 1：分小组领任务并利用海报记录本组的研究结果。
问题引领，基于证据和逻辑建构物理模型并设置物理量进行动量守恒定律的推导。
A 小组：
将台球碰撞的真实情境转化为物理情境，即两个台球质量分是 m_1 和 m_2，沿着同一直线向相同的方向运动，设 A 和 B 相碰前速度分别为 v_2 和 v_1，且 $v_2 > v_1$，经过一段时间后，A 追上了 B，两台球发生碰撞，碰撞后的速度分别是 v'_2 和 v'_1。
问题 1：情境 1 中系统选择为发生相互碰撞的两个台球。研究过程为碰撞瞬间前后。
问题 2：碰撞过程中两台球受到对方施加的弹力为内力，外力分别为重力、地面支持力和摩擦力。
问题 3：两物体动量都发生了变化，主要体现在水平方向上，影响动量变化的是水平方向碰撞过程中的弹力、地面的摩擦力。
问题 4：碰撞过程中对 A 台球（后面追碰的台球）受力分析如图 5 - 12：

v_2 F_2 f_2 m_2
图 5 - 12　A 的水平方向受力分析

对 B 物体受力分析如图 5 - 13：

v_1 f_1 m_1 F_1
图 5 - 13　B 的水平方向受力分析

小组利用手抄报的形式展示推导过程。</td></tr>
</table>

续表

<table>
<tr><td colspan="2">活动意图说明：引导学生将实际情境转化成解决问题的物理情境，建构模型，应用所学的知识进行科学推理，并尊重学生个性，引导学生准备表述问题、解决过程和结果交流、反思科学探究过程。</td></tr>
<tr><td colspan="2">环节四：模型建构，科学推理
突破重点：动量守恒定律的数学表达式和成立的条件。</td></tr>
<tr><td>教师活动 1：情境对比，问题提炼。
【推导过程归纳】以冰壶的情境为例
根据牛顿第二定律，碰撞过程中两冰壶的加速度分别是：
对 A　$a_2 = \dfrac{F_2 + f_2}{m_2}$　（1）
对 B　$a_1 = \dfrac{F_1 - f_1}{m_1}$　（2）
$a_1 = \dfrac{v_1' - v_1}{\Delta t}$ 碰撞时两球之间力的作用时间很短，用 Δt 表示，这样，加速度与碰撞前后速度的关系就是：
将 $a_2 = \dfrac{v_2' - v_2}{\Delta t}$　$a_1 = \dfrac{v_1' - v_1}{\Delta t}$ 以上两式分别代入（1）（2）式得：
对 A 有 $(F_2 + f_2)\Delta t = m_2 v_2' - m_2 v_2$　（3）
对 B 有：$(F_1 - f_1)\Delta t = m_1 v_1' - m_1 v_1$　（4）
根据牛顿第三定律，F_1、F_2大小相等、方向相反，即：$F_1 = -F_2$
将（3）（4）整理得：
$(f_2 - f_1)\Delta t = m_2 v_2' - m_2 v_2 + m_1 v_1' - m_1 v_1$　（5）
将系统初状态下的动量和末状态下的动量分别整理到一起，得：
$(f_2 - f_1)\Delta t + m_1 v_1 + m_2 v_2 = m_2 v_2' + m_1 v_1'$　（6）
问题引导：
（1）通过（6）式，你发现了什么规律？
（2）系统作用前后总动量是否发生变化？与什么有关呢？</td><td>学生活动 1：分享结果，整合提升。
各小组海报记录的结果一同展出，并评价各组推导结果。
学生回答：（1）两冰壶发生碰撞前后，各自动量发生了变化，总动量也发生了变化。
总动量发生变化的原因是有摩擦力的作用。
（2）系统作用前后总动量是否发生变化与系统是否受外力有关。</td></tr>
<tr><td colspan="2">活动意图：根据问题解决的需要，基于证据和逻辑对问题进行合理的解释，并根据理论对问题进行判断分析。</td></tr>
</table>

续表

<table>
<tr><td colspan="2">环节五：归纳总结，得出结论
突破重点：动量守恒定律的内容深入解释和成立的条件梳理。</td></tr>
<tr><td>教师活动1：引导学生关注推导（6）式并归纳总结动量守恒定律成立的条件。
动量守恒定律：如果一个系统不受外力，或者所受外力的矢量和为0，这个系统的总动量保持不变。
数学表达式：
$$m_1v_1 + m_2v_2 = m_2v_2' + m_1v_1'$$</td><td>学生活动1：分析结果，发现规律，形成合理的结论，深入理解动量守恒定律内容。
$(f_2 - f_1)\Delta t_1 = 0$，通过观察，只要根据（6）式判断两冰壶碰撞前后总动量不变。
通过上述两个实例的对比，引导学生得出以下结论：
两物体所受的摩擦力属于系统外力。
动量守恒的条件有以下几种情况：
①系统不受外力；
②系统受外力作用，但所受外力的矢量和为0；
③系统受外力作用，所受外力的矢量和不为0，但远小于物体间的相互作用力，这种情况近似动量守恒，属于生活中最常见的情况。</td></tr>
<tr><td colspan="2">活动意图：基于证据和逻辑对问题进行合理的解释，培养学生发散性思维。</td></tr>
<tr><td colspan="2">环节六：介绍物理学史，了解动量守恒定律的建立过程</td></tr>
<tr><td>教师活动1：从以上学习中，我们看出动量守恒定律在解决某些问题时较牛顿运动定律有很大的便利性，但动量守恒定律的建立其实经历了曲折的过程。下面我们一起来学习一下科学家们是怎样发现和逐步完善这个规律的。
建立的过程、代表人物及典型观点具体如下。
1. 伽利略在研究打击等现象，将速率和重量的乘积定义为动量，由此形成了动量的初步概念，为动量守恒定律的发现打下概念基础。
2. 笛卡尔继承了伽利略的思想，并公开支持伽利略的观点。不仅肯定了物体的运动应该用动量来度量，认为动量是个算术量，并提出动量守恒的思想。
3. 1652 年，惠更斯在精密实验的基础上，对物体碰撞问题进行了系统的理论研究，主要是弹性物体之间的碰撞研究。同时提出矢量的概念，从而形成了完整的关于弹性碰撞的理论体系，基本确立了动量守恒定律。
4. 牛顿在《自然哲学的数学原理》一书中指明：物质的量度是质量，厘清了自伽利略以来众多物理学家对动量概念的模糊认识。他是科学史上第一个真正意义上建立动量概念的物理学家。
5. 1686 年，数学家莱布尼茨指出宇宙中能度量物体运动的应该是 mv^2 而不是 mv。</td><td>学生活动1：基于老师下发的物理学史方面的资料，说说自己的感受。
学生发言：
通过以上学习，我们知道动量守恒定律的建立历经曲折，正因为物理学家们勤于思考，乐于探究，敢于质疑，才推动了该定律的不断完善。</td></tr>
</table>

续表

6. 1747 年，法国物理学家达朗贝尔指出了两种形式之间存在的对立与统一关系。他认为，mv 和 mv^2 是从不同角度来对物体运动进行度量的。不仅厘清了动量和动能这两个重要的物理概念，还进一步肯定了动量在物理学中的重要地位。 **教师总结**：所以针对现象，我们要善于发现问题，比如，以上两个碰撞情境中，我们会通过理论推导分析系统动量是否守恒，那实际上系统动量守恒我们该怎么去验证呢？打台球的实际情况不一定会发生正碰，也有可能会是斜碰，对于斜碰问题我们课下继续研究吧！	
活动意图：通过物理学史的重演，能够使学生明晰动量概念以及动量守恒定律建立的曲折历程，了解各个历史人物在动量守恒定律逐步建立和完善过程中所做的贡献，同时也使学生对动量产生的原因、动量的本质及动量守恒定律的建立拥有透彻而深刻认识。	

案例 2：神奇的等效：怎样成为“大力士”——力的加减法

一、本单元学习进阶关键点

《普通高中物理课程标准（2017 年版 2020 年修订）》对于力的合成和分解、共点力的平衡做了很大的调整。具体变化如下。

通过实验了解力的合成与分解，知道矢量和标量。能用共点力的平衡条件分析日常生活中的问题。

《普通高中物理课程标准（实验版）》中关于“力的合成和分解、共点力平衡”的要求是通过实验理解力的合成与分解，知道共点力的平衡条件，区分矢量与标量，用力的合成与分解分析日常生活中的问题。

在教学建议中关于“力的合成与分解”“运动的合成与分解”的教学中，让学生经历把一个整体的事物分解为几个要素进行研究，以及把问题的几个要素结合成一个整体进行综合认识的思维过程，提高学生的分析与综合能力。教师要引导学生体会“等效”的物理思想，让学生在观察、实验的基础上通过科学推理和科学论证得到结论，培养学生的科学思维。

新的课程标准更加注重核心知识落实，核心方法的渗透，更加注重物理学科思维的培养。

本专题应该着眼于实验和应用力的等效思想来解决实际的生活问题，以达到提高学生科学素养的宗旨。因此，在设计本专题时以实验探究任务驱动小组合作自主学习，以大量的学生生活实践和体验式实验为线索展开知识的学习。另外，为了加强学生的主动探究意识和自主学习能力，通过动手实践、思维提升来获取知识，应用知识来解决实际问题。这样的调整更加关注学生在实际生活情境中去发现问题，在解决问题的过程中加强对物理知识的深入理解，进而提升学生的学科素养和科学思维。本主题的进阶路线如图 5－14 所示。

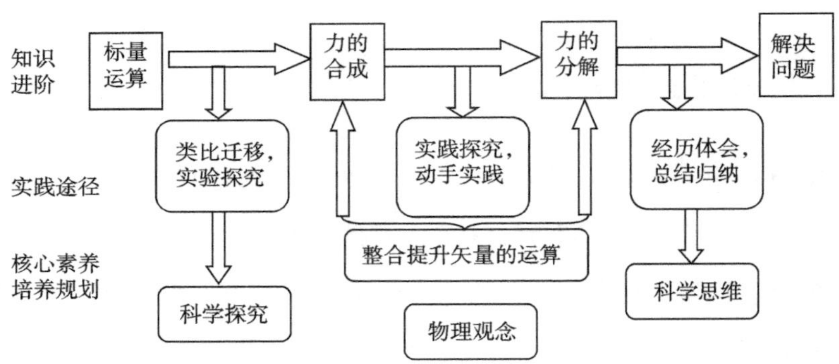

图 5－14　单元主题进阶路线

二、单元教学背景分析

（一）主要内容

力的运算主要是力的合成和分解，这部分内容是高一“相互作用”这一章的后两节内容，本专题的主要功能是进一步完善对矢量及其合成法则的认识，是研究静力学和动力学的预备知识，具有基础性和预备性。

本主题的主要内容：两组概念，一条规律，一个思想，三种能力。

两组概念：合力和分力；力的合成和力的分解。

一条规律：矢量的平行四边形定则。

一个思想：等效的思想（平行四边形定则和等效的思想是以后解决力学问题的一种重要方法，也是中学阶段其他矢量运算的基础）。

三种能力：实验探究、数形结合、解决问题的能力。

（二）教学关键点分析

1. 在物理观念的形成过程中要重点突出物理知识与实际情境的联系，加强核心概念（矢量）的整合渗透 。

2. 在科学探究的过程中，重点做好“指导”和“自主”的关系，避免“假探究”“放任自流”两个极端出现，创设科学探究的真实情境。

3. 在科学思维的培养过程中，要做到让学生真正地经历、体会物理建模、科学推理论证的过程，让学生真思考，真分析，真交流，真体会，真收获。

4. 关于学生兴趣的培养，尽量做到设计有悬念的问题让学生研究，增添联系生活的教学内容，创设生动活泼的研究情境和学习氛围，布置有趣的学习任务。

（三）指向学科核心素养和必备能力的培养目标

1. 从物理观念上看：本专题的学习进一步完善了对力的认识，有利于学生建立相互作用的物理观念，同时也可以帮助学生形成矢量的大概念体系。

2. 从科学思维上看：本专题所涉及的等效思想、模型建构思想和可逆性原理等思想方法是物理学习研究的主要思想方法。另外，对于应用力的合成和分解的思想解决实际生活中的问题这一节，一方面可以让学生切实

经历模型建构的过程及科学推理、科学论证和质疑创新的过程，另一方面也可以通过有效教学环节的设计，关注不同学生的思维水平。在解决力学问题中发展学科思维，增强实践意识。

3. 从科学探究上看：本专题中的“探究力的合成法则”一节由原来的验证性实验变成了探究实验，就是为了培养学生的实验探究能力。所以在教学环节的设计中要重点关注学生的问题意识、论证意识，让学生在解释交流的过程中提高实验探究能力。

4. 从科学态度与责任上看：本专题中，实验探究教学可以培养学生的求真精神与团队合作意识；应用物理知识解决实际问题的教学可以培养学生学习物理的兴趣，增强学生对大自然的兴趣，有助于学生养成用物理的视角观察社会、解决问题的意识；探寻分解的方法的教学可以让学生进一步理解矢量分解的意义。

（四）学情分析

1. 学生现有认知状态

（1）学科知识

通过前面重力、弹力、摩擦力的学习，学生已经知道了力是矢量，可以判断力的方向，知道可以用力的图示来表示力的大小和方向，知道力的作用效果，可以通过作用效果来比较力的大小。

通过初中的学习，学生已经知道了二力平衡的条件，并能用力的平衡来处理同一条直线上两个力求和的问题，但是对于力的分解并不了解。对于矢量的运算，没有系统地学习。

（2）学科方法

通过前一章运动的学习，学生已经知道了矢量的概念，在学习位移时学生已经初步了解了位移矢量的合成方法，这为力的矢量合成方法提供了一定的迁移整合基础。

本专题中的平行四边形定则、矢量三角形法则的理解和正交分解的应用都要用到数学的方法与思想。对于高一新生，从数形结合的角度来处理问题，将物理中的力的问题转化成数学中的几何问题，用图像来表示平行四边形定则，这些方面都有一定难度。

（3）学科能力与素养

通过弹力和摩擦力的学习，学生已经具备了一定的实验探究能力，能够知道通过物理实验来寻找物理规律的方法，但在探究力的平行四边形定则的实验中，一方面学生对于“等效的思想”与实际问题相结合存在一定的困难，另一方面学生通过实验数据与数学相结合来寻找平行四边形定则也存在一定困难。

本专题的重要意义在于不但建立了矢量的合成和分解的法则，还给我们提供了一种等效转化的物理思想，一个整体的事物分解为几个要素进行研究，以及把问题的几个要素结合成一个整体进行综合认识，这是物理的一种重要的思维方法，即等效与转化的思维方法。这对于学生的能力要求较高，需要教师的逐步引导与渗透。

运用物理知识解决实际问题能力的高低，往往取决于学生将情境与知识相联系的水平，而将问题中的实际情境转化成解决问题的物理情境，建立相应的物理模型，又是应用物理观念思考问题、应用物理知识分析解决问题的关键，这对高一学生来说是最欠缺也是最需要提升的。

2. 期望认知状态

（1）掌握平行四边形定则。

（2）从运算法则的角度理解矢量的特点，能将力的合成和分解的思想方法迁移到其他矢量的合成和分解中。

（3）经历科学探究的过程，提高科学探究能力。

（4）在具体情境中能够通过物理建模、科学推理论证将实际问题转化为物理问题，再将物理问题转化为数学问题，从而对客观事物进行有效分析。

三、单元教学目标与教学重难点

（一）教学目标

1. 通过实验探究得到力的合成法则（平行四边形定则）过程，培养学生的实验探究能力。

2. 通过作业分享交流讨论的过程，让学生理解力的分解规律；通过具体问题分析使学生初步掌握正交分解的方法，并能在具体问题中选择适合的分解方法。提高学生运用数学方法解决物理问题的能力。

3. 通过对力的合成和分解的深入理解，使学生进一步完善对矢量的认识，帮助学生建立矢量的大概念，培养学生整合迁移的意识。

4. 通过经历把一个整体的事物分解为几个要素进行研究以及把问题的几个要素结合成一个整体进行综合认识的思维过程，真正体会等效替代的思想，提高学生的分析与综合能力、语言表达能力、实验探究能力、建模能力。同时在解决实际生活问题的过程中来逐渐提高学生的科学思维水平，增强参与科技活动的热情。

（二）教学重难点

在形成概念规律的过程中逐渐渗透物理学科素养。在探究力的合成法则时提高学生的科学探究能力，在理解力的合成和分解方法的过程中形成矢量的概念体系，在应用物理规律解决问题中的建构模型、论证解释、创新质疑等思维水平的提升。

（三）重难点的突破

1. 在探究力的合成法则的实验中创设真实的情境，让学生动手操作创设“2N + 2N = 2N”的实验情境，让学生在动手实践中自己发现问题，提出问题，分析解决问题。在实验探究环节自主设计实验方案，在实验操作过程中让学生经历发现问题、解决问题的过程，自主地完善实验方案。在数据处理环节让学生体会应用数学方法解决物理问题的巧妙。

2. 在探寻力的分解方法中布置有趣的学习任务，让学生动手制作模型尺，在制作过程中体会合力和分力的关系，借助模型和几何画板让学生探究力的分解的唯一性条件，加深学生对平行四边形定则的理解。在动手实践中自主发现问题，通过交流分享来解决问题。

3. 在应用规律解决问题的过程中让学生经历科学思维的过程，通过具体问题的引导分析，让学生体会并自主总结处理实际问题的方法途径，通过不同情境的设计让学生寻找解决问题的方法。

4. 将力的合成和分解与运动的合成分解进行类比迁移学习，帮助学生建立矢量的概念体系。

四、单元学习任务设计及其意义

按照对知识的学习理解、整合迁移、应用实践的认知途径，将本专题分为 3 课时，分别是通过实验“探究规律”，通过分析深入“理解规律”，“应用规律”解决生活中的问题。

任务一：如何实现“2N + 2N = 2N”

主要解决问题：

1. 知道合力和分力的概念，理解“等效替代”的实际意义。

2. 能够自己设计实验，探究力的合成的方法。

3. 培养学生的实验探究能力，提升学生的等效替代和数形结合的物理

学科思想。

任务二：动手制作平行四边形模型尺

主要解决问题：

1. 通过动手实践发现力的分解规律。

2. 通过动手实践和几何画板，探究力的分解的唯一性条件，进一步理解平行四边形定则，可以通过作图来解决矢量问题。

3. 能够在具体情境中选择正确的分解方法。

4. 熟练应用正交分解的方法和矢量三角形法则解决具体的问题。

任务三：你能成为大力士吗？如何单手拉动汽车

主要解决问题：

1. 让学生经历模型建构、推理论证、质疑创新的过程，培养学生的物理建模能力和应用物理知识解决实际生活问题的能力。

2. 体会等效转化思想，在具体问题情境中可以自己设计方案解决实际问题。

五、分任务教学设计

任务一：如何实现“2N＋2N＝2N”——探究力的合成法则

（一）教学内容分析

本章是高中力学的基础，本节课涉及的等效思想和平行四边形定则既是这一章的重点又是难点。其中通过探究实验得到平行四边形定则这一过程，对培养学生严谨的科学态度和科学思维方法有很重要的作用。从力的合成拓展迁移矢量的运算法则，是矢量概念的核心内容，又是学习物理学的基础。通过矢量的运算，学生才能彻底地理解它与标量的区别。

所以本节的重点要落实三方面内容：

1. 通过实验探究力的合成法则。

2. 深入理解平行四边形定则。

3. 进一步完善矢量的概念。

学习本节内容需要的知识有力的三要素、力的图示、力的矢量性和等效的思想方法。

（二）学习者分析

【知识层面】

（1）通过前面重力、弹力、摩擦力的学习，学生已经知道了力是矢量，可以判断力的方向，能用力的图示来表示力的大小和方向，了解力的作用效果，可以通过作用效果来比较力的大小。

（2）通过初中的学习，学生已经知道了二力平衡的条件，并能用力的平衡来处理同一条直线上两个力求和的问题，但是对于力的分解并不了解。对于矢量的运算，没有系统地学习。

（3）通过前一章的自主作业，学生已经了解了一些合力和分力的概念。

【能力层面】

（1）通过前一章运动的学习，学生已经知道了矢量的概念，在学习位移时学生已经初步了解了位移矢量的合成方法，这为力的矢量合成方法提供了一定的迁移整合基础。

（2）等效替代的思想是本节课的重要学科思想，之前学生接触较少。从等效的思想再到力的等效问题是一个大的飞跃。

【学科素养层面】

通过弹力和摩擦力的学习，学生已经具备了一定的实验探究能力，能够知道通过物理实验来寻找物理规律的方法，但在探究力的平行四边形定则的实验中，一方面学生对于“等效的思想”与实际问题相结合存在一定的困难，另一方面学生通过实验数据与数学相结合来寻找平行四边形定则也存在一定困难。

（三）教学方式与教学手段

教学方式——学生实践与体验、互助与分享。

教学手段——本节课是一节实验探究课，其最大特点就是“真”。实验探究课很容易出“假探究”和“放任自流”这两种极端倾向，为了避免这两种极端的出现，在教学中应做到以下三点。

（1）创设科学探究的真实情境

本节课力求让学生通过简单动手实验作业发现问题，提出问题。通过设计实验的过程发现解决问题的突破口，通过尝试探究的过程逐渐明确方案、完善方案，体会设计实验由粗到细、再到精确的过程。这样整个探究过程学生一直处在发现问题、分析问题、解决问题的过程中。

（2）处理好“指导”和“自主”的关系

为了避免让学生按教材或教师既定步骤进行虚假“探究”，教学中应注意观察、收集学生与预期结果相矛盾的信息。在处理信息时，让学生依照物理事实通过科学的逻辑推理来确立物理量之间的关系，提高学生依据证据、运用逻辑和现有知识储备来进行科学论证和科学解释的能力。

（3）以“素养”的视角来观察学生科学探究过程

本节课注重通过有效的设问和追问提升学生的思维高度。通过学生之间的交流讨论和学生独立思考提高学生的表达能力、逻辑思维能力。

（四）教学目标和教学重难点

1. 教学目标

（1）能通过创新作业自主发现问题，并能通过自主阅读教材从等效的思想上认识合力和分力的概念，通过列举生活中合力、分力作用效果的实例初步体会等效的思想。

（2）通过实例自主发现，合力分力之间的关系可能与分力的角度有关。培养学生提出问题的能力。

（3）能通过结合合力、分力概念，自己设计实验探究合力和分力的关系，并能在实验中运用等效的思想。能通过和同伴交流讨论对实验方案进行评价，培养学生根据解决问题的需要，收集和选择有用信息，处理问题的能力。能通过参与实验探究过程，培养学生动手操作能力和协作能力。

（4）能够在教师的引导下将物理问题与数学问题结合起来，归纳出互成角度的两个共点力的合成遵循平行四边形定则。

（5）通过介绍物理学史，体会物理规律的发现过程，培养学生热爱生活、实事求是的科学态度，激发学生探索与创新的意识。

2. 教学重点

（1）等效替代思想的渗透。

（2）平行四边形定则的探究过程。

3. 教学难点

（1）实验的设计和平行四边形定则的探究过程。

（2）从代数和到矢量和的跨越。

（五）主要教学过程（见表5－4）

表5－4　如何实现“2N＋2N＝2N”—探究力的合成法则主要教学过程

<table>
<tr><th colspan="2">环节一：分享动手实践作业，提出问题</th></tr>
<tr><td>创设情境：我们用一个弹簧测力计拉着一个质量为200g的砝码，使其处于静止状态，如图5－15所示此时弹簧测力计示数为2N，如果我们用两个同样的弹簧测力计同时竖直拉着它，弹簧测力计的示数是多少？你的判断依据是什么？
交流分享之前的实践作业：“2N＋2N＝2N”
你能利用下列实验器材设计一个“2N＋2N＝2N”的实验情境吗？
（实验器材：重200g的砝码，两个弹簧测力计，两根细线）
教师活动1：（提问）上一讲我们留下了这样一个实验课题，就是用老师所提供的实验器材演示一个“2N＋2N＝2N”的实验情境。同学们有想法了吗？
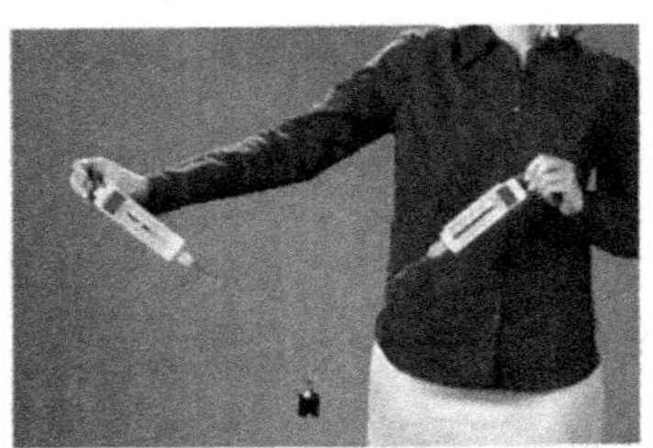
图5－15　“2N＋2N＝2N”的实验情境
教师活动2：（提问）为什么你的这个实验情境可以证明“2N＋2N＝2N”呢？
教师活动3：（提问）什么是合力？什么是作用效果相同？你能举例说明吗？
教师活动4：（提问）合力的求法与我们以前学的物理量的求法一样吗？不一样在哪里？一定是“2N＋2N＝2N”吗？你改变弹簧测力计的角度还发现了什么现象？</td><td>学生活动1：（演示如图5－16所示）用两个弹簧测力计同时拉着砝码，当两个弹簧测力计互成120度时，两个弹簧测力计的是数都是2N。
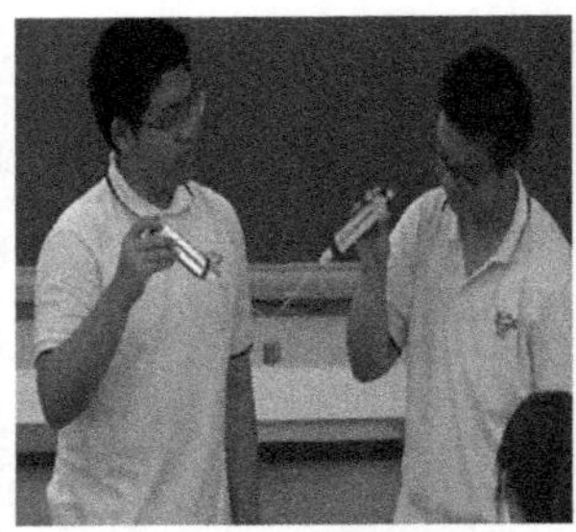
图5－16　学生演示实验设计
学生活动2：（交流分析）两个弹簧测力计可以使重2N的砝码处于静止状态。所以两个拉力的合力应该与砝码的重力大小相等方向相反。这两个拉力的合力应该是2N。
学生活动3：阅读教材明确合力和分力的概念，明确作用效果相同的含义。
学生活动4：动手操作发现角度变化时两个分力变化。思考合力与分力的角度有关。</td></tr>
<tr><td colspan="2">活动意图说明：通过动手实践作业发现力的合成法则不同于以往的物理量合成，通过教师追问明确合力和分力、力的作用效果相同等核心概念，通过自己动手操作发现合力与角度的关系，激发学生学习寻找力的合成法则的欲望。</td></tr>
<tr><th colspan="2">环节二：类比分析猜想规律</th></tr>
<tr><td>教师活动1：（引导）力的合成不能简单的相加减。我们今天必须寻找一个新的方法，这个方法有着划时代的意义。
教师活动2：（提问）猜想它会遵从什么规律呢？猜想的依据一定是原有经验和事物的本质特点。力之所以不能直接相加减的原因是什么？
教师活动3：（提问）你学过哪些矢量，它们都是怎样合成的？</td><td>学生活动1：（思考）力有方向（或与方向有关），是一个有方向的量（矢量）。
学生活动2：（分析）类比人教版教材关于位移矢量的求解，猜想是否遵循三角形定则。</td></tr>
</table>

续表

<table>
<tr><td></td><td>思考与讨论
一位同学从操场中心 A 出发，向北走了 40m，到达 C 点，然后又向东走了 30m，到达 B 点（如图 5－17 所示）。在纸上用有向线段表示他第一次、第二次的位移和两次行走的合位移（即代表他的位置变化的最后结果的位移）。
三个位移的大小各是多少？你能通过这个实例总结出矢量相加的法则吗？
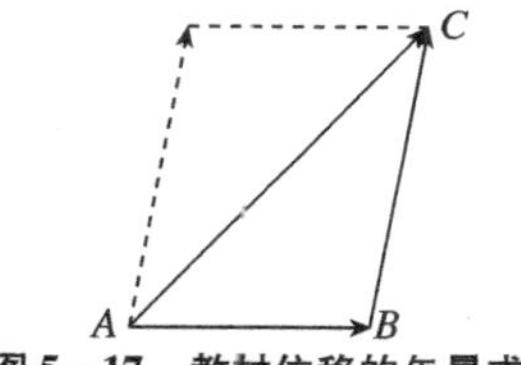

图 5－17　教材位移的矢量求法</td></tr>
<tr><td colspan="2">活动意图说明：能分析相关事实，提出并准确表述可探究的物理问题，做出有依据的假设。引导学生从原有知识出发寻找规律，突破学生寻找平行四边形规律的难点，为后续教学做铺垫。</td></tr>
<tr><td colspan="2">环节三：设计实验探究，寻求规律</td></tr>
<tr><td>教师活动 1：（提问）如何验证你的猜想？
教师活动 2：（引导）学生分析探究这一规律需要记录哪些数据，关注哪些重点，需要哪些仪器。
教师活动 3：引导学生对每一方法进行分析，重点突破以下三点：
（1）怎样获得分力、合力？
（2）明确不但要记录力的大小，还要考虑力的方向。
（3）知道在实际问题情境中合力、分力如何满足作用效果相同（如果研究对象是物体可以是运动状态变化相同，如果研究对象是弹簧应该是伸长到同一位置，选择的作用效果呈现方式不同，其仪器的选择不同，后续的实验步骤也不同）。
方案一　关注作用效果，关注记录数据方法
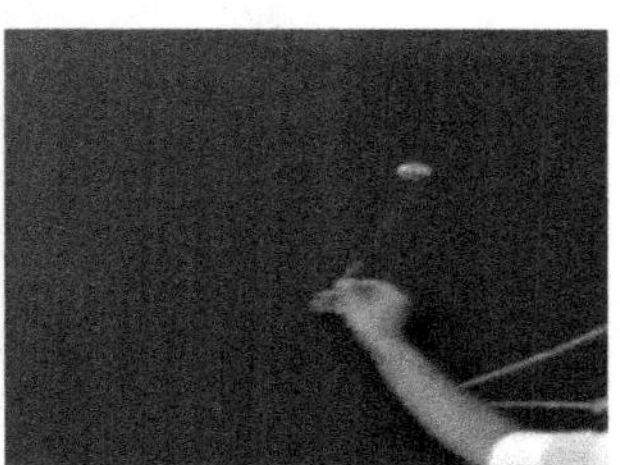
图 5－19　教师引导学生思考</td><td>学生活动 1：设计实验方案，交流分享实验方案。
在实际教学过程中有学生设计了以下四种实验方案：
（1）选择橡皮筋为研究对象的方案。
（2）选择砝码为研究对象的方案。
（3）选择圆环为研究对象的方案。
（4）选择带角度的圆环为研究对象的方案。

图 5－18　学生分享自己的方案</td></tr>
</table>

续表

<table>
<tr>
<td>方案二　关注记录数据方法

图 5-20　学生讨论方案二
方案三　关注记录数据方法
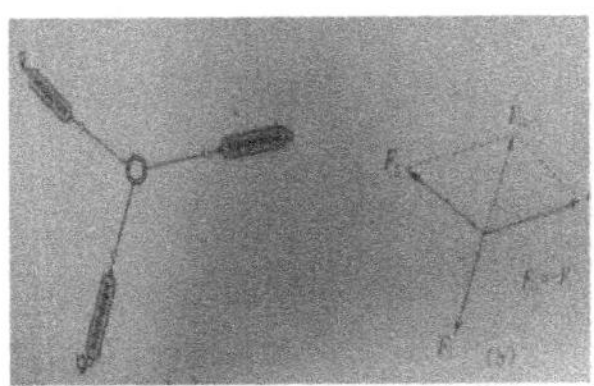
图 5-21　实验数据记录方法</td>
<td>
图 5-22　学生交流分享
方案四　带角度的圆环</td>
</tr>
<tr>
<td colspan="2">活动意图说明：培养学生基于实际问题设计实验，并对实验方案进行评价和灵活地选择合适的仪器获得数据的能力。明确实验中的重点环节，选择合适的研究对象，保证作用效果相同，记录力的大小和方向，用力的图示表示力。</td>
</tr>
<tr>
<td colspan="2">环节四：依据方案进行实验</td>
</tr>
<tr>
<td>教师活动 1：（引导）关注学生实验中的问题，用手机记录典型问题，及时给予学生正确的指导。

图 5-23　教师指导学生</td>
<td>学生活动 1：选择适合自己的方法进行实验，记录一组实验数据。
挑战一：测量表示分力和对应的合力
挑战二：由力的图示探究合力与分力的关系

图 5-24　学生分组实验</td>
</tr>
</table>

<table>
<tr><td colspan="2">活动意图说明：方案明确后，让学生选择适合自己的方法记录完成一组实验数据的处理过程。在具体操作过程中学生还会出现很多问题。有的同学先是将木板立起来进行实验，在实验过程遇到了困难，又选择将木板平放。开始很多同学选择用方案二，在实验过程中发现力的方向记录不方便，又放弃方案二选择方案一，其实真实的实验探究就是要经过不断地试误、反思、改进、调整。不断尝试和交流，方案才能更明确，方法才能更精准。所以在这一过程中教师并没有及时纠正学生的错误，而是用手机记录学生的典型问题，学生需要时进行有效地引导，充分让学生自主的探究，让学生真实验、真出错，基于真问题去真反思、真分析、真体会、真收获。其实我们反复强调的许多问题，学生只有自己体会、思考，才能真正变成自己的经验方法。</td></tr>
<tr><td colspan="2">环节五：结合实验数据进行理论分析</td></tr>
<tr><td>教师活动 1：选择两组典型的数据进行评价，引导学生发现问题如图 5－25 所示。
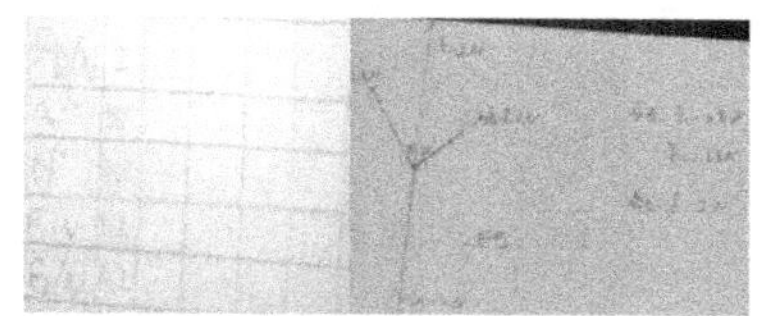
图 5－25　学生的数据记录
（问题一）没有用力的图示表示力，无法寻找实验规律。
（问题二）引导学生处理数据寻找三角形，发现新的问题，不能构成三角形的原因。
教师活动 2：通过手机微信展示学生实验中的情境，让学生分析实验操作中的问题。
教师活动 3：引导学生分析数据寻找规律，引导学生发现矢量三角形与平行四边形的一致性。
教师活动 4：（质疑）你得到了什么结论？结论可靠吗？怎样检验结论是否可靠？完美表达自己的实验结论。</td><td>学生活动 1：学会分析处理数据，形成合理的结论。
学生活动 2：结合实际操作中的问题，分析产生实验误差的原因，提出更加准确的实验操作。
学生活动 3：更改方案重新实验，分析数据寻找规律，交流分享实验结果。
学生活动 4：分析数据，发现规律，形成合理的结论，完美表达实验结论。

图 5－26　学生进行实验</td></tr>
<tr><td colspan="2">活动意图说明：真实还原学生的实验探究过程，让学生体会实验探究是怎样从粗到细逐步走向精细的，培养学生的实验评估和反思能力。让学生真思考，真分析，真探究，真交流，真体会，真收获。同时让学生体会到物理与数学是密不可分的，许多物理规律都闪烁着数学的光芒。</td></tr>
</table>

续表

环节六：介绍物理学史，将平行四边形定则扩展到矢量计算	
教师活动1：（追问）思考为什么我们把合力写成“合力”而不是“和力”。最大的原因是运算的法则不同。平行四边形定则是所有矢量遵从的法则。	学生思考：我们为什么把合力写成“合力”？
活动意图说明：将平行四边形定则扩展到了矢量的运算。本节课落实了核心概念，让学生理解了等效的思想，提升了实验探究的能力，体会了数形结合的思想。	

衔接任务：

发展空间

实验室

用木片（或塑料片）制作一个平行四边形模型（图5－27），两条邻边表示两个共点力，夹角可以随意改变，对角线表示合力。模型做好后，观察当两分力间夹角从0°到180°的变化过程中，合力的大小和方向如何变化。

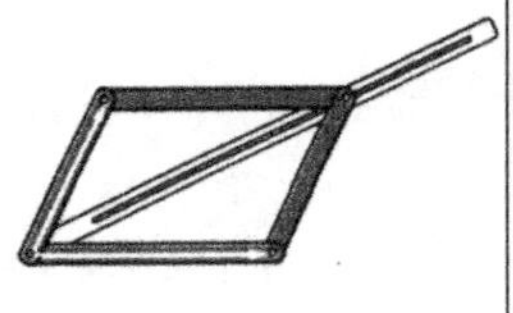

图5－27

思考：你能以此为启发制作一个合力确定、分力大小、方向变化的平行四边形模型吗？

目的：培养学生的动手能力，进一步直观地认识合力和分力的关系。

任务二：动手制作平行四边形模型尺——理解矢量分解的意义

（一）教学内容分析

学习矢量的合成和分解主要解决三个问题：

1. 从知识上，让学生知道矢量的合成和矢量的分解都遵循平行四边形（或矢量三角形）的运算法则，合成和分解是互为逆运算的。矢量的合成是唯一的，而矢量的分解是不唯一的。

2. 从能力和方法上，合成和分解主要体现的是等效思想，让学生经历把一个整体的事物分解为几个要素进行研究以及把问题的几个要素结合成一个整体进行综合认识的思维过程，提高学生的分析与综合能力。教师要引导学生体会“等效”的物理思想。另外，本专题涉及的通过受力分析矢量三角形法处理力学问题和通过正交分解法处理力学问题是高中物理处理力学的核心方法，学生应该通过本节课的学习熟练掌握这两种处理问题的方法。

3. 从学科素养上，要让学生在解决问题的过程中体会矢量分解的意义，分解应该遵循的法则。希望学生能从矢量这个大概念的角度来认识矢量的合成和分解的意义。

（二）学习者分析

【知识层面】

通过上一节的学习学生已经知道了合力和分力的概念，理解了力的合成遵循平行四边形定则，会用平行四边形定则求合力的大小和方向。所以本节课中理解力的分解的概念、力的分解是力的合成的逆运算、力的分解也遵从平行四边形定则，学生学起来难度不大。

【能力和素养层面】

通过上一节课的学习学生知道了等效的思想，本节可以从等效的思想理解力的分解。但对于为什么要进行正交分解及正交分解的方法需要通过具体情境让学生进一步理解。

通过上一节课的学习，学生已经知道了平行四边定则是所有矢量的运算法则，本节课希望学生能够进一步整合迁移理解其他矢量分解的方法和分解的意义，这对学生来讲有一定难度。

（三）教学方式与教学手段

教学方式——学生实践与体验、互助与分享。

教学手段——本节课是一节规律应用课，主要特点是“实”。

学生通过实实在在的动手实践作业，发现合力和分力的关系，通过规范的作图寻找力的分解的唯一性条件，在解决问题的过程中掌握矢量三角形和平行四边形的作图方法。通过亲身经历真实的问题解决过程、交流分享过程、规律总结过程，找到力的合成和分解的方法，体会分解和合成的一致性，体会分解的原则和正交分解法的优点。通过问题的迁移分析领会矢量分解的意义。

（四）教学目标和教学重难点

1. 教学目标

（1）通过对力的合成和分解规律的应用，认识到平行四边形定则既是力的合成法则也是力的分解法则的辩证意义和实用价值，再认识矢量概念。

（2）通过解决具体问题明确矢量分解的意义，会用正交分解法解决具体问题。

（3）通过分析实际问题，用作图（矢量三角形和平行四边形）的方法来求解合力与分力。

（4）类比迁移理解其他矢量的分解方法。

2. 教学重点

（1）可以通过作图（矢量三角形和平行四边形）的方法来求解合力与分力。

（2）会用正交分解法解决具体问题。

3. 教学难点

让学生能深入理解和运用矢量运算的方法。

（五）主要教学过程

表 5－5　动手制作平行四边形模型尺—理解矢量分解的意义主要教学过程

<table>
<tr><td colspan="2">环节一：动手实践作业分享</td></tr>
<tr><td>结合家庭作业——动手制作纸质标尺分享作业体会
教师活动 1：（引导）说一说你的设计思想？说一说通过动手操作你对合力和分力又有哪些新的认识？发现了哪些规律？

图 5－28　平行四边形模型尺</td><td>学生活动 1：（交流体会）自主寻找结论。
（1）当两个分力大小确定时，其夹角越大合力越小，0°时合力最大，180°时合力最小，夹角为 90°时可以用勾股定理求合力，合力 F 随 θ 的增大而减小。
（2）当 $\theta=0°$ 时，F 有最大值 $F_{max}=F_1+F_2$；当 $\theta=180°$ 时，F 有最小值 $F\min=F_1-F_2$
（3）合力 F 既可以大于，也可以等于或小于原来的任意一个分力。
一般地，$F_1-F_2\leqslant F\leqslant F_1+F_2$

图 5－29　学生分享制作体会</td></tr>
<tr><td colspan="2">活动意图说明：熟练掌握平行四边形定则，进一步理解合力和分力的关系，提高学生的表达能力。</td></tr>
<tr><td colspan="2">环节二：创新实践，探究问题</td></tr>
<tr><td>教师活动 1：（引导）发现还有同学有另外一种模型尺，是对角线定下来的，邻边变化的，说一说你的设计思想和你发现的规律。</td><td>学生活动 1：学生介绍自己的想法。
已知两个分力可以利用平行四边形定则求其合力，那么已知合力能不能确定分力呢？
一个合力也可以用两个分力来替代。
合力确定时，角度变化时分力是变化的。</td></tr>
</table>

续表

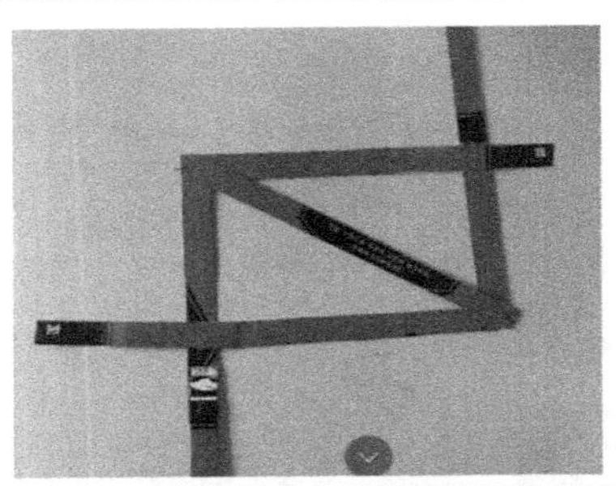 图 5-30　学生制作的平行四边形模型尺 教师活动 2：（总结）结合学生发言总结规律： 1. 力的分解：求一个已知力的分力叫力的分解。 2. 力的分解遵循平行四边形定则（或矢量三角形定则）：把已知力作为平行四边形的对角线，平行四边形的两个邻边就是这个已知力的两个分力。 3. 力的分解是力的合成的逆运算。 4. 同一个力可以分解为无数对大小、方向不同的力。即在不限制条件时，一个力有多种分解方法。 教师活动 3：（质疑）力的合成是唯一的，力的分解是不确定的。分力的大小和方向都可以变化。那么确定了哪些条件分解就唯一了呢？ 教师活动 4：利用几何画板和学生一起探究力的分解唯一性的条件。	 图 5-31　学生交流讨论 学生活动 2： 1. 讨论两个分力有哪些变化情况。 2. 结合实践模型和作图法确定每一种情况分解的特点。 （1）一个分力的方向确定。 （2）一个分力的大小。 （3）一个分力的大小和方向。 （4）两个分力的方向。 （5）两个分力的大小。 （6）一个分力的大小和另一个分力的方向。 学生活动 3：小结力分解的唯一性条件，结合人教版教材 P66 拓展矢量三角形求其矢量的方法。
活动意图说明：（1）让学生经历独立的思考、探索的实践、自由的表达的过程，加深学生对规律的认识，培养学生发现问题、解决问题的能力。（2）学生通过画图，熟练掌握矢量三角形和平行四边形的方法，在解决问题的过程中自己发现规律。	
环节三：分析问题，提炼方法	
教师活动 1：（提问）力的分解是无穷的，每一种分解都是有意义的，那么在具体的问题情境中我们将如何分解呢？你选择方案的依据是什么？ 情境一：选题目的，分解的方法，分解是为了解决问题。 在光滑墙壁上用网兜把足球挂在 A 点，足球与墙壁的接触点为 B（如图 5-32 所示）。足球的质量为 m，悬绳与墙壁的夹角为 30°，网兜的质量不计。求悬绳对球的拉力和墙壁对球的支持力。	学生活动 1：动手操作，交流讨论，学生可以选择力的合成也可以力的分解，力的分解的方法也不唯一。 学生想到了 6 种方法，在交流分享中他们体会到了力的合成和分解都是求力的方法，都遵循平行四边形定则。正交分解法是其中计算比较简便的一种方法。

续表

<table>
<tr>
<td>
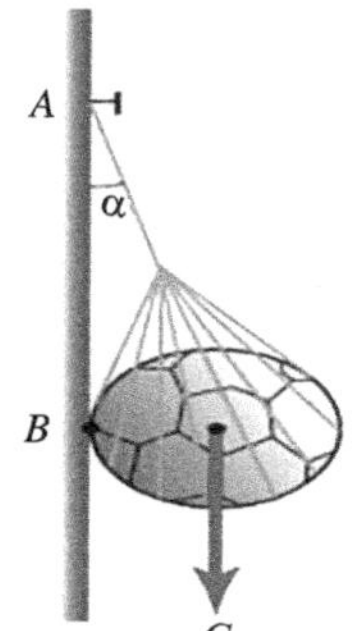

图 5－32　题目情景

教师活动2：引导学生对不同方法进行交流分享，引导学生体会力分解的不唯一性特点，寻找力分解的方法和原则。介绍正交分解的特点。示范解题的规范操作。
情境二：选题目的，求这三个力的合力（分解的方法），分解是为了求和。
已知三个力 F_1、F_2、F_3 分别为 3N、4N 和 6N，求这三个力的合力（如图 5－33 所示）。
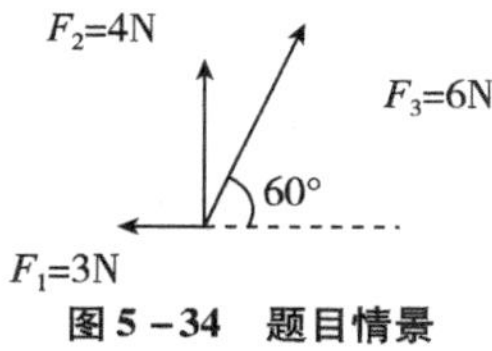

图 5－34　题目情景
</td>
<td>
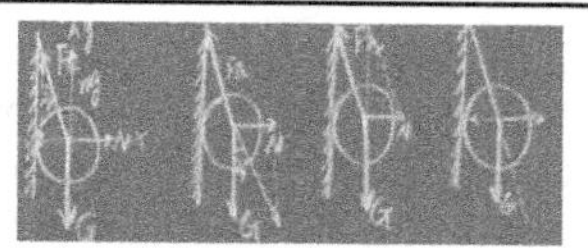
图 5－33　课堂板书

学生活动 2：尝试不同的方法合成与分解，体会分解的优点。进一步掌握正交分解的方法。

求合力学生优先选择合成，在尝试困难时选择分解。经历这样的方案调整过程，学生一方面体会到了分解的目的就是求和，另一方面进一步体会正交分解的优点。
</td>
</tr>
<tr>
<td colspan="2">活动意图说明：（1）学生介绍分享自己的想法，进一步体会分解的不唯一性和在解决实际问题时选择不同方法的特点和优势。让学生在实际解决问题的过程中体会分解的原则，体会正交分解的优点，落实正交分解解决问题的方法。（2）分解是为了求合力，选择最便于计算的方法。进一步介绍正交分解法，熟练应用正交分解法。</td>
</tr>
<tr>
<td colspan="2">环节四：对比学习，整合提升</td>
</tr>
<tr>
<td>教师活动：（引导）力的分解为我们提供了一个处理问题的方法，就是在处理复杂问题时，我们可以把它分解成几个简单问题去考虑，这就是分解的意义和魅力，化繁为简。这个方法不但适用于力，也适用于其他矢量。在下面情景中你能用所学的思想来分析这一问题吗？</td>
<td>学生活动：思考解释问题。
通过思维提升、作业交流将力的分解迁移到运动的分解。</td>
</tr>
</table>

续表

<table>
<tr><td>

小思考

在一次中学生物理竞赛中，赛题是从桌角 A 处向 B 发射一个乒乓球，让竞赛者在桌边 B 处用一只吹管将球吹进球门 C（见图 5－35），看谁射门成功率高。某生将吹管对准 C 拼命吹，但球总是不进球门。请替他分析一下失败的原因。

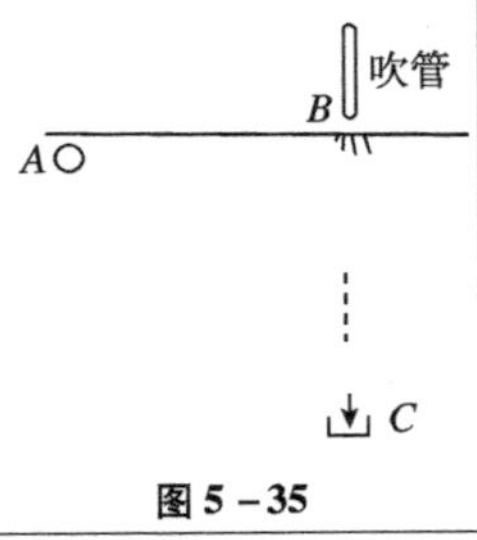

图 5－35

教师活动：（总结）力是可以分解的，位移也可以分解。所有矢量都是可以分解的。在处理复杂问题时我们可以把它分解成几个简单问题去考虑。这就是矢量的意义和魅力。
</td><td></td></tr>
<tr><td colspan="2">**活动意图说明**：进一步体会等效的思想，进一步完善对矢量的认识。</td></tr>
</table>

衔接任务 1：

发展空间

实验室

1. 按图 5－36 所示，测一测细丝或头发丝能承受的最大拉力。

2. 体验力的作用效果。如图 5－37 所示，使 OA 水平，用细绳在 O 处悬挂不太重的物品后，体会手上 A 处和 B 处各有什么感觉。绳对 O 点的拉力 F 分解为哪两个方向的力能反映对 A、B 点的作用？在已知重物的重力 G 和 θ 的情况下，用平行四边形定则作图求出 F 的这两个分力 F_1 和 F_2。

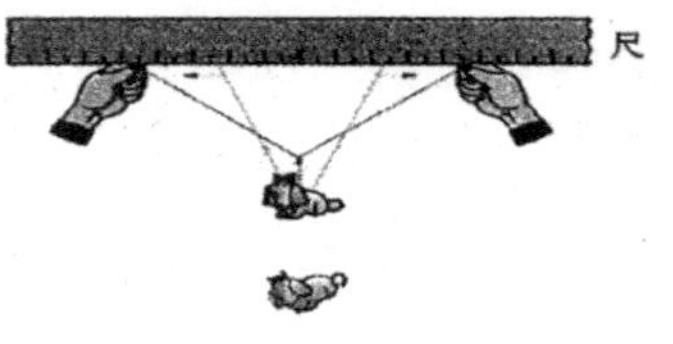

图 5－36

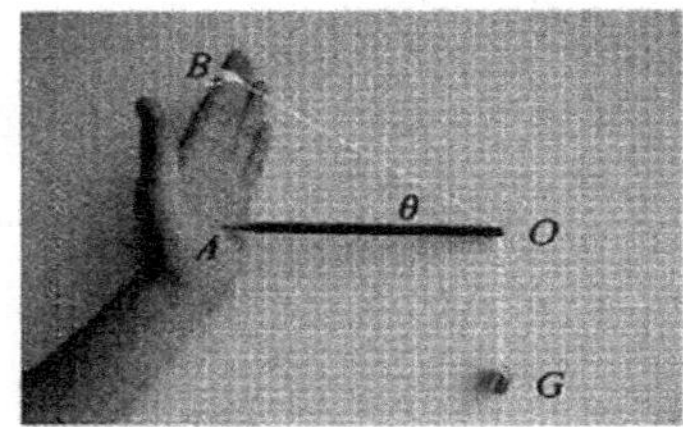

图 5－37

目的：引导学生关注生活，培养学生用物理的视角观察生活的意识。在动手实验中发现新问题，提出新问题，并试着解决新问题，为后续教学做好铺垫。

衔接任务 2：

思考你可以徒手拉动一辆汽车吗？

任务三：你能成为大力士吗？如何单手拉动汽车——应用知识解决生活中的问题

（一）教学内容分析

新课标明确指出："用共点力的平衡条件分析日常生活中的问题"，而不是用"力的分解"，它突出了运动与相互作用的关系，即物体的运动如果处于平衡状态则物体在相互作用中所受的合力便等于零，这是核心知识，力的分解不过是在处理合力为零的解答过程中的一个计算手段。因此，解决物体受力的计算应该在学习共点力平衡时完成，而不是在学习力的分解时就匆忙做这些题目。

本节课的重点落在依据等效的思想来思考解决实际问题，落在提高学生的建模能力、科学推理、科学论证、解释现象上。让学生掌握解决力学问题的方法步骤。

本节课的核心素养规划就是提高学生的科学思维水平，提升学生应用物理知识解释生活中现象的能力和依据解决问题的特点来建立相应的物理模型的能力，培养学生从物理学的视角观察分析并解决物理问题的能力。

（二）学习者分析

【知识层面】

高一学生在学习力的分解时有困难，这主要有以下三个原因。

（1）大部分学生理性思维未成熟。

（2）分解具有多解性，所以很多学生不知道具体应如何来分解一个力。

（3）学生的数学能力欠缺，对数学中的三角函数还不是很熟悉。

以上三点，在上一节课已基本解决。本节课学生主要面对的问题是在处理实际问题中不能有效地构建物理模型来分析解决问题，所以在教学中主要采用了自主发现、交流分享、体验感悟，多渠道让学生去体会应用物理规律解决问题的策略。

【能力和素养层面】

本节课培养学生核心素养的目的是让学生能够应用物理知识去解决生活中的问题，应用物理知识来进行有用的生活创造，这对很多同学来说存在很大的困难，需要在后续教学中逐渐地去引导、去渗透。

（三）教学方式与教学手段

教学方式——学生实践与体验、互助与分享。

教学手段——本节课的最大特点是“新”。这里的“新”不仅仅是问题情境的新、教学内容的新，还有思维角度的新。

1. 通过问题解决促进物理学科核心素养的达成

通过让学生运用知识来分析问题，在分析问题中深化物理观念；通过让学生解决问题来提高探究能力、增强实践意识、养成科学态度，促进物理学科核心素养的形成。

2. 把“理解知识”变为“进行创造”

以往应用力的合成和分解解决实际问题的教学落脚点是让学生在真实的问题情境中寻找力的作用效果，按照力的作用效果进行力的分解进而解决实际问题，强调理解知识、应用知识。本节课的落脚点是让学生体会转化替代的思想，从解决问题、设计工程的角度理解力的合成与分解，培养学生从物理学的视角认识自然，理解自然，增强学生的创新意识和实践能力。

(四) 教学目标和教学重难点

1. 教学目标

(1) 能在解决问题的过程中体会数形结合的思想，会用数学知识来处理物理问题。

(2) 通过学生参与实践，参与体验，培养学生实验探究的动手能力。

(3) 通过解决实际生活问题，培养学生科学探究的精神，激发参与科技活动的热情。

(4) 让学生亲历将实际问题抽象为物理模型来研究解决问题的探究过程，从中渗透理论联系实际的科学方法。

(5) 通过实际情境的总结分析，体会转化替代的物理思想在生活中的应用。

2. 教学重点

掌握解决实际问题的方法策略。

3. 教学难点

体会转化替代的物理思想在生活中的应用。

(五) 主要教学过程（见表 5－6）

表 5－6 你能成为大力士吗？如何单手拉动汽车主要教学过程

环节一：深入分析实践任务，引入新课	
学习物理知识是为了解决生活中的问题，学习了力的知识，就可以控制力量，就可以四两拨千斤。 教师活动 1：引导学生结合作业 1 思考问题：为什么小姑娘能够拉动汽车？你能用所学的知识解释这一问题吗？ 教师活动 2：引导学生去体会在解决实际问题时应该先明确研究对象，这样便于将实际生活问题转化为物理问题，通过受力分析将一个物理问题变成一个数学问题，再选择正确方法处理问题。	观看 7 岁小姑娘拉动汽车的视频（如图 5－39 所示）。应用所学知识解释其原因。 学生活动 1：交流讨论，尝试用所学知识解释现象。 学生活动 2：表达分享，思考原因。在阐述的过程中体会解决实际问题的方法策略。

续表

<table>
<tr>
<td>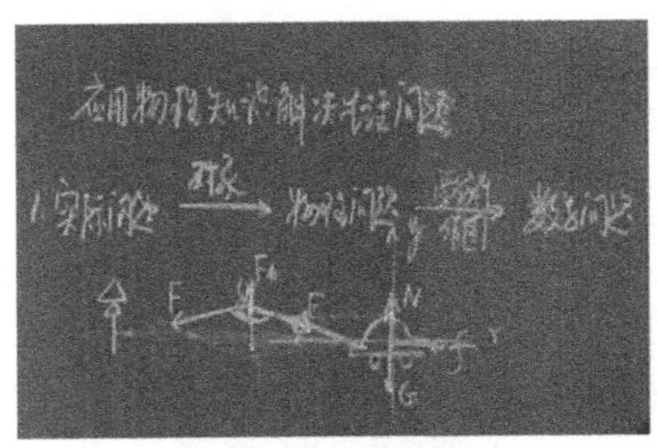
图 5－38　课堂板书</td>
<td>学生活动 3：在教师的示范引导下体会总结解决问题的方法策略。

图 5－39　小孩拉汽车</td>
</tr>
<tr>
<td colspan="2">活动意图说明：借助这一情景让学生体会等效替代的魅力，思考生活中还有哪些情景需要很大的力不能直接得到，通过物理模型转化替代的办法达到预期效果。</td>
</tr>
<tr>
<td colspan="2">环节二：应用物理知识解释生活中的现象</td>
</tr>
<tr>
<td>教师活动 1：引导学生思考生活中还有哪些情景需要很大的力不能直接得到，通过物理模型转化替代的办法达到预期效果。
教师活动 2：引导学生在解决问题的过程中一方面掌握方法策略，另一方面体会等效思想在解决实际问题中的应用。
教师活动 3：引导学生分析所举的情境，明确研究对象是谁？情境要达到怎样的效果？谁是合力，谁是分力？怎样作图解释问题？</td>
<td>学生活动 1：思考生活中还有哪些情境用到这一原理（与前一天的实践作业联系），交流分享前一天的作业，分享做法和体会（关键明确合力和分力，建立矢量三角形与几何三角形的关系）。
学生活动 2：模仿上面的解决问题的方法策略，独立地表达，测量头发丝拉力的大小。进一步巩固解决问题的方法策略。
学生活动 3：体验用手边器材体会这种效果，思考这类模型（如图 5－40 所示）的等效替代的特点，想一想生活中还有哪些地方用到了这一方法。

图 5－40　汽车千斤顶</td>
</tr>
</table>

<table>
<tr><td colspan="2">活动意图说明：引导学生应用物理知识解释生活中的现象，让学生明确思考这类物理问题的方法步骤，同时培养学生的物理建模能力和语言表达能力。让学生经历体会物理建模、科学推理论证的过程，让学生真思考，真分析，真交流，真体会，真收获。
通过自主体验交流分享，理解橡皮筋模型的受力特点，体会其在生活中的应用。
通过教师引导性提问，让学生明确处理力学问题的方法步骤，体会等效替代的实际生活意义。</td></tr>
<tr><td colspan="2" align="center">环节三：体会感悟思考创造</td></tr>
<tr><td>教师活动1：在家庭作业中我们还让大家做了这样一个模型（如图5－41所示），同学们能不能谈一谈你做实验的感受？
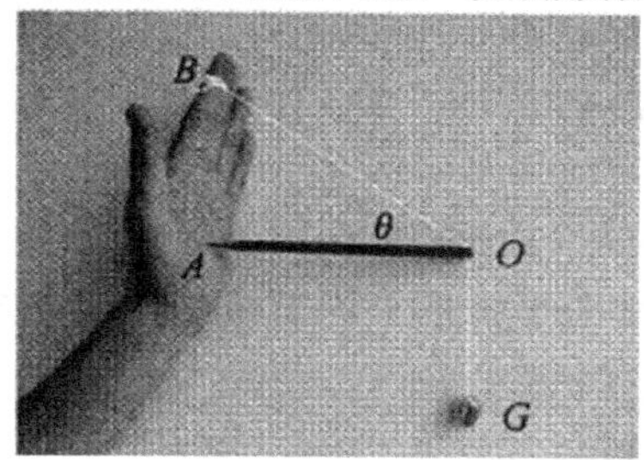

图5－41　体验模型图
教师活动2：说一说这类模型的受力特点和等效替代的特点？想一想这种等效替代的特点可以解决生活中的哪类问题？你能举例说明吗？
教师活动3：介绍三角架模型。
教师活动4：在前面的基础上进一步思考斜面结构。
教师活动5：引导学生思考为什么一些高大的桥要修很长的引桥来减小倾角？
教师活动6：引导学生思考为什么公园里的滑梯倾角较大？</td><td>学生活动1：
动手操作，分享感受，说说这个情景中有哪些力，方向是怎样的，明确合力与分力。
重力的作用效果与哪两个力是等效的。
学生活动2：在教师的引导下利用身体来体会体验三角结构。
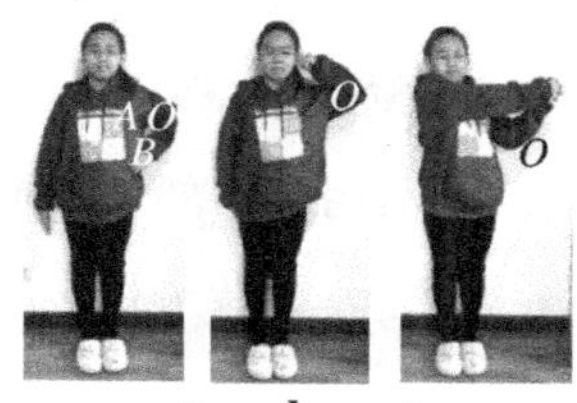

图5－42　人体中的三角模拟
方法1：如图5－42a中所示，一名同学做如图所示动作，另外一名同学第一次竖直向上或斜向下压时，体会其受力特点。第二次竖直向上或斜向上推O处，体会其受力特点。
方法2：如图5－42b中所示，一名同学做如图所示动作，另外一名同学第一次竖直向下压O处，体会其受力。第二次在O处向上推，体会受力特点。
方法3：如图5－42c中所示，一名同学做如图所示动作，另外一名同学第一次在O处竖直向下压，体会其受力。第二次在O处向上推，体会受力特点。思考这样的受力在生活中有哪些应用。
学生活动3：思考三角架模型在生活中的应用。</td></tr>
</table>

续表

环节四：整合迁移	
教师活动：（小结）知识改变命运，方法彰显魅力，我们转变一下思维方法，往往就可以让问题变得简单，这就是我们学习物理的魅力。	学生活动：小结今天介绍的物理模型。体会物理知识在生活中的应用，真正地实现由解释问题到应用知识解决问题再到创造模型的思维飞跃。
活动意图说明：引导学生应用物理知识来解决生活中的问题，设计物理模型来解决生活中的问题。由解释问题到应用知识解决问题、创造模型的思维飞跃。	

实践作业：通过一段时间的物理学习，你是否感觉到了物理真的是有趣的、有用的、不难学的？你是否养成了从物理的视角观察生活的习惯呢？你是否会试着用物理知识动手实验创造呢？赶紧利用假期一起动起来吧！请你从以下两个题目中选择一个你擅长的，完成你的创作。

1. 利用弹力的知识制作一个动手玩具。

（要求：有实物，有原理介绍）

2. 许多工程都凝结着物理的智慧，选择一个介绍给大家。

（要求：有工程图片，有力学原理分析，文本制作精美）

案例3：神奇的“发电”：自感与互感

一、单元教学背景分析

自感、互感、涡流、变压器属于应用物理规律解决实际生活问题的内容，在生活中有着很强的实践意义，传统的课堂教学仅关注了本部分知识在课标中要求的内容，而忽略了本部分内容对于提升学生的学科素养，提升学生的综合实践能力的价值。比如，对于“变压器”的教学，教师常常将探究的重点只落在实验探究变压器电压与匝数的关系，而忽略对变压器原理和铁芯作用的探究。这样不但使学生对变压器的工作原理不清晰，铁芯作用不明确，也使得很多同学对于理想变压器存在错误的认识。对于“自感”内容的教学，教师通常将重点放在现象的观察和知识的应用上，学生通过观察实验得出自感现象的定义，讨论其成因，应用所得结论来处理各种自感现象的练习。这样的教学使得有些同学学完本节知识后虽然能够说出教材中通电、断电的现象，但是不能将其灵活地迁移到其他电路中分析其他情况下的自感现象。有些同学对于断电自感中电流的方向、电流大小的影响因素不清楚。还有些同学甚至认为自感系数越大，感应电流就越大，所以存在电灯闪亮的条件主要取决于自感系数的错误认识，更不能从能量守恒的角度深入地认识自感现象。

实践物理课程主张基于实践任务突破重难点，让学生在实践中建立新的概念规律，在实践中深入理解概念规律的本质，同时在实践中提升学生的综合实践能力和应用实践解决实际问题的能力。本单元将自感、互感、变压器作为一个单元，在教学中可以放在电磁感应与交流电的学习之后，通过这样的单元学习提升学生对电磁感应规律的系统认识。

二、本单元学习进阶关键点

（一）单元教学的主要内容

通过对自感现象的深入分析，进一步理解楞次定律与法拉第电磁感应定律，能从电磁感应的角度认识自感现象，从而形成知识的结构化。

通过对定量图像的交流讨论、推理论证、实验探究，提升学生的科学探究能力和科学思维水平，学会思考解决问题的方法。

通过对变压器的深入探究，让学生学会电学元件的一般策略方法：目的—结构—原理—结构—目的。也就是从变压器在生活中的主要目的出发，了解变压器的结构，探究变压器的原理。结合原理与结构探究变压器的变压规律。结合变压的目的进一步观察其结构，理解其中的减小能量损

失的原理。

（二）教学关键点分析

新的课程改革要求课堂教学不但要落实知识目标，还要在知识的教学过程中促进学生物理观念的形成和科学思维的发展。这就要求我们要创设有效的教学情境，从情境中提炼问题，自然而然地展开探究，在探究中形成知识，在知识的形成过程中解决问题，在解决问题的过程中提升能力，学会反思，学会思考。

实验呈现是本节课的主阵地，在自感的深入研究中主要采用传统实验和传感器实验有效结合的方法来突破重点、提升思维。主要策略是在传统的自感实验中加入猜想和推理环节，引导学生经历知识的自主迁移，体验知识建构的过程，形成对知识的深入理解和进阶整合。通过传感器实验让学生直观观察通电和断电过程中电阻和线圈电流变化，结合两个支路断电时电流变化的不同特点（大小和方向），让学生自己去发现问题，思考问题，进而引导学生通过科学探究和理论分析的方法解决问题。在对变压器的深入探究中，让学生在拆、玩中认识仪器，思考探究变压器的工作原理。变压器的变压规律是建立在理想变压器的基础上的，而要理解理想变压器就要对铁芯的作用有充分的认识。在教学过程中通过一系列的问题串，让学生的思维一直处于积极的思考状态。通过亲身体验，设计实验，让学生学会使用实验的方法来解决问题。通过对铁芯作用的探究，既加深了学生对变压器能量守恒的理解，也培养了学生的创新精神和通过实验解决问题的科学方法。

课堂教学中关注学生的学习过程和对知识意义的深入理解，将物理学的科学方法、学科思维渗透到真实的问题情境中，渗透到学生实验、学生实践中，让学生通过解决实际问题来领会学科思想、学科方法，从而学会质疑、推理、分析、评价、创造，从而优化思维。

（三）指向学科核心素养和必备能力的培养目标

表5－7　学科核心素养和必备能力的培养目标

核心要素	二级要素	具体知识点	必备能力
物理观念	物质观、运动观、相互作用观	通过应用电磁感应规律深入分析问题，强化电磁场的物质观念、运动与相互作用观念和能量观念。能从能量守恒的角度认识自感、互感现象，理解理想变压器“理想”了什么	迁移应用 系统反思 科学解释
科学思维	模型建构、科学推理、科学论证	自感电动势、自感电动势的阻碍本质、理想变压器	构建模型 推理论证 类比归纳
科学探究	发现问题、提出问题、收集证据、科学解释、评估与反思	理想变压器变压关系的深入探究，通电自感，电流的变化规律，断电自感，电灯的“闪亮”条件	提出问题 表述问题 科学解释
科学态度与责任	合作交流、主动参与	主题项目—自感电动势的阻碍本质是什么 主题项目—理想变压器“理想”了什么	交流沟通 合作体验 表达评价

（四）学情分析

【知识层面】

通过前面楞次定律、法拉第电磁感应定律的学习，掌握了电磁感应的相关知识和处理问题的方法，能够判断感应电流的方向，理解感应磁场对原磁通量的阻碍作用。因此学生可以自主探究深入分析自感现象的原理。

通过对于交流电的学习，能从电磁感应的角度认识交流电，使得学生可以将互感、电磁感应、交流电建立有效联系。

通过前面的学习，学生已逐步形成能量的观念，可以从能量守恒的角度分析认识自感现象与理想变压器模型。

【能力层面】

从物理观念角度，通过电磁感应定律、楞次定律等电磁学基本规律的学习，学生逐步强化了电磁场的物质观念、运动与相互作用观念和能量观念。这为学生从能量守恒的角度进一步认识自感、互感、变压器建立了知识基础。从科学思维角度，通过两年高中物理知识的学习，学生已经逐步学会了利用基于实际情境的问题，将知识、概念、规律、现象进行类比，体会不同知识之间描述方法、研究方法等的内在联系，通过相关的物理模型和方法，分析研究电磁感应的相关规律，为学生从理论上分析自感和互感建立了理论基础。从科学探究的角度，通过课堂教学中对感应电动势大小、感应电流方向的探究，学生已经具备了对实验现象和实验结果进行归纳推理的能力，具备了从定性和定量两个角度进行实验设计与分析的能力。

三、单元教学目标与教学重难点

（一）教学目标

1. 通过观察实验、分析实验，理解自感现象的机理，理解自感现象中的“惯性”现象。

2. 通过实验探究断电时电灯闪一下的成因，学会通过实验探究解决问题的方法，提升分析问题、解决问题的能力。

3. 通过对通电自感和断电自感现象由定性到定量的深入分析，培养学生的观察分析、推理论证和批判创新的能力，提升学生的科学思维水平；通过让学生自主阅读教材，得到自感电动势的表达式，培养学生的物理阅读能力；通过思考自感现象的应用培养学生的科学责任。

4. 通过变压器原理的探究学习，理解原、副线圈间的联系，进一步加深物质之间相互作用的物理观念。

5. 通过对理想变压器的理论探究，体会理想化模型在物理研究中的重要作用。理解变压器中能量的转化与传输。

6. 通过对变压器原理、变压规律、铁芯作用的探究，培养学生从物理学视角对客观事物本质属性、内在规律及相互关系认识的科学思维方法。

7. 通过自主探究变压器的变压规律，培养学生科学探究的意识，能在真实情境中提出物理问题、形成猜测和假设、利用科学方法获取和处理信息、形成结论以及对实验探究过程和结果进行交流、评估、反思的能力。

（二）教学重难点

1. 自感现象的成因，自感电动势对电流变化所起的阻碍作用。自感电动势的大小与什么因素有关。断电自感现象中电灯闪亮的条件。

2. 探究变压器中铁芯的作用，理解理想变压器“理想”了什么。

（三）重难点突破

以实验为载体，以问题为驱动，促进思维的进阶。

在定性实验中，突出理论分析—预测现象—实验验证—反思提升，加深对知识的理解。

在定量实验中，突出实验探究—推理论证—交流分享，完成从感性认知到理性理解的进阶。

教学中先引导学生反思，阐述观点，再通过实验研究，修正对感应电动势的理解，建构新知，促进学生高阶思维发展。

四、单元学习任务设计

任务一：自感电动势阻碍的本质是什么

实践任务 1：思考为什么流过线圈的电流不突变。

实践任务 2：思考断电自感灯泡闪亮的条件。

实践任务 3：断电自感的电动势到底可以多大。

实践任务 4：自感电动势的阻碍本质是什么。

任务二：理想变压器“理想”了什么

实践任务 1：变压器的结构特点。

实践任务 2：变压器的铁芯作用。

实践任务 3：变压器的工作原理与变压规律。

实践任务 3：理想变压器“理想”了什么。

五、分任务教学设计

任务一：自感电动势阻碍的本质是什么？

（一）教学内容分析

此前学生见过的线圈中的“电磁感应现象”，基本上都是外部磁场的变化而产生感应电流的现象，而“自感现象”却是由于线圈自身电流的变化而产生“感应电动势”的现象，线圈中的电流并不是“感应电流”，而是“感应电动势”与外加电压共同作用左右着线圈中的电流变化趋势。自感电动势的作用是阻碍电流的变化，使得线圈所在电路中的电流不能突变。

本节课通过教学要引导学生体会和理解“自感现象”发生的机理，促使学生体会、理解“自感现象”中的电流“惯性”。结合实验现象分析、理解影响电阻中的电流大小的因素。

通过本节课的学习，学生能够更加系统地认识电磁感应现象，并能从能量守恒的角度认识自感现象。能把握不同事物的本质特征，从而形成知识的建构。

（二）学习者分析

【知识层面】

通过对高二学生的前测分析——学生的迁移应用能力要进一步提升。

学生通过前面的学习，已经知道了引起电磁感应现象的条件，知道了感应电流方向的判断以及影响感应电动势大小的因素，但是对生活中的电磁感应现象知之甚少，对于一部分学生来说无法将电磁感应的基本理论与生活现象联系起来。

【能力层面】

通过对高三学生的后测分析——学生对于自感现象的本质没有深入思考。

通过对现在高三学生的后测分析，发现多数学生能够说出教材中通电、断电的现象，但是有一部分学生不能将自感现象迁移到其他电路当中，分析其他情况下的自感现象。还有一部分同学对于断电自感中电流的方向、电流大小的影响因素不清楚。有一部分学生认为自感系数越大，感应电流就越大，认为电灯闪亮的条件主要取决于自感系数。

（三）教学方式与教学手段

教学方式——学生实践与体验、互助与分享。

教学手段——在教学中要创设好的情境，让学生主动参与知识的建构生成过程，引导学生自己发现问题，分析问题，解决问题。让学生在释疑过程中，自己去建构知识，加深认识。充分调动学生思维的主动性、连续性和深刻性。

（四）教学目标和教学重难点

1. 教学目标

1.1 知识

（1）通过观察实验、分析实验，理解自感现象的机理。

（2）通过观察实验、交流讨论，理解自感现象中的“惯性”现象。

1.2 方法

通过实验探究断电时电灯闪一下的成因，学会通过实验探究解决问题的方法，提升分析问题、解决问题的能力。

1.3 素养

通过对通电自感和断电自感现象由定性到定量的深入分析，培养学生观察分析、推理论证和质疑创新的能力，提升学生的科学思维水平；通过让学生自主阅读教材，得到自感电动势的表达式，培养学生的物理阅读能力；通过思考自感现象的应用培养学生的科学责任。

2. 教学重点

自感现象的成因，感应电动势对电流变化所起的阻碍作用。自感电动势的大小与什么因素有关。

3. 教学难点

断电自感线圈中电流的变化规律及感应电动势方向的确定，电灯闪亮的条件。

4. 重难点的突破策略

以实验为载体，以问题为驱动，促进思维的进阶。

在定性实验中，突出理论分析—预测现象—实验验证—反思提升，加深对知识的理解。

在定量实验中，突出实验探究—推理论证—交流分享，完成从感性认知到理性理解的进阶。教学中先引导学生反思，阐述观点，再通过实验研究，修正对感应电动势的理解，建构新知，促进学生高阶思维发展。

（五）主要教学过程（见表5－8）

表5－8 自感电动势阻碍的本质是什么主要教学过程

<table>
<tr><th colspan="2">环节一：体验感受，思考问题</th></tr>
<tr><td>
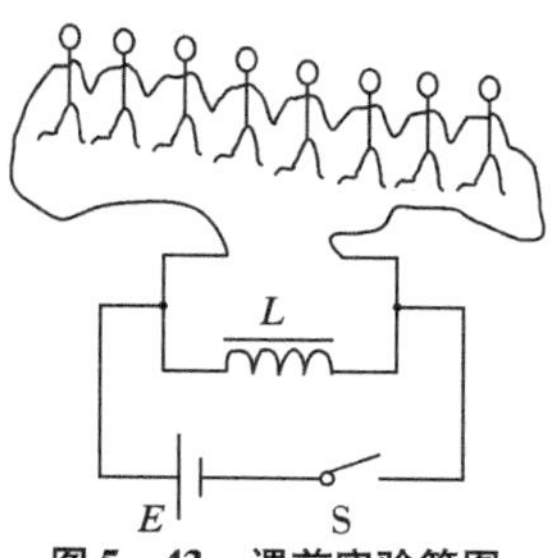

图5－43 课前实验简图

教师活动1：引导学生按照图5－43所示将学生与线圈连在一起，体会断电自感、思考感受到的触电感觉，主要原因是什么？是不是电源？
教师活动2：引导学生观察电路中还有哪些元件，它有怎样的特点，在电流变化时的作用。
教师活动3：引导学生尝试运用前面学过的电磁感应知识进行初步的理论分析，当线圈中的电流变化时线圈内部会产生感应电流，感应电流对原电流的变化有阻碍作用。
</td><td>

图5－44 学生实验课堂实录

学生活动1：参与体验活动。
学生活动2：在断电瞬间，能感受到非常明显的触电现象。
学生活动3：结合学生的原有认知，分析两节干电池不足以产生这样的效果，进而思考一定是电路中的其他元器件发挥了作用。将问题聚焦线圈，提出自己的观点。
</td></tr>
<tr><th colspan="2">环节二：结合传统实验，感性认识形成概念</th></tr>
<tr><td>
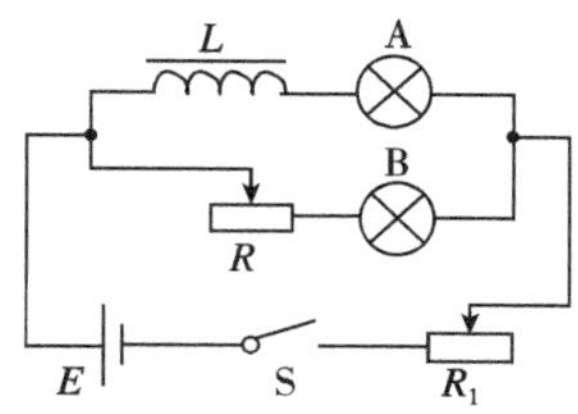

图5－45 通电自感电路图

教师活动1：将线圈接入如图5－45所示电路，引导学生思考由于线圈的存在，开关闭合瞬间两个电灯的亮度变化是否相同，并阐述理由。
教师活动2：教师演示实验，电路中B灯先亮，A灯过一会才亮。
教师活动3：引导学生分享自己的观点，引导学生利用事实证据、理论证据，反驳错误观点、建立正确观点。
</td><td>
学生活动1：学生结合前面的铺垫，应用电磁感应知识尝试进行理论分析，提出自己的观点。
学生活动2：实验现象与学生的预判基本一致，但是并不是所有同学都能准确地分析原因，在学生交流分享自己的推理过程中，有的同学认为存在线圈的支路电阻大，所以A灯会后亮。有的同学认为线圈中的电阻会随着电流的变化而变化，所以A灯才会后亮。也有同学认为线圈在电路中电流变化时产生了感应电流，感应电流阻碍了原电流的变化，使得A灯后亮。
</td></tr>
</table>

续表

<table>
<tr>
<td>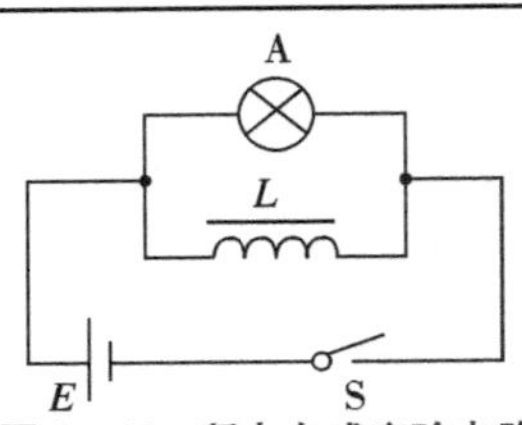

图 5 -46　断电自感实验电路
教师活动 4：将线圈接入断电自感电路（如图 5 -46 所示），引导学生思考在开关断开瞬间，灯会马上熄灭吗？
教师活动 5：教师引导学生思考在断电以后，谁给电灯供电？电灯为什么会闪亮一下？说明了什么？</td>
<td>学生活动 3：设计实验例证反驳
观点一的反驳：调节滑动变阻器的旋钮，改变其电阻使闭合开关以后两个灯同样亮，这时两条支路电阻相同，再闭合开关发现依旧是 B 灯先亮，A 灯后亮。
观点二的反驳：线圈是用标准电阻绕成，电阻的大小仅与长度、材料、横截面积有关，在开关闭合瞬间电阻不会逐渐增大。
学生活动 4：理论分析电源断开后由于线圈内的磁通量发生变化，会产生感应电动势，线圈充当新的电源为电灯供电。
学生活动 5：综合生成建立概念，当线圈中的电流变化时，它所变化的磁场在线圈本身激发出感应电动势，这种现象叫自感，由于自感产生的电动势叫自感电动势。</td>
</tr>
<tr>
<td colspan="2">活动意图说明：学生通过证伪过程进一步明确了，线圈所在支路的灯在闭合瞬间对电流的阻碍作用不是电阻引起的，引导学生将问题重点再一次聚焦到线圈的结构特点，分析它对电流变化的阻碍作用，深入分析当电路闭合时原线圈中的电流增大，使得其产生的磁通量增大，所以线圈中产生了感应电动势和感应电流，感应电流阻碍原电流的变化。通过这样的分析，一方面加深了学生对电磁感应定律的理解，另一方面也提升了学生的思辨、质疑、分析能力。</td>
</tr>
<tr>
<td colspan="2" align="center">环节三：通过传感器实验，深入分析深化理解</td>
</tr>
<tr>
<td>教师活动 1：提出问题：在通电电路中电路断开瞬间有没有自感现象？断电电路中在电路闭合瞬间有没有自感现象？为什么不用一个实验仪器来演示？
教师活动 2：教师借助传感实验（如图 5 -47 所示），演示通电瞬间、断电瞬间电流的变化情况。
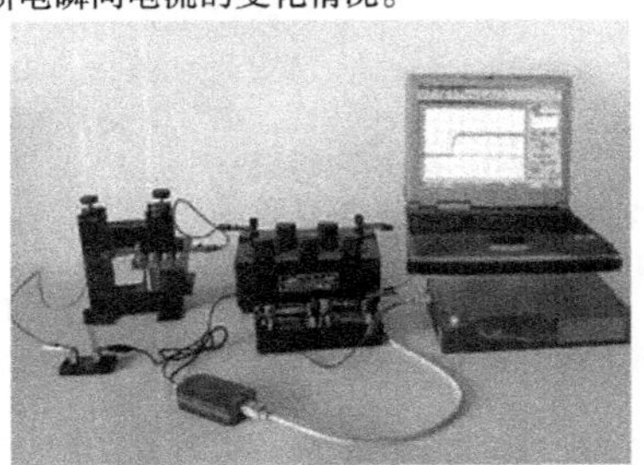
图 5 -47　传感器实验器材</td>
<td>学生活动 1：结合自己的理论分析定性，画出通电电路中电路闭合瞬间两条支路的电流变化。
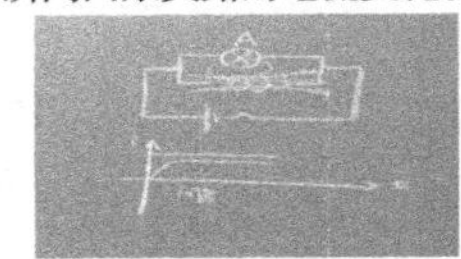
图 5 -48　课堂板书
学生活动 2：改变电阻箱的阻值，应用传感器做出不同情况下的电流变化曲线。

图 5 -49　实验图像</td>
</tr>
</table>

续表

教师活动3：师生设计新的实验改变电阻箱的阻值，分别画出电阻箱的电阻大于线圈的电阻时断电时的电流变化图和电阻箱的电阻小于线圈的电阻时断电时的电流变化图。 教师活动4：引导学生理解线圈内产生的感应电流不突变，体现了感应电流的“惯性”。	传感器演示通电时电流变化与断电时电流变化。 图4－50 电阻箱的电阻大于线圈的电阻时断电时的电流变化图。 图4－51 电阻箱的电阻小于线圈的电阻时断电时的电流变化图。 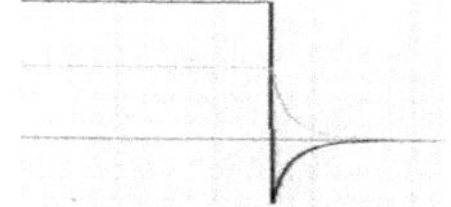 **图5－50　电阻箱的电阻大于线圈的电阻时断电时的电流变化图像** 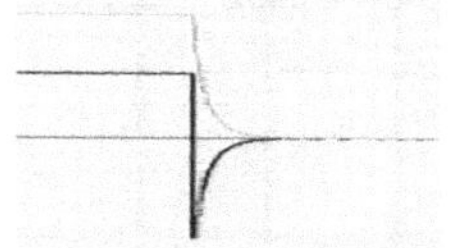 **图5－51　电阻箱的电阻小于线圈的电阻时断电时的电流变化图像** 学生活动3：通过实验探究，分析论证：当电路断开时，线圈充当新的电源与电阻箱串联在一起，所以电路断开后流过线圈的电流与流过电阻箱的电流相等，线圈中的电流不会突变，而流过电阻箱的电流将会发生变化。有可能变多，也有可能变少，取决于原电路中电阻箱与线圈电阻的大小关系，当电流变多时我们有可能会观察到电灯的闪亮现象。
活动意图说明：通过定量实验，采用传感器收集数据，获得图像，有助于学生进一步认识自感规律。将学生对电路中的电流大小、方向、自感电动势大小等困惑，转化成学生的问题，启发学生思考，有助于学生形成科学的探究思路，优化学生思维、培养学生思维的深刻性。 学生经历这样的“审”与“辨”的过程，综合生成了对自感电流的正确认识，突破了传统教学中学生的认知难点。	

续表

环节四：动手实验，体验自感电动势的特点

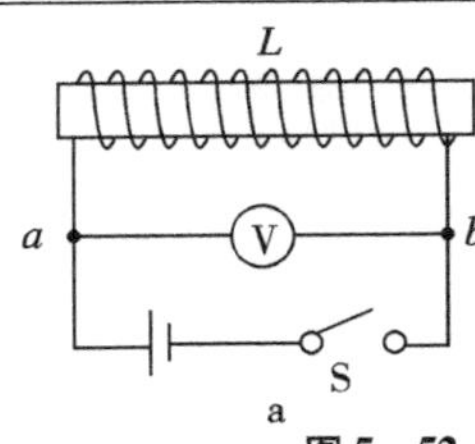

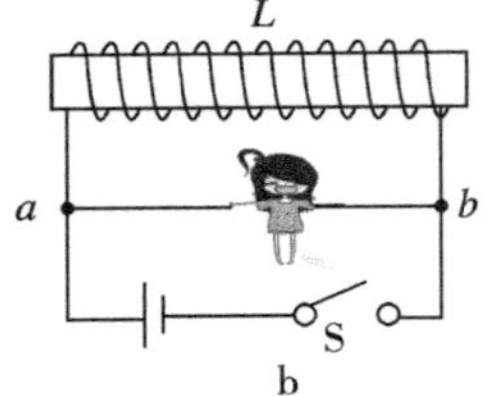

图 5 – 52　实验设计电路图

教师设计新的任务驱动。

线圈所在电路中的电流不“突变”，自感电动势突变吗？动手实验测量断电时的自感电动势，体会断电时的电击现象。

教师活动：引导学生阅读教材理解概念，自感电动势也是感应电动势，同样遵从法拉第电磁感应定律，它的大小正比于穿过线圈的磁通量变化率，而它的磁场强弱与电流强弱成正比，磁通量变化正比于电流的变化，自感电动势 $E = L\frac{\Delta I}{\Delta t}$，式中的 L 是自感系数，与线圈的大小、形状、圈数以及是否有铁芯有关。

学生活动：

(1) 按图 5 – 52 连接数字万用表，选择直流电压 200V 档。

图 5 – 53　课堂实录图

(2) 断开开关可以选择点触发。

(3) 反复几次读出最大值。

(4) 改变线圈匝数再测一测。

(5) 将自己接入电路体验一下（如图 5 – 52 中 b 图）。

活动意图说明：

学生通过动手实验，可以用数字电压表测得当电路断开时线圈电压会达到 100V 以上，当把自己连入电路时能够体会到断电时的感应电流，这样学生就可以理解自感电动势会远远大于原电路中的电动势，解答了课前引入实验的疑惑，同时产生了思考自感电动式大小的决定因素的兴趣。学生会自发进行科学推理，这时教师再引导学生阅读教材，理解自感电动势的定义、大小就水到渠成了。

环节五：类比迁移，形成系统认识

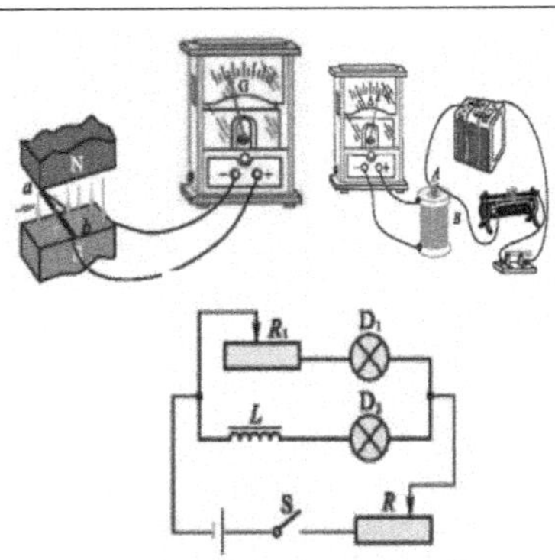

图 5 – 54　教材实验汇总

教师活动：引导学生从单元的角度思考自感电动势的本质是什么？

学生活动：在教师的引导下从能量守恒的角度理解自感电动势“阻碍”的本质。

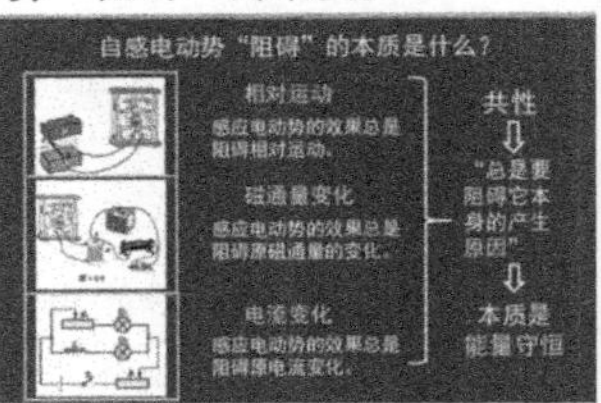

图 5 – 55　课堂教学板书

活动意图说明：这样的教学设计能让学生更加系统地认识电磁感应现象，应用电磁感应现象解决新的问题，迁移建立新的概念，并最终能从能量守恒的角度认识自感现象。能把握不同事物的本质特征，从而形成知识的建构。

任务二：理想变压器做了怎样的理想化处理

（一）教学内容分析

变压器是交流电路中常见的一种电学元件，它应用的是互感原理。它在生活中有着广泛的应用，同时它也是远距离输电不可缺少的装置。因此，本节课既是对电磁感应教学的进一步延伸，也为远距离输电的学习奠定基础，所以这一节起着承上启下的作用，是本章重点内容之一。

本任务主要由以下四个知识点组成：①变压器的构造；②变压器的工作原理；③理想变压器；④理想变压器的规律。

课标要求

课程标准中的要求：通过实验，探究变压器电压与匝数的关系。

高考大纲要求

在高考大纲中的要求：变压器的原理，原、副线圈电压和电流的关系。

常规教学中的问题

在以往教学中，教师常常依据课程标准，将探究的重点只落在通过实验探究变压器电压与匝数的关系，而忽略对变压器原理和铁芯作用的探究。这样就使学生对变压器的工作原理认认识不清晰，铁芯作用不明确。

本任务的关键

“变压器”一节互感原理的探究能够加深学生对变压器原理的理解。对铁芯作用的探究，既符合学生认知规律，又可以帮助学生建立理想变压器的模型，从而让学生对变压器的认识得到强化。所以本节课将这两方面的探究作为课堂教学的主要内容。本节课的教学设计分为初感—浅探—深究—建模—提升（如图 5－56 所示）。

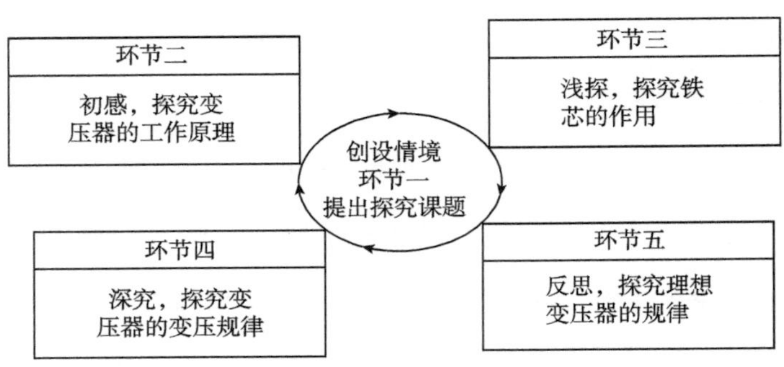

图 5－56　教学设计图

另外对于电学元件的学习要让学生体会到结构决定功能。

所以本节课在结构设计上的主线是：**目的—结构—原理—结构—目的**。

也就是从变压器在生活中的主要目的出发，了解变压器的结构，探究变压器的原理。结合原理与结构探究变压器的变压规律。结合变压的目的进一步观察其结构，理解其中的减小能量损失的原理。

（二）学习者分析

【知识层面】

（1）学生通过前面“电磁感应”整章的学习，对于电磁感应现象、互感现象及涡流现象有了基本的掌握。通过本章前几节的学习，对交变电流的特点也比较清楚，已经基本具备了学习变压器这节内容的知识储备。

（2）通过前面的学习，已经初步掌握了确定物理公式中系数的方法。

【能力层面】

（1）学生在以前的学习过程中，已经经历过通过实践探究物理规律，对科学探究的环节已有了初步的了解，特别是对控制变量法的应用已有了较深的体会。

（2）通过电容器的学习，知道了电学元件的结构决定功能。

【可能遇到的问题】

（1）在探究实验教学环节中，因为前面进行过多次探究实验，所以本实验要求学生自己设计实验表格，对一部分学生来说可能是难点，教师要进一步引导。

（2）在理论探究环节中，学生对能的概念比较模糊，在学生已有的认知结构和思维层次上，很难理解变压器如何将电能从原线圈传输给副线圈，并在此基础上建立模型——理想变压器。

（三）教学方式与教学手段

教学方式——为体现教师的主导地位，使学生从现有的水平向更高一级水平发展，本节课利用多媒体辅助教学，采用演示实验法、分析推理法处理教学的难点，利用分组实验探究法、讨论交流法，处理本节的教学重点。学而得法是教学的最终目的，在本节课的教学中让学生做到“三会”，即会观察、会实验探索、会分析总结规律。

教学手段——整体采用任务清单式的自主探究方法。学生结合课前变压器的演示实验，自己提出本节课的探究式学习任务，教师在这里只提出任务清单和问题，学生结合任务清单，自己提出猜想，自己设计实验，动手操作，思考原理，交流分享，提升认识。

（四）教学目标和教学重难点

1. 教学目标

【知识层面】

（1）通过“拆”“玩”变压器，理解变压器的结构组成。

（2）通过分析，深入理解变压器的原理。

（3）建立理想变压器的物理模型，由实验探究到理论推导，理解理想变压器电压和能量各自遵循的规律。

【能力层面】

（1）通过变压器原理的探究，学习理解原、副线圈间的联系，进一步加深物质之间相互作用的物理观念。

（2）通过对理想变压器的理论探究，体会理想化模型在物理研究中的重要作用。理解变压器中能量的转化与传输。

（3）通过对变压器原理、变压规律、铁芯作用的探究，培养学生从物理学视角对客观事物本质属性、内在规律及相互关系的认识的科学思维方法。

（4）通过学生自主探究变压器的变压规律，培养学生的科学探究意识，能在真实情境中提出物理问题，形成猜测和假设，利用科学方法获取和处理信息，形成结论，以及对实验探究过程和结果进行交流、评估、反思的能力。

2. 教学重点

（1）探究变压器的工作原理。

（2）运用实验探究与分析得出变压器的电压与匝数的关系。

3. 教学难点

（1）探究铁芯的作用。

（2）分析变压器在哪些环节有能量损失。

4. 重难点的突破策略

整体采用任务清单式的自主探究方法：学生结合课前变压器的演示实验，自己提出本节课的探究式学习任务，教师在这里只提出任务清单和问题，学生结合任务清单，自己提出猜想，自己设计实验，动手操作，思考原理，交流分享，提升认识。

（五）主要教学过程（见表5-9）

表5-9 理想变压器"理想"了什么主要教学过程

<table>
<tr><th colspan="2">环节一：思考一节干电池可以点亮日光灯吗</th></tr>
<tr><td>

图5-57 课堂实验展示仪器

教师活动1：如图5-57所示，是家庭照明电路中的日光灯管，它工作时接交流电，还是直流电？
电压多少？仅用几节干电池当电源能使其发光吗？
把"我的电学神器"接入电路会有什么现象？
你看到了什么现象？这说明了什么？
你能给"我的电学神器"起一个名字吗？
教师活动2：你还知道生活中哪些地方会用到变压器吗？
是所有用电器的额定电压都是220V吗？
展示图片与数据：
电视机的显像管十几万伏，录音机6V。这就需要用变压器来实现变压。
</td><td>
学生活动1：观察实验现象；观察电路连接的特点；体会变压器在电路中的变压作用。

图5-58 生活中的变压器

学生活动2：给实验中的电学元件起一个名字。
学生活动3：思考回答老师问题，体会变压器在日常生活中的重要性。
学生活动4：结合图片体会变压器在生活中的广泛应用。

<table>
<tr><td>用电器</td><td>额定工作电压</td><td>用电器</td><td>额定工作电压</td></tr>
<tr><td>随身听</td><td>3V</td><td>录音机</td><td>6V</td></tr>
<tr><td>扫描仪</td><td>12V</td><td>防身器</td><td>30000V</td></tr>
<tr><td>HUB</td><td>11V</td><td>黑白电视机显像管</td><td>几万伏</td></tr>
<tr><td>手机充电器</td><td>4.4V6V9V</td><td>彩色电视显像管</td><td>十几万伏</td></tr>
</table>

学生观察表格、图片，思考问题。
</td></tr>
<tr><td colspan="2">活动意图说明：（1）与学生原有认知冲突的"实验"会激发学生对探索的兴趣，引起学生探索的欲望。（2）学生观察表格、图片，思考问题，了解生活中常见的变压器，体会物理与社会生活的紧密联系。</td></tr>
<tr><th colspan="2">环节二：初感，探究变压器的工作原理</th></tr>
<tr><td>
教师活动1：变压器在生活中有着广泛的应用。（结构决定功能）那么如图5-59所示的变压器有着怎样的特殊结构，才能实现变压呢？
指导学生结合实物变压器自主学习变压器的构造和原理。

图5-59 可拆变压器
</td><td>
学生活动1：学生自己观察实物变压器，并拆卸变压器。
自主总结变压器结构：
（1）变压器由一个闭合铁芯和两个绕在铁芯上的线圈组成。
（2）画出结构示意图。
</td></tr>
</table>

续表

<table>
<tr>
<td>
指导学生让其带着问题拆装图 5－59 所示的可拆装变压器，并结合教材的相关内容，完成任务 1。
任务 1：认识变压器的结构。
教师活动 2：巡视，引导学生做进一步观察，并交流讨论分享发现。
教师活动 3：引导学生思考两个线圈连通吗？
结合课前实验观察两个线圈都与电源相连吗？
与电源相连的称为原线圈，没与电源相连的称为副线圈。
副线圈没与电源相连，电流是如何产生的？
回到课前实验思考的问题。
教师活动 4：

图 5－61　课堂演示实验仪器
如图 5－61 所示，为了增加可视性将上边演示实验电路中的变压器换成实验室的变压器，将日光灯换成灵敏电流计。
结合实验师生一起完成任务 2。
教师活动 5：引导提问
（问题）副线圈与电源相连了吗？电流是如何产生的？
（问题）什么时候有电流产生？电流是怎样产生的？
（问题）产生感应电流的条件是什么？
（问题）为什么只有瞬间电流？
（问题）如何才能获得持续电流？
教师活动 6：（演示）开关连续闭合
（演示）接交流电
教师活动 7：引导学生认真阅读课文，结合前面的知识思考变压器的工作原理。
</td>
<td>
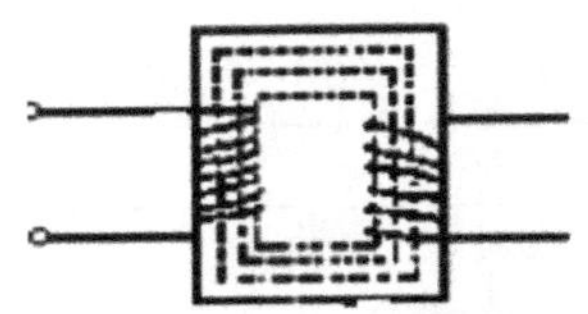
图 5－60　变压器的示意图
学生活动 2：小组交流讨论进一步观察并发现变压器新的结构特点。
（3）线圈都是用绝缘导线绕成，两线圈彼此间没有直接关系。
（4）线圈的匝数不同，导线的粗细不同。
（5）铁芯不通电。
（6）铁芯是一层层的。
学生活动 3：进一步观察两个线圈的特点思考线圈的作用。
猜想闭合开关以后的灵敏电流计的指针变化。
学生活动 4：结合实验师生一起完成任务 2。
任务 2：实验探究变压器的工作原理
（1）认真观察课前演示实验的电路特点，自己正确连接电路，使副线圈中有电流。
（要求：滑动变阻器与原线圈相连，为了便于观察用灵敏电流计代替日光灯）
（2）思考如何获得持续电流，并通过实验验证猜想。
学生活动 5：结合实验思考变压器的工作原理。讨论交流，结合教材，理解变压器的工作原理。
探究结论：当变压器的原线圈加上交变电压时，原线圈中的交变电流在铁芯中激发交变的磁通量，交变的磁通量穿过原线圈也穿过副线圈，在原、副线圈中都产生感应电动势。当副线圈闭合时，在副线圈中就会有交流电。
</td>
</tr>
</table>

续表

<table>
<tr><td colspan="2">活动意图说明：（1）学生通过“拆”“玩”，自主学习认识变压器的结构，加强学习的主动性，学生通过自主学习自然可以提出探究问题，进一步了解变压器每一部分的作用。
（2）将上环节中日光灯换成灵敏电流计，学生亲自动手实验，既增加了实验的可视性，也有利于激活学生原有认知，以原有认知为出发点，类比学习变压器的工作原理。</td></tr>
<tr><td colspan="2">环节三：浅探，探究铁芯的作用</td></tr>
<tr><td>教师活动 1：层层提问
（问题 1）变压器除了有两个线圈外，还有一个铁芯，铁芯在这里起到了什么作用。如果没有铁芯的话，当原线圈接交流电时副线圈有感应电流吗？
教师活动 2：引导学生完成任务 1。
任务 1：探究铁芯的作用
（1）动手试一试：如果没有铁芯的话，当原线圈接交流电时副线圈有感应电压吗？
（要求：为了便于观察将灵敏电流计换成数字电压表，并选用交流电压 20V 的档）
（2）你看到了什么现象？针对这一现象你会提出哪些问题？你能通过实验来寻找答案吗？
（3）针对实验思考铁芯的作用。
结论 2：________________________________
教师活动 3：巡视，指导学生思考。
（问题 2）为什么示数小，原线圈产生的磁感线都通过副线圈了吗？能否让示数变得更大些呢？
（问题 3）引起示数不断变化的原因是什么？
（问题 4）既然线圈 2 中的电压大小取决于线圈 1 产生的交变磁通量穿过线圈 2 的多少，那么能否让线圈 1 产生的交变磁通量全部通过线圈 2 呢？
（问题 5）你能通过实验总结变压器中铁芯的作用吗？</td><td>学生活动 1：步步实验
1. 根据教师提问猜想实验结果。
2. 动手实验。
（学生实验 1）把线圈 1 接入交流电，观察连接线圈 2 的电压表有无示数。
3. 观察结果：电压表有示数，但非常小。
4. 学生展开讨论分析原因：因为线圈 1 通交流电引起线圈 2 中磁通量的变化，但发现示数很小。说明单位时间内的磁通量变化小。
学生展开讨论，设计实验。让学生学会使用实验等方法寻求证据来支持自己的判断。
（学生实验 2）根据学生讨论的结果，将线圈 1 和线圈 2 靠得更近些。
（学生实验 3）让线圈 1 叠放到线圈 2 上。
（学生实验 4）叠放后插入铁芯。
（学生实验 5）将线圈 1 和线圈 2 放到闭合铁芯中再进行实验，逐渐闭合。
探究结论：变压器是一个电能传输装置，变压器原、副线圈中的“电”是通过铁芯中的“磁”来相互联系的。铁芯内部有磁场，磁场有能量。变压器中的闭合铁芯可以减少能量的损失。</td></tr>
<tr><td colspan="2">活动意图说明：（1）在实施探究性教学时，要让学生亲自经历探究过程，这样学生才有独立的思考，有问题意识，有经验获得，有对研究方法的感悟，有思想认识上的收获。
（2）只有亲身经历过程才能感悟、体会和理解研究方法，因为科学方法是实践之后形成的思想认识和操作性技能。</td></tr>
</table>

续表

<table>
<tr><th colspan="2">环节四：深究，探究变压器的变压规律</th></tr>
<tr><td>教师活动1：
（问题1）变压器是能量传输装置，它在电路中的主要作用是实现变压，请同学们结合变压器的工作原理和变压器的结构，思考变压器的输出电压与哪些因素有关？
教师活动2：
（问题2）如何来设计实验探究变压器输出电压 U_2 与多个影响因素间的关系？采用什么样的研究方法来研究此问题？
教师活动3：教师将学生分成三个大组：
每一个大组研究其中的一个影响因素，而保持其他两个因素不变，来探究这些因素如何影响变压器输出电压 U_2。
教师提供给学生的实验器材如图5－62所示：
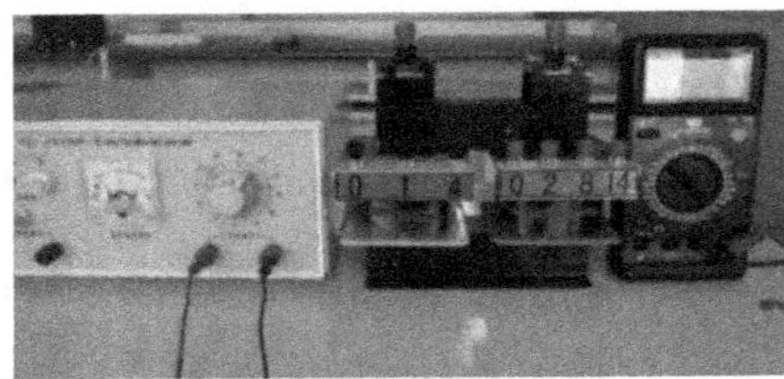
图5－62　分组实验仪器
实验电路：分压电路可以较方便地调节电压。
教师活动4：引导学生探究时注意事项，教师巡视指导。
教师活动5：引导学生结合实验数据，分组汇报实验探究结果。
探究结论：
归纳三组实验结论：
$U_2 = k\frac{n_2 U_1}{n_1}$　　$U_2 \propto \frac{n_2 U_1}{n_1}$</td><td>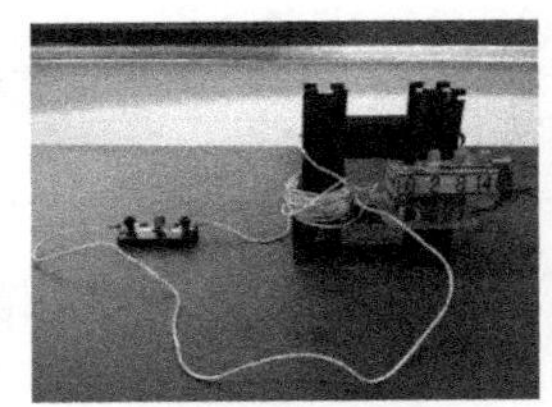
图5－63　演示实验仪器
学生活动1：结合变压器的工作原理与结构特点，思考变压器的输出电压与哪些因素有关？
学生活动2：依据自己的思考，结合变压器的特点动手实验，改变 n_1、n_2、U_1，看电压变化。
结合刚才实验，猜想可能与副线圈匝数、交流电压、原线圈匝数有关。
并进一步猜想：
（1）U_2 和 n_2 成正比关系；
（2）U_2 和 n_1 成反比关系；
（3）U_2 和 U_1 成正比关系。
小组讨论，得出实验方案——控制变量法。
学生活动3：具体实验过程如下。
（1）保持 U_1，n_1 不变，改变副线圈匝数 n_2，观察电压表示数 U_2 的变化；
（2）保持 n_1，n_2 不变，改变原线圈电压 U_1，观察电压表示数 U_2 的变化；
（3）保持 U_1，n_2 不变，改变原线圈匝数 n_1，观察电压表示数 U_2 的变化；
动手操作，记录数据。
学生活动4：分组汇报，归纳结论：
第1组实验结论：在保持 U_1，n_1 不变的情况下，变压器的输出电压 U_2 与 n_2 成正比，即 $U_2 \propto n_2$；</td></tr>
</table>

续表

<table>
<tr><td></td><td>第 2 组实验结论：在保持 n_1，n_2不变的情况下，变压器的输出电压 U_2与 U_1成正比，即 $U_2 \propto U_1$；
第 3 组实验结论：在保持 U_1，n_2不变的情况下，变压器的输出电压 U_2与 n_1成反比，即 $U_2 \propto 1/n_1$；</td></tr>
<tr><td colspan="2">活动意图说明：（1）提高探究性教学的实效性，要凸显探究性教学的“魂”，即要让学生经历“独立的思考，探索的实践”。
（2）在本实验中学生经历了独立思考，设计完成了探究方案，让学生分组自主地探究 n_1、n_2、U_1 其一与 U_2 的关系，这种探究活动对学生来说是探索性的实践。如果再探究其他量的关系，则可以认为是技能重复性或机械重复性的活动了，可以舍去。</td></tr>
<tr><td colspan="2" align="center">环节五：深入分析理想变压器“理想”了什么</td></tr>
<tr><td>教师活动 1：如何得到 k 值呢？
$k = \frac{U_2 n_1}{U_1 n_2}$
各组结合刚才的数据计算 k 值，通过数值代入求得 $k<1$，但是又非常接近 1，为什么呢？是不是 1 呢？
教师活动 2：引导学生结合原有知识思考变压器的系数 k 与其结构有关，并进一步引导学生观察变压器结构。
教师活动 3：理想变压器 $k=1$，理想变压器“理想”了什么？引导学生结合变压器的原理思考完成以下 3 个任务。
（1）$\frac{E_1}{E_2} = \frac{n_1}{n_2}$ 成立的条件。
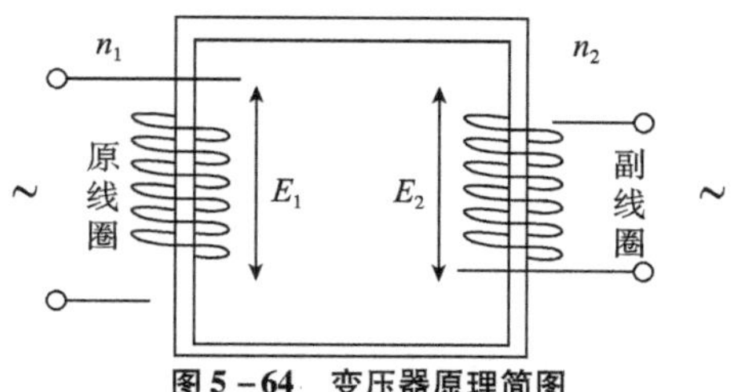

图 5－64　变压器原理简图
互感现象是变压器工作的基础，当变压器的原线圈加上交变电压时，原线圈中的交变电流在铁芯中激发交变磁场，进而激发出交变的磁通量，交变的磁通量穿过原线圈也穿过副线圈，在原、副线圈都产生了感应电动势（如图 5－64 所示）。</td><td>学生活动 1：各组结合刚才的数据计算 k 值
并汇报计算结果。
学生活动 2：结合原有知识，猜想 k 值可能与结构有关。
学生活动 3：再观察变压器，深入理解铁芯的作用。结合变压器的结构深入思考变压器在哪些环节还有能量的损失。
学生活动 4：依据法拉电磁感应定律，结合变压器结构理解磁损。深入理解理想变压器忽略了这种漏磁，使得每一匝线圈的磁通量都相等，原、副线圈的磁通量变化量相等，磁通量的变化率也相等，由此推导出原、副线圈产生的感应电动势之比等于匝数之比。
学生活动 5：依据闭合电路欧姆定律，结合变压器结构深入理解铜损。当 r_1 和 r_2 约等于 0 的时候，理想变压器忽略了原、副线圈的电阻，推导出 $\frac{U_1}{U_2} = \frac{n_1}{n_2}$。</td></tr>
</table>

续表

依据法拉电磁感应定律，我们知道原线圈的感应电动势 $E_1 = n_1 \frac{\Delta\varphi_1}{\Delta t}$，副线圈的感应电动势 $E_2 = n_2 \frac{\Delta\varphi_2}{\Delta t}$。此时，原、副线圈的磁通量变化量相等吗？是不是通过原线圈的磁通量完全都通过了副线圈呢？显然不是，当铁芯不闭合时，原线圈产生的磁通量并不完全通过副线圈，这时 $\Delta\varphi_1 \neq \Delta\varphi_2$。而理想变压器忽略了这种漏磁，使得每一匝线圈的磁通量都相等，原、副线圈的磁通量变化量相等，磁通量的变化率也相等，由此推导出原、副线圈产生的感应电动势之比等于匝数之比。

(2) $\frac{E_1}{E_2} = \frac{n_1}{n_2}$，$\frac{U_1}{U_2} = \frac{n_1}{n_2}$，这是一回事吗？

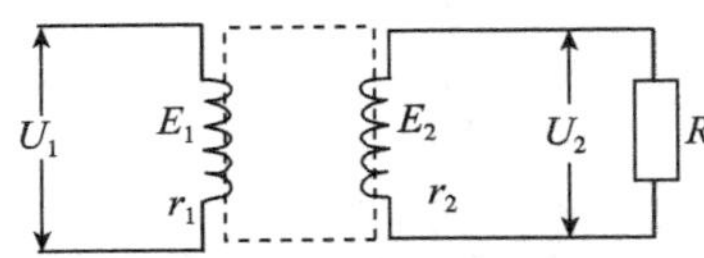

图 5－65　变压器电路简图

图 5－65 是变压器的电路图，变压器中 U_1 指的是原线圈的输入电压，而 U_2 指的是副线圈的输出电压，通过图中的电路可以看出来 $U_1 \neq E_1$，$U_2 \neq E_2$。依据闭合电路欧姆定律，在原线圈的回路当中 $U_1 - E_1 = I_1 r_1$，而在副线圈的回路当中 $E_2 = U_2 + I_2 r_2$。什么时候 $U_1 = E_1$，$U_2 = E_2$ 呢？当 r_1 和 r_2 约等于 0 的时候，理想变压器忽略了原副线圈的电阻，推导出 $\frac{U_1}{U_2} = \frac{n_1}{n_2}$。

(3) 电流与匝数成反比的成立条件。

电流和匝数成反比是建立在原副线圈功率相等，且变压器只有一个副线圈时，由 $U_1 I_1 = U_2 I_2$ 推导出来的。而要满足原、副线圈的功率相等，那就需要变压器的原、副线圈没有能量损失，除了磁损铁损外还有哪些能量损失呢？

学生活动 6：

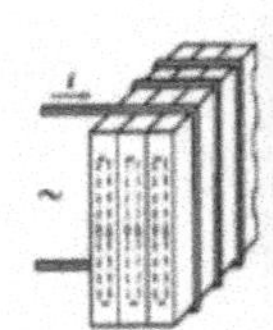

图 5－66　变压器内部结构简图

结合变压器结构理解变压器除了有原、副线圈以外还有一个铁芯，它是一个导体，由于电磁感应在大块金属中会形成涡流，进而会释放出大量的焦耳热，所以在这里铁芯会有热损失。变压器的铁芯中，除了涡流损失还有部分损失叫磁滞损耗，这是由于铁芯在反复磁化的过程中，其内部物质微粒因发生内摩擦而造成的损失，减小磁滞损失的措施，是使用磁滞损失较小的材料做成铁芯。工业中主要使用铁氧体做铁芯，理想变压器忽略了这一部分损失，即铁损。

活动意图说明： 本环节中让学生进一步观察变压器的结构特点，讨论分析变压器在哪些环节会有能量损失，让学生进一步体会变压器的结构特点，理解结构决定功能的规律。

通过理论探究让学生体会理想化模型是科学研究中的一种重要研究方法，体会抓住事物的主要矛盾、忽略事物的次要矛盾的哲学原理。

第六章
实践课程实施反思与展望

两年时间内我们完成了两轮的课程实施与调整，并在实践的基础上完成了2019版教材配套课程的开发与教材编写。首先将“探秘冬奥会”“家庭电路中的‘场’和‘路’”项目通过校本课程分别在高一、高二年级进行推广实施。如果说课程编写的难点是从生活走向教材，那么课程实施的难点则是如何再一次从教材走向实践。在首轮实践过程中我们主要存在以下几方面的困惑：(1)课程实施者如何从教材中走出来，激发学生自我实践的愿望；(2)真实的生活情境如何走进真实的学生；(3)动手实践与理论实践如何有效地结合；(4)不同的项目如何形成阶梯性的进阶学习，激发学生持续的探究动力。

通过近一年的课程实施，教师们边实施边研讨，边反思边改进，对课程进行了有效整合。同一课程中尽量将理论实践、动手实践和探究活动三者有效结合。比如，在开发必修二项目中的“探秘水上飞”项目，课程任务包含以下三个内容：“理论分析水流的反冲力的影响因素”“动手制作反冲装置”“利用水的冲力将火箭送上天”。学生通过小组合作交流讨论，在完成项目的过程中通过对水流反冲力的的理论探究，拓展了对动量定理的认识。通过动手制作反冲装置的实践活动，学生主动运用知识解决实际问题，通过制作水火箭的实践活动引导学生进行深入的项目研究。在项目中，学生获得了知识，提升了能力，同时也激发了学生的学习兴趣与探究

热情，使得实践物理课程真正地走进了学生心里。

为了持续激发学生的动力，解决项目之间的进阶与落实学生自主探究的问题，我们将不同的项目同步开发，重点实施。其主要做法就是在“探秘游乐场”项目中，教师们同步开发了“水上飞人”“大摆锤”“过山车”“摩天轮”四个项目，学生根据自己的兴趣爱好，选择自己喜欢的项目进行深入探究，自由组成学习共同体，每个学习共同体分组走进游乐场进行自主探究，最后进行统一的交流分享。教师则引导学生对不同的项目进行深入分析。通过这样的实施调整，每一名学生都有充足的时间就其中一个主题进行系统的分析、深入的探究，真正做到了通过动手实践提升学生的综合实践能力。

之后我们又开发了线上课程，实现了线上、线下相融合，搭建了学生交流分享的新平台。

实践物理课程是指向学生核心素养的深度学习过程，要求学生在学习中通过深度学习与实践，促进学生学科素养的提升。这里需要教师将促进深度学习的指南设计出来。因此，在原有课程教材的基础上，完成项目式的单元教学设计，对项目内容做教学化的处理，从大任务的角度进行实践物理的单元教学设计，探究适合学生的实践物理课程教学模式，进而实现实践课程的真正有趣、有用、有意义。

高中物理的核心概念基本都需要从定性认知上升到定量层次，需要有具体的定义方式和数学表达式。而这些概念的定义都会遵循重视科学抽象、抓住本质摒弃非本质的原则，让学生实现由感性到理性的认知上升，所以从定性感知到定量探究是让学生形成物理概念进阶的关键。

通过有效活动的实施，学生对于物理概念获得了必要的感性认识，然而这只是概念学习的初步阶段，还需要沿寻物理概念从简单到深入的进阶路径，感悟过程中的科学思维有哪些，能运用到的科学方法有哪些，这些都是我们一线教师该反思的关键点。

参考文献

［1］李钧．优化物理教学过程培育学科核心素养［J］．物理教学，2018（07）：45－46.

［2］郭玉英．从三维课程目标到物理核心素养［J］．物理教学，2017（11）：2－4，8.

［3］普通高中物理课程标准［M］，中华人民共和国教育部制定，2017版

［4］唐小为，丁邦平．“科学探究”缘何变身“科学实践”？——解读美国科学教育框架理念的首位关键词之变［J］．教育研究，2012（11）：141－145.

［5］金朝娣．浅析STEM理念在高中物理核心素养培养中的应用——“以水火箭制作比赛”教学为例［J］．物理教学，2019（09）：16－19

［6］金朝娣，王军．核心素养视域下BOPPPS优化模式在中学物理实验教学中的应用［J］．物理教学，2020（03）：25－30

［7］王波，金朝娣．遵循学生认知特点多方面引导学生进行深度探究——以探究“感应电流方向”新授课为例［J］．物理通报，2021（01）：48－51

［8］金朝娣，韩叙虹，等．基于核心素养的物理二轮复习导向性策略——以2018年北京理综23题为例［J］．中学物理，2019（05）：48－50

［9］金朝娣，姚芳，等．渗透守恒思想，发展“能量观”，促进思维提升［J］高中数理化．2020，（19）：47－49

［10］郭玉英．从三维课程目标到物理核心素养［J］．物理教学，2017（11）：2－4，8.

[11] 沈启正. 基于深度学习的物理表现性评价的若干设计原则 [J]. 物理教师, 2020 (08): 7-11.

[12] 周文叶, 陈铭洲. 指向核心素养的表现性评价 [J]. 课程. 教材. 教法, 2017 (09): 36-43.

[13] 万伟. 综合实践活动课程关键能力的培养与表现性评价 [J]. 课程. 教材. 教法, 2014 (02): 19-24.

[14] 曹义才. 基于核心素养导向的中学物理实验教学表现性评价 [J]. 物理教师, 2016 (07): 9-11.

[15] 林崇德. 21 世纪学生发展核心素养研究 [M]. 北京师范大学出版社, 2016, 3.

[16] 郭玉英, 苏明义. 新版课程标准解析与教学指导 [M]. 北京师范大学出版社, 2018.

[17] 阿不都克由木·吾吉阿不拉, 邢红军, 等. 物理学史的力量-物理概念教学新视角—以动量概念的建立为例 [J]. 教育科学研究, 2017, (09): 40-45

[18] 周常林. 关注生活注重应用 [J]. 物理教师, 2007 (02): 61-63

[19] 徐将二. 基于认知发展机制的过程设计——以"胡克定律"为例 [J]. 物理教师, 2018 (08): 27-31

[20] 吴爱兄, 王军. 理想变压器都理想了什么 [J]. 物理通报, 2020. (08): 90-91

[21] 吴爱兄, 王军. 自感中疑难问题的理论分析与实验突破 [J]. 物理通报, 2020 (05): 57-61

[22] 吴爱兄, 周岗. 变压器 [J]. 中国多媒体与网络教学学报, 2021, (03): 7-9

[23] 吴爱兄, 杨志东. 把握单元功能整体规划教学策略 依据课时特

点细化落实核心素养——“力的加减法及其应用”单元教学设计［J］. 物理通报，2020，(03)：45 – 50

［24］吴爱兄，杨志东. 注重核心素养的整体规划与细节落实——“力的加减法及其应用”单元教学设计［J］. 中学物理教学参考，2019，48（17）：25 – 29

［25］唐挈. 高中物理有效教学设计及案例［M］. 人民教育出版社，2013

［26］朴雪峰，宋吉连，等. 跳台滑雪技术的理论分析及运动员身材对跳台滑雪成绩的影响［J］. 冰雪运动，2000，(03)：27 – 29

［27］王俊. 观念、问题、过程、溯源——例谈高中物理学科核心素养的培养策略［J］. 教育科学论坛，2019，(04)：42 – 45

［28］姜胜，杨春芳. 基于问题引导的生成性学习进阶——“以互感和自感”的教学设计为例［J］. 中学物理教学参考，2018，47（19）：28 – 31

［29］马云秀. 实验与问题“互为驱动”培养学生高阶思维能力——“以互感和自感”的教学设计为例［J］. 中学物理教学参考，2018，47（Z1）：13 – 16

［30］连丹青. 一个片段、两种方法、三点反思［J］. 中国教育技术装备，2008，(16)：100 – 101

［31］2019 版普通高中教科书物理必修 1

［32］2019 版普通高中教科书物理必修 2

［33］2019 版普通高中教科书物理必修 3

［34］2019 版普通高中教科书物理选择性必修 1

［35］2019 版普通高中教科书物理选择性必修 2

［36］2019 版普通高中教科书物理选择性必修 3

［37］中华人民共和国教育部制定. 普通高中物理课程标准（2017 年 2020 年修订版）［M］. 人民教育出版社，2020. 1

致　谢

在普通高中2017版课程标准引领下，我们吸取了北京市教育科学研究院基础教育研究中心物理学科教研员张玉峰老师的教学理念，并在他的指导下，设计并且实施了实践物理这门课程。在疫情特殊时期且自身工作繁忙的情况下，张玉峰老师不惜时间地对本课程前期开发和本书撰写过程做了大量指导工作。物理实践项目能够顺利实践、本书能够顺利完成，是张玉峰老师一直支持并鼓励着我们的结果。在此对他表示深深的谢意！

实践物理课程在实施过程中，北京市陈经纶中学本部高中、保利高中、本部初中、团结湖、帝景等分校给老师和学生们搭建了深入研究的平台，其中几个校区多次开展关于实践物理课程的跨校区研讨会，并在高一、高二校本课程和社团活动中推进本项目的实施，过程中充分给予学生展现自我的机会。我们也能及时发现该课程在实施过程中的意义和不足。通过不断实践、反思提炼，最终形成了九个专题的开发和课程实践。在此对北京市陈经纶中学本部高中、保利高中、本部初中、团结湖、帝景等分校表示感谢！

最后，感谢北京市陈经纶中学高中物理教研组、保利高中、帝景等分校全体参与撰写的老师，具体为：蔡晓勇、陈静、管丽燕、耿薇、韩智卿、李开武、潘北诚、吴晓天、王波、张成、张国玉、朱真龙、杨绍成等老师。他们组织指导学生在校本课程实践、梳理理念和案例撰写过程中付出了很多心血，在此表示感谢！

因疫情原因导致教学时间受限，实践过程也受到影响，加上水平有限，在实践物理项目实施和本书撰写过程中难免出现不足或者错误，恳请相关专家和同行批评指正！